古代"南丝路"经济文化探究

全洪涛 ———— 著

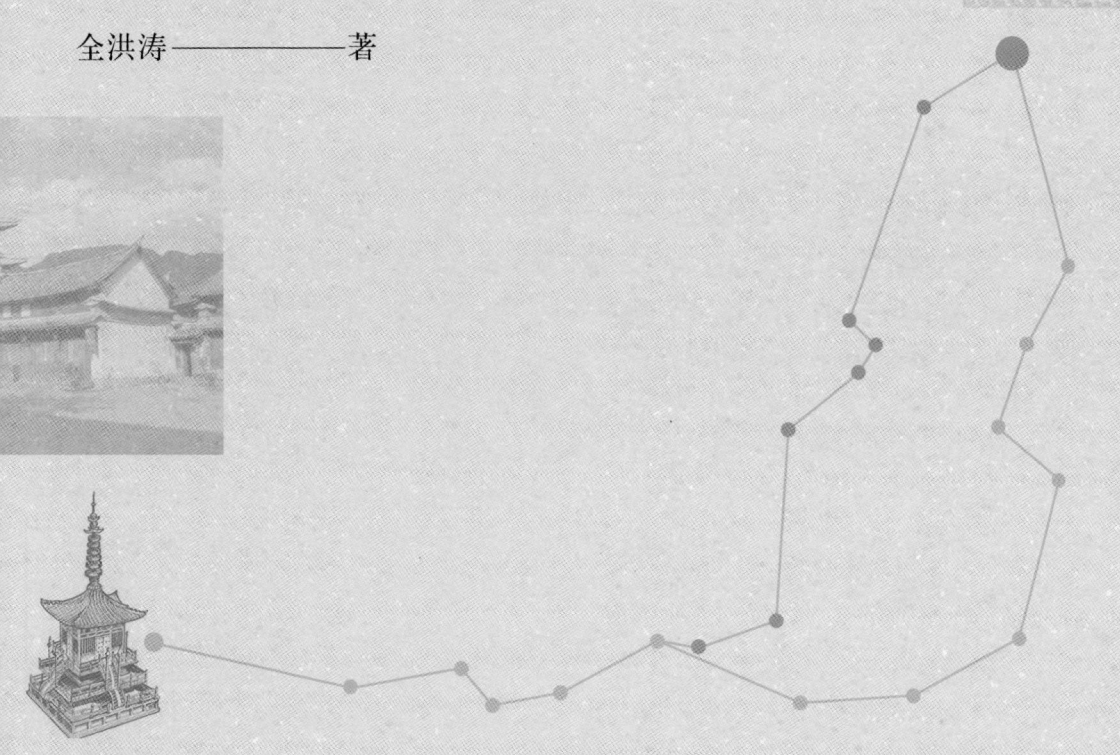

中国社会科学出版社

图书在版编目（CIP）数据

古代"南丝路"经济文化探究 / 全洪涛著. —北京：中国社会科学出版社，2020.5
ISBN 978 - 7 - 5203 - 6342 - 6

Ⅰ.①古… Ⅱ.①全… Ⅲ.①区域经济—经济史—研究—西南地区—古代②文化史—研究—西南地区—古代 Ⅳ.①F129.7②K297

中国版本图书馆 CIP 数据核字（2020）第 065442 号

出 版 人	赵剑英
责任编辑	马　明
责任校对	任晓晓
责任印制	王　超
出　　版	中国社会科学出版社
社　　址	北京鼓楼西大街甲 158 号
邮　　编	100720
网　　址	http://www.csspw.cn
发 行 部	010 - 84083685
门 市 部	010 - 84029450
经　　销	新华书店及其他书店
印　　刷	北京君升印刷有限公司
装　　订	廊坊市广阳区广增装订厂
版　　次	2020 年 5 月第 1 版
印　　次	2020 年 5 月第 1 次印刷
开　　本	710×1000　1/16
印　　张	16
插　　页	2
字　　数	201 千字
定　　价	79.00 元

凡购买中国社会科学出版社图书，如有质量问题请与本社营销中心联系调换
电话：010 - 84083683
版权所有　侵权必究

序 言

2013年9月和10月由中国国家主席习近平分别提出建设"丝绸之路经济带"和"21世纪海上丝绸之路"的合作倡议,简称"一带一路"(The Belt and Road, B&R)倡议。依靠中国与有关国家既有的双边、多边机制,借助既有的、行之有效的区域合作平台,"一带一路"旨在借用古代丝绸之路的历史符号,高举互利共赢、共同发展的旗帜,聚焦互连互通,深化务实合作,积极发展与沿线国家的经济合作关系,共同打造政治互信、经济融合、文化包容的利益共同体、责任共同体和命运共同体。2015年3月28日,国家发展改革委、外交部、商务部联合发布了《推动共建丝绸之路经济带和21世纪海上丝绸之路的愿景与行动》。"一带一路"倡议发出5年来,取得可喜可贺、值得点赞的历史性成绩。150多个国家和国际组织同中国签署共建"一带一路"合作协议;中欧班列连通亚欧大陆16个国家108个城市,累计开行1.3万列,运送货物超过110万标箱,平均口岸通关时间下降50%;中国与沿线国家新增国际航线1239条、占新开通国际航线总量的69.1%;中国企业对沿线国家直接投资超过900亿美元,完成对外承包工程营业额超过4000亿美元;中国与沿线国家货物贸易进出口总额超过6万亿美元,占中国货物贸易总额的27.4%。

众所周知,历史上云南省是南亚东南亚文明与中华文明的交汇区，早在公元前4世纪，史称"蜀身毒道"的南方丝绸之路就从这里走向世界，是中缅印泰及其他国家古代民族迁徙的走廊与多类型族群分化演变的"蓄水池"，是承载南方丝绸之路、茶马古道等促进中国与南亚东南亚等国文化经贸交流重要通道的枢纽区。2015年、2020年习近平总书记先后两次考察云南，赋予云南建设"民族团结进步示范区、生态文明建设排头兵、面向南亚东南亚辐射中心"的历史使命。云南省德宏州系"南丝路""永昌道"出境之末端，是孟中印缅经济走廊、中缅经济走廊的必经之地，2010年中央批准德宏州瑞丽市为国家三个沿边"重点开发开放试验区"之一，2019年8月德宏成为国务院新批准的中国（云南）自由贸易试验区3个片区之一，目前瑞丽口岸年出入境交通工具、出入境人员规模排名全国口岸前十位，成为中缅最大的贸易口岸。

"南丝路"的研究在20世纪90年代曾一度热，但近年偏冷，虽然"南丝路"途经的主要省份四川、云南曾对"南丝路"关注度高，但本省许多同志大都不甚了解，也不清楚其历史价值，以致对外开放的新概念、新说法不少，而"南丝路"鲜有使用。其他地方的同志乃至专家学者并不知晓有"南丝路"，即便有云南电视台的《一路向南——南方丝绸之路记者行》做宣传，但相较央视的"北方丝绸之路"纪实片《对望——丝路新旅程》影响广度和深度均不够。换而言之，作为连接亚洲和欧洲的古代陆上商业贸易路线，"南丝路"及其相关问题较早就受到学界的一定关注，但与广为世人知的"北方丝绸之路"和"海上丝绸之路"相比，对"南丝路"的研究相对较为薄弱，尤其是对其商贸活动中所蕴含的经济文化思想的演变及其对沿线国家经济社会的有机融合机制等研究相对较少。从已有对"南丝路"的研究成果可以看出，大多数学者主要针对"南丝路"的路线、城镇、商贸、文化交流等开展研究，集中在历史学、考古学、人类学、民族学等学科。但是，作为"一带一路"倡议中的重要组成部分，云南被确定为重要省份，在当下我国对外开放战略背景下，如何用历史的眼光来审视"一带一路"建设，以史为鉴，研究"南丝路"对"一带一路"建设、构建"澜湄合作机制"，以及建设"孟中印缅经济走廊"、"中缅经济走廊"、"中国—中南半岛经济走廊"、我国面向"南亚东南亚辐射中心"等建设具有重要的理论价值和现实指导意义。这也正是《古代"南丝路"经济文化探究》一书撰写的最直接动因。

本书主要由以下六个部分构成：导论部分介绍了"南丝路"经济文化问题产生的历史概观、历史背景、研究价值，理论架构与方法选择，以及本书的创新之处。第一章分梳了"南丝路"的兴衰之变，"南丝路"产生于先秦时期，历经隋唐时期的兴起和发展，元明时期一度昌盛，随着区域政治格局的变化，清代跌宕起伏，在嘉道时期走向繁荣，民国后期走向衰落。第二章剖析了"南丝路"经济文化的价值，其核心价值表现为"南丝路"蕴含的经济文化历史悠久，借助漫长的商道连接沿途各地的贸易交换，同时催生出一批繁盛的商业市镇，促进了欧亚之间的文化交流。其历史价值在于开拓并发展沟通了南方陆上和海上的贸易通道，使古代中华文化传播到周边及更远的国家和地区。同时，"南丝路"的发展也不可避免地受到自然环境，各时期社会经济等因素的制约与影响，是中国和相关地区经济发展史的集中体现。第三章归纳了"南丝路"经济文化的各种基本形态，运用类型学的方法，详细分析各种经济文化形态的产生、发展及其特征。第四章讨论了"南丝路"经济文化融生，以多学科的视角，探讨了商道沿线区域主要民族的商业、社会、经济和异域等经济文化交流。第五章探究了"南丝路"经济文化的时代复兴,用历史唯物主义的眼光审视新时期"南丝路"发展所面临的机遇与挑战,分析云南在"一带一路"建设中作为面向南亚东南亚辐射中心的地位和作用,为云南在构建中国对外开放新格局和亚洲命运共同体建设的大背景下,提出建设"南丝路"经济带的对策,建议建设孟中印缅经济走廊,复兴"南丝路"经济文化。

  本书的创新点在于,运用布罗代尔年鉴学派的"长时段"理论,进行"南丝路"经济文化演变过程的探究,希望能够透过历史,立足现实与实践,对古"南丝路"经济文化的发生主体、演变过程、发展趋势、驱动机制、运行规律等形成个人见解。一是通过对古"南丝路"经济文化历史的大跨度回溯,探究"南丝路"经济文化形成、发展演变之规律,推动社会发展之动因,总结提出"南丝路"是最早开放之路、重商开拓之路、多元文化之路、和平开发之路和旅游文化之路。二是研究古"南丝路"经济文化是在"古为今用,历史梳理;立足现实,未来设计"的指导思想下进行的,是为了建设新"南丝路"做准备,因此,系统全面地对"南丝路"经济文化进行研究,联系当下的"一带一路"建设,提出了建设"南丝路"经济带的必要性和紧迫性。三是研究联系历史上古"南丝路"的路线与"中缅经济走廊""澜湄合作机制""孟中印缅经济走廊"等线路吻合,古往今来云南与南亚和东盟各国的商贸、人文交流源远流长,有着较好的合作基础的状况,对云南作为面向南亚东南亚辐射中心的区位优势、基础条件展开论述,并建议推进"孟中印缅经济走廊"建设,复兴古代"南丝路"经济文化。在本书撰写的过程中,结合实际,及时吸纳了2017年9月15日中央全面深化改革领导小组第16次会议上出台的《关于支持沿边重点地区开发开放若干政策措施的意见》,《孟中印缅经济走廊互联互通建设中长期规划研究》，云南省委新近出台的《关于加快建设我国面向南亚东南亚辐射中心的实施意见》等一些新材料的内容。

总体而言，本书在理论方面遵循经济文化理论的基本思想与研究方法，提挈指导整个"南丝路"经济文化研究。使用区域经济理论作为研究视角，突破研究的地区限制，在更大空间范围内使用宏观和微观相结合的方法，思考"南丝路"及其沿线地区区域经济文化流转、碰撞、融合的内涵与外延，同时使用动态发展的思路，对较为复杂的研究对象进行系统分析，有助于提升论文的现实价值与实践性经验。用多元文化理论解析、解构、看待、理解与分析"南丝路"沿线地区历史上曾经存在及延续至今的各种文化形态，以文化学、人类学相关理论为指导，在研究经济现象的同时关注其背后蕴含的文化内涵与象征，注重各种文化的平等性、传播性与融合性，使研究对经济文化的理解更为全面而深刻。尝试使用比较文化理论，对"南丝路"沿线地区较有代表性的文化类型和经济类型进行比较，揭示古代"南丝路"经济文化的多样性、复杂性，从中总结类型特征、文化价值、发展规律及经验得失。

"南丝路"是一个庞杂而宏大的运行体系，其涉及的内容非常丰富，涉及的主体多，统摄的范围广，涵盖的理论深，关联的学科多，本书不能尽其全貌，只能"管中窥豹"。因此，本书难免在研究过程中有所遗漏，其中个人认为经济思想史专业理论知识还需要进一步提升；书中虽参考了大量的文献资料，但是自感对一手文献的运用还有待提高；书中部分内容难以免俗，仅是规律性的总结，还谈不上深层理论的创新与突破，有的看法仅为一家之言，难免有不妥之处；书中难免有文字还不够严谨、简练之处，勘校有不够严密之处。最后，特别值得补充的一点是,如果从 1877 年李希霍芬提出"丝绸之路"这个概念算起,至今已有 143 年。140 多年来,对丝绸之路的研究已经取得了大量举世瞩目的成果,而对于"南丝路"的研究仅有 30 多年,在丝绸之路的总体研究体系有相当多的问题没有解决,有相当多的问题还没有进入学者们的视野。对于"南丝路"最早开通于何时存在争议;对"南丝路"的历史地位存在分歧;对"南丝路"境外段的缅甸、印度等国的"南丝路"研究需要加强。本书仅是抛砖引玉之作,希望引起更多学者的关注和加入。当然,下一步笔者更将努力探索,加强"南丝路"后续研究,以期有进一步收获和提升。

是为序。

全洪涛

2019 年 12 月 28 日于昆明 第一稿

2020 年 4 月 25 日于昆明 第二稿

摘　　要

作为连接亚洲和欧洲的古代陆上商业贸易路线，中国古代南方丝绸之路（简称"南丝路"），及其相关问题较早即受到学界的关注，但与广为人知的"北方丝绸之路"和"海上丝绸之路"相比，对"南丝路"的研究相对较为薄弱，尤其是对其商贸活动中所蕴含的经济文化思想的研究相对阙如。"南丝路"是最早开放之路、重商开拓之路、多元文化之路、和平开发之路、旅游文化之路。基于此，本书主要由以下六个部分构成。

导论部分介绍了"南丝路"经济文化问题产生的历史概观、历史背景、研究价值，本书的理论架构与方法选择，以及本书的创新之处。第一章分梳了"南丝路"的兴衰之变，"南丝路"于先秦时期产生，历经隋唐时期的兴起和发展，元明时期一度兴盛，随着区域政治格局的变化，清代跌宕起伏，在嘉道时期走向繁荣，民国后期走向衰落。第二章剖析了"南丝路"经济文化的价值，其核心价值表现为"南丝路"蕴含的经济文化历史悠久，借助漫长的商道连接沿途各地的贸易交换，同时催生出一批繁盛的商业市镇，促进了欧亚之间的文化交流。其历史价值表现为开拓并发展沟通了南方陆上和海上的贸易通道，使古代中华文化传播到周边及更远的国家和地区。同时，"南丝路"的发展也不可避免地受到自然环境、各时期社会经济等因素的制约与影响，是中国和相关地区经济发展史的集中体现。第三章归纳了"南丝路"经济文化的基本形态，运用类型学的方法，分析商贸文化、交通文化、盐铁文化、贝币文化、青铜文化、翡翠文化等经济文化形态的产生、发展及其特征。第四章讨论了"南丝路"经济文化的融生，以多学科的视角，探讨了商道沿线区域主要民族的商业、社会、经济、边地和异域等经济文化交流。第五章探究了"南丝路"经济文化的时代复兴，用历史唯物主义的眼光审视新时期"南丝路"发展所面临的机遇与挑战，分析云南在"一带一路"建设中作为辐射中心的地位和作用，在印度洋战略和亚洲命运共同体建设的大背景下，提出建设"南丝路"经济带的对策，建议建设孟中印缅经济走廊，复兴"南丝路"经济文化。

　　本书全面、系统运用相关材料，以多学科视角，深入探讨古代"南丝路"的经济文化问题，详细梳理古代"南丝路"的产生及其发展历史，由此讨论其所蕴含和展现的经济文化，进而分析"南丝路"在中国古代地区和跨国区域经济活动中所扮演的角色，凸显其在新的历史时期国家"一带一路"建设背景下，所面临的机遇与挑战，为更加全面而深入地认识与理解这条商贸交流与文化交往通道提供新颖的视角，亦为分析、研究、理解人类跨区域经济与文化交流活动提供重要的历史借鉴和现实启示。

Abstract

As an ancient on-land commercial and trade route connecting Asia and Europe, the ancient Silk Road in Southern China (often referred to as the "South Silk Road"), and its related issues have long been attracting the attention of academia. However, there are relatively fewer researches on "South Silk Road" than on the well-known "North Silk Road" and "Maritime Silk Road", and there are especially even fewer researches on the economic and cultural ideas contained in the business activities along the Silk Road. The "South Silk Road" is the earliest road for opening up, a road for business development and expansion, a road for multicultural development and peaceful development and also a road for travel and expanding culture. Based on this, this paper is mainly composed of the following six parts:

The introduction introduces the historical overview, historical background, research value of economic and cultural issues along the "South Silk Road", the theoretical framework and method selection of this book, as well as the innovation of this book; the first chapter talks about the rise and fall of the "South Silk Road". The "South Silk Road" emerged during the pre-Qin period, rose and developed during the Sui and Tang dynasties, and it became prosperous in the Yuan and Ming dynasties. With the changes in the regional political structure, it went up and down during the Qing Dynasty, prospered in the Jiaqing and Daoguang period, and declined in the late Republic of China. The second chapter analyzes the economic and cultural value of the "South Silk Road", and the core value is reflected in the long history of the economy and culture contained in the "South Silk Road". With the help of a long trade route, trade exchanges along the route are connected, and a number of prosperous commercial towns are born, which promotes cultural exchange between Europe and Asia. The historical value of the "South Silk Road" is manifested in opening up and developing trade channels connecting the land and sea in the south, and spreading the ancient Chinese culture to neighboring countries and regions. Nevertheless, the development of the "South Silk Road" is inevitably restricted and influenced by the natural environment, social and economic factors in various periods, and it reflects the economic development history in China and related regions. The third chapter summarizes the basic forms of the "South Silk Road" economic culture, and uses the method of typology to analyze the emergence, development and characteristics of economic and cultural forms such as business culture, transportation culture, salt and iron culture, shell coin culture, bronze culture, and jade culture. The fourth chapter discusses the integration of the "South Silk Road" economy and culture. From a multidisciplinary perspective, it discusses the economic and cultural exchanges among the major ethnic groups along the commercial road. The fifth chapter explores the renaissance of the "South Silk Road" economy and culture. In addition, it examines the opportunities and challenges faced by the development of the "South Silk Road" in the new era with historical materialism, and analyzes the status and role of Yunnan as a radiation center in the construction of the "Belt and Road". At the same time, in the context of the Indian Ocean strategy and the establishment of a community of shared destiny for mankind in Asia, it proposes countermeasures for the construction of the "South Silk Road" economic belt, and recommends the establishment of the Bangladesh-China-India-Myanmar Economic Corridor to revive the economic and cultural development along the "South Silk Road".

This book uses relevant comprehensive and systematical materials to deeply explore the economic and cultural issues of the ancient "South Silk Road" from a multi-disciplinary perspective, elaborates on the creation and development history of the ancient "South Silk Road" in detail, and discusses its implications and economic culture. Furthermore, it analyzes the role of the "South Silk Road" in the economic activities of ancient China and transnational regions, and highlights the opportunities and challenges it faces in the context of the national "Belt and Road" construction in the new historical period. This provides a new perspective for a more comprehensive and in-depth understanding of this trade and cultural exchange channel, and it also provides important historical reference and practical inspiration for the analysis, research and understanding of human cross-regional economic and cultural exchange activities.

目　录

导　论 ·· (1)

  第一节　古代"南丝路"概观 ··· (1)

    一　最早开放之路 ·· (4)

    二　重商开拓之路 ·· (6)

    三　多元文化之路 ·· (7)

    四　和平开发之路 ·· (8)

    五　旅游文化之路 ·· (10)

  第二节　古代"南丝路"经济文化梳理 ···································· (12)

    一　学术价值 ··· (12)

    二　相关概念及路线图 ·· (20)

    三　理论支撑 ··· (22)

    四　方法选择 ··· (28)

    五　主要创新点 ·· (28)

第一章 古代"南丝路"的兴衰 ……………………………………(30)

第一节 古代"南丝路"的开拓 …………………………………(30)
一 秦汉时期"南丝路"的开启 …………………………………(30)
二 魏晋南北朝时期"南丝路"的开拓 …………………………(35)

第二节 古代"南丝路"的兴盛 …………………………………(45)
一 隋唐时期"南丝路"的变迁 …………………………………(45)
二 宋元时期"南丝路"的发展昌盛 ……………………………(48)
三 明清"南丝路"的转折 ………………………………………(52)

第三节 古代"南丝路"的跌宕 …………………………………(54)
一 清朝"南丝路"的起伏 ………………………………………(55)
二 民国时期"南丝路"的衰落 …………………………………(56)

第二章 古代"南丝路"经济文化的价值 ……………………………(60)

第一节 古代"南丝路"经济文化的核心价值 ……………………(60)
一 商路通达承载东西贸易 ………………………………………(60)
二 商贸兴盛催生市镇文明 ………………………………………(62)
三 商贸往来传递中西文化 ………………………………………(65)

第二节 古代"南丝路"经济文化的历史价值 ……………………(66)
一 开拓陆上通道文化 ……………………………………………(66)
二 开辟海上商贸文化 ……………………………………………(68)
三 传播中华经济文化 ……………………………………………(69)

第三节 古代"南丝路"经济文化的历史制约 ……………………(71)
一 自然人文制约 …………………………………………………(71)
二 政治变迁制约 …………………………………………………(72)
三 经济基础制约 …………………………………………………(74)

第三章　古代"南丝路"经济文化的形态 (76)

第一节　交通文化的肇兴 (76)
一　通道文化的开拓 (77)
二　马帮文化的凸显 (80)
三　现代交通的雏形 (85)

第二节　商贸文化的繁荣 (87)
一　商道的形成 (87)
二　商镇的兴起 (91)
三　商业的繁荣 (99)

第三节　盐铁文化的昌盛 (106)
一　食盐的生产贸易 (106)
二　铁器的生产贸易 (108)

第四节　贝币文化的独行 (109)
一　云南贝币文化圈 (110)
二　东南亚"贝币之路" (113)

第五节　青铜文化的回响 (115)
一　三星堆铜器的考古发现 (115)
二　东南亚铜鼓文化的盛行 (117)
三　铸币铜钱和滇铜北运 (119)

第六节　翡翠文化的闪光 (121)
一　玉石的生产贸易 (123)
二　翡翠之光芒长射 (124)

第四章　古代"南丝路"经济文化的融生 (127)

第一节　民族经济文化的交流 (127)

一　白族商帮文化……………………………………………（128）
　　二　回族商帮文化……………………………………………（131）
　　三　纳西族商帮文化…………………………………………（134）
　第二节　经济习俗文化的渗透……………………………………（139）
　　一　经济习俗的传承…………………………………………（140）
　　二　傣族的经济习俗…………………………………………（141）
　　三　彝族的经济习俗…………………………………………（143）
　第三节　边地经济文化的助推……………………………………（147）
　　一　内地发展推进边地经济文化……………………………（147）
　　二　边地经济走廊推动经济文化……………………………（149）
　　三　边民互市交易促进经济文化……………………………（151）
　第四节　区域经济文化的辐射……………………………………（153）
　　一　川滇贸易的交流…………………………………………（154）
　　二　巴蜀文化与滇文化的交融………………………………（155）
　　三　茶马古道与汉藏文化的交织……………………………（157）
　第五节　异域经济文化的融通……………………………………（160）
　　一　中缅经济文化交流………………………………………（161）
　　二　中印经济文化交流………………………………………（165）
　　三　中泰经济文化交流………………………………………（168）

第五章　古代"南丝路"经济文化的复兴 …………………………（171）
　第一节　古代"南丝路"经济文化与"一带一路"倡议 ………（171）
　　一　开放新格局带来的发展机遇……………………………（171）
　　二　国际经济一体化的客观要求……………………………（174）
　　三　实施印度洋战略的必然选择……………………………（175）

四　亚洲命运共同体的战略需要……………………………（176）
第二节　古代"南丝路"经济文化与面向"两亚"辐射
　　　　中心建设………………………………………………（178）
　　一　云南在"南丝路"经济带建设中的地位和作用………（179）
　　二　"南丝路"经济带建设的历史启示……………………（182）
　　三　云南面向"两亚"的辐射中心建设……………………（185）
　　四　建设孟中印缅经济走廊,推动"南丝路"的
　　　　宏大复兴………………………………………………（196）

结　语………………………………………………………（213）

参考文献……………………………………………………（216）

后　记………………………………………………………（237）

导　论

"南丝路"历史悠久的商贸活动产生了丰富的经济文化形态，衍生出多样的社会文化类型，经历了开拓开发、发展兴盛、式微衰落，并产生了独特而深远的历史影响，同时在新形势下面临的社会发展所带来的机遇与挑战；伴随着一系列国家重要战略的提出并实施，褪尽繁华的"南丝路"再次成为中国同南亚东南亚国家开展国际合作的重要历史基础。本书对"南丝路"的商贸发展史进行梳理研究，尤其着重对深蕴其中的丰富经济文化思想进行研究，以资镜鉴，由此重新构建"南丝路"经济带，以推动丝绸之路沿线国家与地区的稳定繁荣发展，尤其助推云南参与国家"一带一路"建设。

第一节　古代"南丝路"概观

自1877年德国地理学家李希霍芬（Ferdinand von Richthofen）首先提出"丝绸之路"的概念后，这条连接欧亚大陆的国际交通线随即成为国内外学界关注的领域。20世纪80年代以来，大量商周时期文化遗址陆续在西南地区出土，其中包括了数量惊人的蕴含着异域文化因素的器物，除特色鲜明的巴蜀文化、中原文化和东南亚文化元素之外，甚至还有来自印度、中亚乃至近东和西亚地区的文化因素。随着"蜀身毒道"的发现,为与"北方陆上丝绸之路""海上丝绸之路"区别,学界提出了"南方陆上丝绸之路"或者"西南丝绸之路",简称"南丝路"。

据史料记载:

> 及元狩元年(前122年),博望侯张骞使大夏来,言居大夏时见蜀布,邛竹杖。使问所从来,曰:"从东南身毒国,可数千里,得蜀贾人市"。或闻邛西可二千里有身毒国。骞因盛言大夏在汉西南,慕中国,患匈奴隔其道,诚通蜀,身毒国道近便,有利无害。于是天子乃令王然于、柏始昌、吕越人等,使间出西夷西,指求身毒国。至滇,滇王尝羌乃留为求道西十余辈,岁余,皆闭昆明,莫能通身毒国。①

"尽管《史记》、《三国志》裴松之注引三国时人鱼豢的《魏略·西戎传》等史料中已对这条古道有所提及"②,但大部分学者仍然认为"南丝路"起源于公元前4世纪巴蜀商人开拓的"蜀身毒道"③,其路线始于成都,经云南通往缅甸、印度、阿富汗、巴基斯坦等国。通过这条商道,"中国的蜀布、丝绸、筇竹杖、铁器、工艺品等源源不断地输出,国外的宝石、翡翠、琉璃、光珠等亦大量输往国内"④。最早的商贸之路因"南丝路"而形成。

---

① (西汉)司马迁:《史记·西南夷列传》卷一百一十六,中华书局1982年版,第2996页。
② 邹一清:《先秦巴蜀与南丝路研究述略》,《中华文化论坛》2006年第4期,第11—18页。
③ 《辞海·历史分册·中国古代史》,上海辞书出版社2003年版。
④ 段渝:《先秦两汉的新"南丝路"》,《文史知识》2009年第6期,第21页。

然而，也有一批学者基于考古发现认为，"南丝路"开通的时间可以追溯到商周时期。段渝先生研究指出，早在商代中晚期，作为"南丝路"早期雏形的"五尺道"即已开通。① 考古发掘可知，"广汉三星堆和成都金沙遗址中出土有产于印度洋北部地区的齿贝与印度地区的象牙，同时，三星堆青铜雕像文化元素和古蜀柳叶形青铜短剑形制等也由此而来"②。他还认为：

  印度梵语最早将中国称作 Cina，中译为支那，或脂那、至那等，即为古代成都的对音或转生语，其出现年代至迟在公元前 4 世纪或更早。Cina 这个名称从印度转播中亚、西亚和欧洲大陆后，又形成其转生语 Seres、Thinai 等，如今西文里对中国名称的称呼，其来源即与此直接相关。而 Cina 名称的西传，是随丝绸的西传进行的。③

可见，巴蜀不仅是"南丝路"的起点和中心，同时还在古代中西文化交流中产生了重要影响。正如苏秉琦先生所言："四川的古文化与汉中、关中、江汉以至南亚次大陆都有关系，就中国与南亚的关系看，四川可以说是'龙头'。"④ "南丝路"的产生、发展、繁荣与兴衰的历史充分说明，古代的中国西南是一个外向型的经济发展区域，沿途商贸繁荣，族群

---

① 段渝：《五尺道的开通及其相关问题》，《四川师范大学学报》（社会科学版）2013 年第 4 期，第 158—159 页。

② 段渝：《古蜀瑟瑟探源》，载《三星堆文化》，四川人民出版社 1993 年版，第 542—545 页；王滨蜀：《试论"菱形"网纹蜻蜓眼古代玻璃在四川地区存在的情况》，载干福熹主编《丝绸之路上的古代玻璃研究》，复旦大学出版社 2007 年版，第 225—234 页。

③ 段渝：《支那名称起源之再研究》，载《中国西南的古代交通与文化》，四川大学出版社 1994 年版，第 126—162 页。

④ 苏秉琦：《中国文明起源新探》，生活·读书·新知三联书店 1999 年版，第 85 页。

往来频繁,各国技术文化多元传播,作为古代到近代中国对外交往的三条主要通道之一,"南丝路"将北方陆上丝绸之路和海上丝绸之路连接起来,从而构成一个完整的对外交通、贸易与文化交流体系,在中国历史与经济领域具有重要地位。主要体现在以下几个方面。

一 最早开放之路

不少文献将"南丝路"开通的时间认定为秦汉时期,然而三星堆等文化遗址的考古发现却把这段历史的起点提前至商周时期。李绍明先生认为:"此道的雏形早在先秦就已形成,即藏彝民族走廊中的一条道路,此一道路从民族学的角度研究,其初成于先秦时期殆无疑义。"① 林文勋先生认为:"早在战国时代,就有印度、缅甸等地的商人,通过'丝绸南路'把贝带进云南。"② 李远国提出:"这条商道早在先秦时期已初步开通,它的起点是以'三星堆'为中心的成都平原,共有三条主线穿越西南地区的群山,而远达域外诸方。"③

考古研究发现,这是一条形成较早的东亚腹地的河谷自然通道,早在春秋时期以前,它就是一条古代民族迁徙的交通走廊,战国时期之后,随着商业的发展逐渐演变成为巴蜀商人的秘密通道。④ 它是中

---

① 李绍明:《论西南丝绸之路与民族走廊》,载《中国西南的古代交通与文化》,四川大学出版社1994年版,第35—48页。
② 林文勋:《"南丝路"的历史特征和历史启示》,《社会主义论坛》2014年第11期,第30—32页。
③ 李远国:《南方丝绸之路上的宗教文化交流》,《中华文化论坛》2008年第S2期,第168页。
④ 李淼:《南丝绸之路的开凿与形成》,载《南方丝绸之路文化论》,云南民族出版社1991年版,第280—295页。

国历史上最早的对外贸易路线，也是中西文化交往的最早信道，促成了东西方文化的沟通与交流，不同类型的文化形态得以通过这条商道相互交流，共谱华章。

据考证，北方陆上丝绸之路与南方海上丝绸之路是公元前2世纪以后才逐渐发展起来的，而中国西南的对外通道，即"南丝路"开通的时间不会迟于公元前4世纪，尽管不为大多数世人所知，但它已确实发挥着沟通中外各民族经济文化的纽带作用。①

"南丝路"的研究者在不同时期对这条商道的路线进行了长期的寻找与探索。任佳等学者对这条古道在中国境内的灵关道、五尺道和永昌道三条支路的路线进行了研究，探讨了各站点的具体位置。② 据段渝先生考证：

> 这条纵贯亚洲的交通线，是古代欧亚大陆最长、历史最悠久的对外交通大动脉之一，其具体路线应为：以成都平原为起点，向南分为东、西两路，西路沿牦牛道南下至大理，东路从成都平原一路向南经五尺道至大理，两道在大理汇为一道继续西行，经保山、腾冲，抵达缅甸密支那，或从保山出瑞丽进抵缅甸八莫，跨入外域。国外段有西线和东线两条：西线即"蜀身毒道"，从成都平原出云南至缅甸，西行至印度、巴基斯坦、阿富汗至中亚、西亚；东线包括从四川经云南元江下红河至越南的红河道，以及从蜀经夜郎至番禺（今广

---

① 涂裕春：《古丝绸之路与各民族的融合》，《西南民族大学学报》（人文社会科学版）2004年第2期，第22页。
② 任佳、王清华、杨思灵：《构建新南方丝绸之路参与"一带一路"建设》，《云南社会科学》2014年第3期，第1页。

州）的牂柯道。①

可见，尽管在"南丝路"的开通时间上有所争议，但学界对其沟通早期地域文明之间的重大贡献已经达成共识，"南丝路"作为最早的开放之路，在沟通古代欧亚大陆的交流中确实发挥过不可忽视的重要作用。

二 重商开拓之路

"南丝路"因先秦时期的民间商贸联系而兴起，② 即任乃强先生曾研究过的"蜀布之路"③，以长途贩运为主要形态的民间商品交换活动为主，巴蜀商人是"南丝路"早期商贸活动的主体，通过长途贩运和商品交换获取高额利润是这条商道兴起的首要原因。秦汉时期，得益于中央王朝经营西南及其周边国家的边疆策略，"南丝路"商贸活动日渐兴盛。汉朝中央政府在经略西南、西南夷地区设置郡县，任免官吏，开征税收，用以维护道路畅通，虽然主观愿望是加强中央政权对西南边远地区的控制，但这条曾经的民间商道从此有了政府的保护，比起劫匪出没的民间古道，商人们的生命财产风险大为降低，得到了一定保障而更为畅通，同时带动了跨区域的政治与文化交流。历经隋唐时期的兴起和发展，元明时期一度兴盛，随着区域政治格局的

---

① 段渝：《中国西南早期对外交通——先秦两汉的南方丝绸之路》，《历史研究》2009年第1期，第23页。
② 童恩正：《略谈秦汉时代成都地区的对外贸易》，载徐中舒主编《巴蜀考古论文集》，文物出版社1987年版。
③ 任乃强：《中西陆上古商道——蜀布之路》（下），《文史杂志》1987年第2期，第37—39页。

变化，清代跌宕起伏，曾在嘉道时期一度繁荣，民国之后逐渐走向式微和衰落。

回顾历史，三条丝绸之路为促进中外文明的交流做出了重要贡献，但各自又发挥着独特的作用，相互不可替代。其中，"南丝路"是丝绸之路的重要组成部分，其形成时间甚至远早于中国北方丝绸之路。在其形成与发展的2000多年历史中，对于经济文化水平相对落后、社会政治发展水平极不平衡、自然交通条件险峻异常的西南地区来说，"南丝路"均是历代中央王朝开展经略活动的核心要道，是一条重要的商业开拓之路。

"南丝路"的产生与发展，是跨区域商贸发展的必然需求。丰富的历史文献与考古发现已经证明，在其延续发展的2000多年时间中，中国与西南周边国家与地区产生了频繁的贸易交换与文化交流，产生了丰富多样的经济文化，具有不可忽视的历史价值。

三 多元文化之路

古代"南丝路"从巴蜀平原出发，经云南，可以通往东亚、东南亚，经印度还可直接到达印度洋沿岸地区，沿途覆盖中国、缅甸、印度等国家和地区，是古代中国和东南亚、南亚地区重要的商贸活动与文化传播通道，具有丰富的经济文化内涵与历史人文底蕴，展现了丰富多彩的民族文化。

魏晋南北朝和隋唐时期，"南丝路"在南传佛教进入中国、印缅密宗传入中国和中原佛教传入西南地区的过程中发挥了不可忽视的重要作用。通过不断吸收与融合，上述佛教文化逐渐融入中国西南和南方的区域文化之中，然后逐步汇入中国文化的大体系。

隋唐时期，沿"南丝路"传入的印度、缅甸和东南亚文化与西南地区的南诏文化加速融合，促进了唐代文化的丰富与繁荣。元明以后，"南丝路"进一步繁荣，大乘、小乘佛教沿此路广泛传播于西南地区，沿途区域佛法极盛，佛教文化日渐昌盛。

"南丝路"上云南的民族文化、本土文化与异域文化相互交融，汉民族与彝族、白族、傣族、景颇族等多民族有着密切的经济文化交流交融，形成开放多元兼容的经济文化特征。"南丝路"将中国文明、印度文明、埃及文明等人类古文明有机地串联起来，成为古代东西方文明交流的桥梁，可以说是世界主要文化的母胎，更是中国文化对外传播的重要渠道。① 可见，"南丝路"在推动地区文化交流与发展方面发挥了重要作用，极大地丰富和发展了沿线区域各民族的社会、经济与文化内涵。

四 和平开发之路

"南丝路"的开通得益于民族地区之间和谐交往和经济文化互动，同时也促进了各个民族之间的交流，民族关系的融洽为"南丝路"的畅通和繁荣进一步奠定了基础。回顾历史，西南边疆的民族构成与不同历史时期各民族绵延不断的人口迁徙有着紧密的联系，而"南丝路"的存在与发展则为这种迁徙提供了共同诉求与和平期望，促进了边疆区域的开发与发展。

文化和生态环境是西南地区历史上人口迁移的决定性因素，"氐羌系民族、汉族、回族和苗瑶语族诸民族即是在不同历史时期先后从

---

① 林文勋：《南方丝绸之路的历史特征及其启示》，《人民政协报》2014年10月13日第7版。

中国西北和内地迁入西南边疆地区的,各民族持续不断的人口迁移,使西南地区成为中国民族成分最多、文化最为丰富多彩的地区"①。

早在秦汉时期,西南地区即出现了明显的人口迁移。据统计,"西汉时今云南境内的人口总数估计为100万—120万人,到东汉时已达200万—220万人,增加了一倍左右"②。沿袭到明清时期,西南移民数量更为庞大。"民国《宣威县志稿》卷8《民族志》等统计了当地71支大姓的75支氏族,其中可考籍贯的39支。其籍贯迁入时间中可考时间的42支,其中明代33支,清代9支;22支由征战屯戍来云南的,占52%"③。在云南边境地区,移民活动同样频繁,"如中老边境的勐腊,元代以前主要居民是傣族及克木人,元代以后,哈尼族、佤族、彝族迁入,明清时期汉族、壮族、回族、拉祜族、瑶族、布朗族、苗族、基诺族等相继迁入;江城最早的居民是傣族,唐代哈尼族迁入,清代以后汉族、彝族、拉祜族、瑶族陆续迁入"④。人口迁移的低密度流向原因在于人口稀少地区土地资源丰富,人们容易获得耕地和林地,统治薄弱,生活自由。人口稀少的地区,地广人稀,人们自由选择居住地,各民族分布的区域之间有一定距离,因土地资源短缺引发的矛盾大幅减少,民族关系相对融洽。

大规模迁徙,使不同民族、不同文化通过"南丝路"这条经济纽

---

① 苍铭:《西南边疆历史上人口迁移特点及成因分析》,《中央民族大学学报》2002年第5期,第11—17页。

② 李寿、苏培明:《云南历史人文地理》,云南大学出版社1996年版,第100—102页。

③ 蓝勇:《明清时期贵汉族移的时间和地理特征》,《西南师范大学学报》(哲学社会科学版)2002年第5期,第77—81页。

④ 苍铭:《西南边疆历史上人口迁移特点及成因分析》,《中央民族大学学报》2002年第5期,第11—17页。

带融合在一起。在这一共同体里，汉族移民为少数民族带来了先进的生产技术和工具，推动了西南地区手工业和农业的进步，增进了民族间的交往和文化的交流，极大地促进了各少数民族的文化进步和经济发展，大大带动了西南边疆地区的开发，促使中央政权对西南夷地区采取经营管理措施。中央政权在西南地区采用内地制度设置行政进行管辖，兴办教育，促进了以儒学为代表的中原文明在西南地区的传播。[1]

汉族移民与少数民族比邻而居或者杂居其间，汉族先进文化与少数民族文化相互碰撞交融，对"中华文化"的共同认同感，加强了各民族移民与原住民之间的精神联系。商贸交流和文化碰撞，更是强化了中原地区和西南少数民族地区在物质依赖和文化心理上的认同感，促进了民族团结关系的建立和维持。到了近代抗日战争时期，西南地区成为大后方，滇缅公路成为抗战生命线，没有滇缅公路就没有抗战的物资保障，滇缅公路也成为民族不屈的象征，维护和平与安宁之路。

可见，"南丝路"是东西方经济文化交流的桥梁和纽带，也是一条使中华民族走向世界，传播中国人民友好的和平开发之路。

五 旅游文化之路

"旅游文化始终贯穿于旅游活动整个过程，并且覆盖了与旅游业相关的一切文化事业、文化研究和文化环境。"[2] 可以说，"它既是一

---

[1] 孔远志：《中国与东南亚文化交流的特点》，《东南亚研究》1998年第4期，第11—13页。

[2] 贾祥春：《旅游文化的特点及其在旅游业中的地位和作用》，《复旦学报》（社会科学版）1997年第4期，第83—87页。

种冲突文化,也是一种融合文化;既是一种文化现象,也是一种文化关系"①。在旅游的过程中,旅游者与目的地文化之间会产生互动与交流,并促使不同类型的文化相互了解与融合。

明代著名旅行家徐霞客是古代中国旅游文化活动的重要实践者,在其旅游游记中记载了当时中国各地的人文风情、自然地理和社会经济发展等,为后人留下了重要的文献资料。在勘测自然地理的同时,他还"非常注意了解社会民情,重视与人交往,尤其注重与西南少数民族进行文化交流。在融入当地的文化中做出了很大的努力"②。

徐霞客曾经游历过"南丝路"沿线的不少地方。他曾于1638年七八月间抵达昆明并游历了西山,即太华山。在一个风和日丽的早晨,徐霞客在昆明市区乘船横渡长满芦苇的滇池到西山高蛲游船码头,开始了他的西山之游。徐霞客还曾在太史祠用餐,然后上太华山进入华亭寺、太华寺、罗汉寺等进行考察。之后还登上了西山的山顶,《游太华山记》记录西山"愈上愈奇,而楼、而殿、而阁、而宫,皆东向临海,嵌悬岩洞"。徐霞客尤其钟爱太华寺中的山茶花,曾为此留下诗句。

1638年十月一日徐霞客再入省城昆明,这时候的徐霞客已经游历了滇南、滇东和贵州兴义,并对南盘江及喀斯特地貌进行了考察,经寻甸、嵩明、松华坝又折返昆明。这次徐霞客在昆明只小住了两天,1638年十月四日傍晚,徐霞客从南坝乘船驶进了滇池,沿滇池至海口,游览石城。徐霞客重点考察了海口的石城和安宁,游览了

---

① 王德刚:《试论旅游文化的概念与内涵》,《桂林旅游高等专科学校学报》1999年第4期,第39—42页。
② 饶华清:《〈徐霞客游记〉的旅游文化融合研究》,《沈阳师范大学学报》(社会科学版)2011年第2期,第30页。

"石城"的奇景后,下山,沿着螳螂川到了安宁城,开始了其在安宁的游览考察活动。之后徐霞客到了"海内第一汤"的安宁温泉。徐霞客来到温泉首先游览了温泉南面的石洞及题刻,之后到温泉泡了温泉浴。徐霞客于十一月七日离开昆明城西行,游览筇竹寺,他在游历日记中写道:"筇竹寺,其寺高悬于玉案山之北陲,寺向东向,斜倚所踞之坪,不甚端称,而群峰环拱,林壑潆沓,亦幽境入境也。"在这里他与友人聚会并住宿了一晚。八日,徐霞客经富民西行,之后去往了大理的鸡足山,并作为其一生旅游探险和地理考察的终点。①

徐霞客滇游期间,曾经两次登临鸡足山。"第一次来鸡足山是为建静闻和尚墓塔,第二次再上鸡山,则应丽江木氏土司之邀,于悉檀寺修撰《鸡山志》,逾三月。因而徐霞客在鸡足山,停留时间最长,所记文字最详,这在其游历之地中是独一无二的。"②

徐氏曾经游览的上述各地,均为"南丝路"沿途重镇,其所记文字,反映出"南丝路"旅游资源的丰富和文化传播通道的繁盛,说明"南丝路"也是一条具有丰富经济文化内涵的旅游文化之路。

第二节 古代"南丝路"经济文化梳理

一 学术价值

中外学界对中国丝绸之路的研究始于1877年李希霍芬提出"丝绸之路"这一重要概念。140余年来,大量成果先后面世,学科视角

---

① 朱惠荣:《徐霞客与明末鸡足山》,《学术探索》2001年第2期,第48—52页。
② 邱宣充:《〈徐霞客游记〉与大理旅游》,《大理文化》2004年第1期,第63页。

主要涵盖历史学、人类学、社会学、考古学、民族学等。

(一) 国外的研究

1900年前后,法国学者伯希和(Paul Pelliot)在其所著《交广印度两道考》一书中探讨了中国西南与东南亚、南亚和欧洲之间的通道及其经济文化交流问题,可谓早期外国研究的代表之作。① 之后,英国学者 G. E. 哈威②、李约瑟③、D. G. E. 霍尔④和缅甸历史学家波巴信⑤等学者均对这条商道的路线有所研究。1993年,两位印度学者 Haraprasad Rya 和 S. L. Baruach 在香港举行的国际学术会议上提交了研究报告,展现了他们对这条古道的重要研究成果。⑥ 20世纪初,国外学者已经关注到"南丝路"的历史价值和学术价值。

在对丝绸之路的经济文化研究中,David Airey 和 Myra Shackley 对丝绸之路上的绿洲城镇乌兹别克斯坦的城市进行了经济、文化等方面的系统研究,其中商贸的研究对"南丝路"商贸发展史的研究具有较大的借鉴意义。⑦ Lincoln Chen 在研究丝绸之路过程中指出,丝绸之路

---

① [法] 伯希和:《交广印度两道考》,冯承钧译,中华书局1955年版。
② [英] G. E. 哈威:《缅甸史》,姚楠译,商务印书馆1957年版,第39页。
③ [英] 李约瑟:《中国科学技术史》第一卷总论,卢嘉锡译,科学出版社1975年版,第二分册第376、456—457页。
④ [英] 霍尔:《东南亚史》,中山大学东南亚历史研究所译,商务印书馆1982年版。
⑤ [缅] 波巴信:《缅甸史》,陈炎译,商务印书馆1965年版,第14页。
⑥ [印] Haraprasad Rya:《从中国至印度的南方丝绸之路——一篇来自印度的探讨》,江玉祥译,载江玉祥主编《古代西南丝绸之路研究》(第2辑),四川大学出版社1995年版,第263—289页;[印] S. L. Baruach:《关于南方丝绸之路的历史证据:阿豪马人迁居阿萨姆的路线》,江玉祥译,载江玉祥主编《古代西南丝绸之路研究》(第2辑),四川大学出版社1995年版,第290—302页。
⑦ Airey, D., & Shackley, M., "Tourism Development in Uzbekistan", *Tourism Management*, No. 8, 1997, pp. 199–208.

是印度与欧洲各国在 2000 年前同中国开展商品贸易的陆上唯一通道，这条通道上不仅进行着商品贸易，同时还有宗教流传、科学技术共享、社会与文化交流等，中印两国应当以此为基础，深入开展各个领域的合作交流，共同繁荣。① James A. Anderson 认为公元 10 世纪北方丝绸之路与"南丝路"的商贸发展达到了高峰，而在边境地区由于受到军事方面的影响，商贸发展较为低迷。② Christopher I. Beckwith 认为青铜是古丝绸之路上的主要贸易商品之一。③ 国外学者对"南丝路"与北方丝绸之路做了一定程度的比较。

此外，David Comas 等人主要研究了丝绸之路上中亚地区人的历史和遗传基因，对商品贸易的各种细节较少提及。④ Robert Gray 和 Leah Hoffman 主要研究了丝绸之路上的各种传染性疾病的蔓延情况。⑤ 这在"南丝路"的医学、生物学研究上也有一定的突破。

（二）国内的研究

正如日本学者藤泽义美所指出的那样，在对古代"南丝路"的研

---

① Lincoln Chen, "China-India: Reconnecting the Silk Road in Health", *The Lancet*, No. 10, 2008, pp. 1453–454.

② James A. Anderson, "China's Southwestern Silk Road in World History", *History Cooperative*, No. 5, 2009, pp. 65–72.

③ Christopher I. Beckwith, "Empires of the Silk Road: A history of Central Eurasia from the Bronze Age to the Present", books. google. com, No. 6, 2011, pp. 85–92.

④ David Comas, Francesc Calafell, Eva Mateu, Anna Pérez-Lezaun, Elena Bosch, Rosa Martínez-Arias, Jordi Clarimon, Fiorenzo Facchin, Giovanni Fior, Donata Luiselli, Davide Pettener, and Jaume Bertranpetit, "Sex-Specific Migration Patterns in Central Asian Populations, Revealed by Analysis of Y-Chromosome Short Tandem Repeats and mtDNA", *Am. J. Genet*, No. 65, 1999, pp. 208–219.

⑤ Robert Gray, Leah Hoffman, "Tracking Coverage on the Silk Road Time to Turn Theory into Practice", *International Journal of Drug Policy*, No. 8, 2008, pp. 15–24.

究中，经由缅甸—云南—四川的所谓"滇缅路"似乎很少有人注意，① 因此，对"南丝路"的研究开始相对较晚。夏光南先生所著《中印缅道交通史》②是国内较早对"南丝路"进行研究的成果，之后，张星烺、冯承钧、岑仲勉、季羡林、方国瑜、饶宗颐、桑秀云、严耕望等学者也对此领域有所研究。③ 然而，对"南丝路"的名称、定义、路线等问题一直存在争论。学者们使用包括"南方陆上丝绸之路""西南丝绸之路""南方丝绸之路""蜀布之路"等多个概念，研究体系尚未构建起来，正如方国瑜先生所言"诸家所引证的资料未必尽确，且有任意比附之嫌"④。

较早对"南丝路"开展系统研究的是陈茜先生，他对这条古道进行了初步考证；⑤之后，徐冶先生的著作对南方陆上丝绸之路进行了通俗的整体介绍。⑥ 1990年前后，伍加伦和江玉祥先生主编的论文集⑦和刘弘先生等主编的论文集⑧先后出版，专题学术讨论会⑨开始举行，可谓对在此之前"南丝路"研究的阶段性总结。与此同时，一批对"南丝路"的考察图集⑩亦先后问世，极大地丰富了人们对这条商

---

① [日]藤泽义美：《古代东南亚的文化交流——以滇缅为中心》，徐启恒译，中国社会科学院、北京大学南亚研究所合编：《南亚与东南亚资料》1982年第2期。
② 夏光南：《中印缅道交通史》，中华书局1948年版。
③ 梁州：《十多年来西南丝绸之路研究综述》，载江玉祥主编《古代西南丝绸之路研究》（第2辑），四川大学出版社1995年版，第303页。
④ 方国瑜：《中国西南历史地理考释》，中华书局1987年版，第6—7页。
⑤ 陈茜：《川滇缅印古道初考》，《中国社会科学》1981年第4期，第161—180页。
⑥ 徐冶等：《南方陆上丝绸之路》，云南民族出版社1987年版。
⑦ 伍加伦、江玉祥：《古代西南丝绸之路研究》，四川大学出版社1990年版。
⑧ 刘弘：《南方丝绸之路文化论》，云南民族出版社1991年版。
⑨ 南方丝绸之路文化论编写组：《南方丝绸之路文化论》，云南民族出版社1991年版。
⑩ 邓廷良：《西南丝路之谜》，日本出版；《西南丝绸之路考察札记》，成都出版社1990年版；《中国西南丝绸之路》，云南民族出版社1992年版。

道的认识。1992年，蓝勇先生出版《南方丝绸之路》一书，为国内第一部系统研究"南丝路"的学术专著。1994年，申旭先生出版专著，主要利用外国文献对以"南丝路"为中心的中国对外关系史进行探讨。此后，学界对"南丝路"的研究不断深入，发表的学术论文与学术专著日渐增多，专题学术讨论会也蓬勃展开。2008年，段渝先生主编的《南方丝绸之路研究论文集》出版，收录中外论文51篇，集中展示了21世纪初期"南丝路"的最新研究成果。[①]

早期对"南丝路"的经济与文化的研究主要集中在历史文化领域，包括对商道交通、商贸活动、族群互动和文化交流等专题的考证与研究，而后逐步扩展到区域经济发展互动和系统研究领域。

"南丝路"被学者们视为一条国际交通线，对"南丝路"商道的研究以及商贸交通研究成果丰富。段渝认为："中外古籍文献中对先秦两汉时期西南地区的对外交通情况已多有记述，古希腊罗马文献和考古成果都证明了先秦中国西南对外交通的存在。南方丝绸之路国外段有西路和东路二条。西路，是历史上著名的'蜀身毒道'，从成都出云南至缅甸，西行至印度、巴基斯坦、阿富汗至中亚、西亚，这条纵贯亚洲的交通线，是古代欧亚大陆最长、历史最悠久的国际交通大动脉之一。东路，是一条水陆相间的交通线，水陆分程的起点为云南步头，利用红河下航越南，这条线路是沟通云南与中南半岛的最古老的一条水路。"[②] 孙先知的研究发现，公元前3世纪即战国时中国的丝绸已经由四川传入印度。

[①] 段渝主编：《南方丝绸之路研究论文集》，四川出版集团、巴蜀书社2008年版。
[②] 段渝：《中国西南早期对外交通——先秦两汉的南方丝绸之路》，《历史研究》2009年第1期，第4页。

当时中国北方到印度的商道尚未开通,这些丝绸乃是经过蜀地往今云南腾冲出口到缅甸再转至印度。① 张弘认为古蜀主要通过"南丝路"与古代南亚与东南亚的国家进行经济文化交流。② 胡立嘉提出,邛崃是"南丝路"从成都向西南行的第一站,茶马古道的重要起运地,据交通要津。③ 刘浩则考证了"南丝路"的陆路与水路路线。④

李绍明先生认为"南丝路"经历了从一条民间商道到社会文化交流管道的变迁。同时,他还认为:"三星堆出土的贝币也证明了蜀中早在先秦时期即与海外有着交通与贸易关系的存在,贝币存在的时间从先秦一直持续到明清时期,说明了这条商道自开通之后商贸活动一直延续存在。"⑤

"南丝路"的贸易交换的研究围绕交换方式、商品种类等方面展开。刘弘认为,在汉王朝开通"南丝路"以前,"南丝路"的商品贸易采用的都是以物易物的方式,主要出土于大型滇墓中的海贝不具有流通货币的性质,所以并不能作为货币进行流通。⑥ 中外古籍文献中有记载,汉王朝开发了西南夷,并将该地区带入了汉王朝的经济圈,这才使得汉式货币在"南丝路"沿线的汉移民与土著民族中流通,

---

① 孙先知:《南方丝绸之路》,《四川蚕业》1999年第2期,第58页。
② 张弘:《先秦时期古蜀与东南亚、南亚的经济文化交流》,《中华文化论坛》2009年第1期,第129页。
③ 胡立嘉:《南方丝绸之路与"邛窑"的传播》,《中华文化论坛》2008年第12期,第127页。
④ 刘浩:《"南方丝绸之路"的古驿站——登相营》,《兰台世界》2009年第17期,第72页。
⑤ 李绍明:《弘扬嫘祖文化,重振南方丝路》,《中华文化论坛》1998年第3期,第25页。
⑥ 刘弘:《南方丝绸之路早期商品交换方式变更考——从滇人是否使用贝币谈起》,《中华文化论坛》2008年第12期,第104页。

"南丝路"沿线在东汉晚期基本完成了商品交易形式的变更。胡立嘉认为,"邛窑"青瓷器是南北朝隋唐时期"南丝路"的主要贸易商品。①

族群互动问题是"南丝路"研究的新领域。杨帆根据云南的考古材料指出,自夏、商时羌系民族便经青藏高原的东缘(四川西部)向西南地区迁移。② 从此,这种民族开始络绎不绝地大规模迁移,到战国时期"因畏秦之威"又一次到达了高峰,这些民族不仅迁到了西南夷地区,甚至迁移到了南亚和东南亚的东部地区,从而形成了沟通南北的交通通道,这就是"南丝路"形成的历史背景。"南丝路"形成以后,在不同的历史时期、不同的地区有不同的贸易货物,较早的时候以输送铜料为主,西汉时铁、蜀布、盐等物成为大宗贸易货物,换回的有象牙、玛瑙、海贝、珊瑚等。从东汉开始,南方民族流行饮茶的习俗,随着这种习俗传入并被接受,在后来的日子,以茶为主要贸易货物的"茶马古道"取代了"南丝路"的主要作用。

当代区域经济发展规划是"南丝路"研究的时代话题。谢元鲁提出了新"南丝路"的构想,认为可以通过中国—东南亚—印度公路与铁路网建设来实现,以实现周边国家经济商贸的共同发展。③ 何银武提出以开发旅游线路为先导,从而带动相关行业和产业的发展;重建"南丝路"上的商贸旅游产业集群,以推动西南边疆的经济发展等战略构想;提出四川与云南应加强合作,建立中国西南内陆直通沿海的

---

① 胡立嘉:《南方丝绸之路与"邛窑"的传播》,《中华文化论坛》2008年第12期,第134页。

② 杨帆:《"南方丝绸之路"形成的历史背景及其它相关问题》,《中华文化论坛》2008年第12期,第39页。

③ 谢元鲁:《新南方丝绸之路:四川旅游的未来战略选择》,《中华文化论坛》2008年第12期,第190页。

国际经济互动纽带，进而促进中国西南山区或少数民族区域经济又好又快发展。① 曾铮认为充分发挥地缘优势，发展与周边邻国的经贸关系，是创造新的外部需求的终极捷径之一。②

在对"南丝路"的系统研究方面，蓝勇先生的《南方丝绸之路》是中国第一部系统研究该课题的学术专著，③ 填补了这一领域的研究空白，使"南丝路"研究迈上了一个新的台阶。他还认为，学术界对"南丝路"的研究不够系统与全面，应成立中国"南丝路"研究会对其进行系统研究。④

吴兴南先生的《云南对外贸易史》和董孟雄、郭亚非合编的《云南地区对外贸易史》，是系统研究云南对外贸易史的专著。吴兴南探讨了从古至今云南对外贸易的发展状况，分析了云南对外贸易从传统向近代演进的里程，并探索这一发展过程中的内在联系及其规律。⑤ 董孟雄、郭亚非则重点论述了开埠通商以后云南省的对外贸易状况。⑥

综上可知，"南丝路"的研究在最近 30 年来获得了较大发展，涉及考古学、历史学、地理学、人类学等学科领域，但对其经济文化的研究仍然较为薄弱，系统研究探究其经济文化思想，开拓、开发、开放的规律，以历史规律指导当下中国的沿边对外开放更为欠缺。因此，对"南丝路"经济文化的研究有着重要的理论与实践价值。

---

① 何银武：《推进南方丝绸之路旅游资源整体开发有利于促进西南山区经济建设快速发展》，《中华文化论坛》2008 年第 12 期，第 194 页。
② 曾铮：《重启"南方丝绸之路"》，《世界知识》2010 年第 17 期，第 14 页。
③ 蓝勇：《南方丝绸之路》，重庆大学出版社 1992 年版。
④ 蓝勇：《南方路上丝绸之路研究现状的思考》，《中华文化论坛》2008 年第 2 期，第 44 页。
⑤ 吴兴南：《云南对外贸易史》，云南大学出版社 2002 年版。
⑥ 董孟雄、郭亚非：《云南地区对外贸易史》，云南人民出版社 1998 年版。

二 相关概念及路线图

"丝绸之路"这一名字最早由德国地貌地质学家李希霍芬在其著作《中国》(三卷)中提出,由于在这条路线上进行的主要是丝绸商贸,因此李希霍芬把这条陆上通道命名为"丝绸之路"。"丝绸之路"这一名称出现后,有些西方学者认为中国的丝绸运往西方不仅经由陆道,而且也经由海道,因而法国汉学家沙畹(Edouard Chavannes)提出"丝路有海陆两道"①,即陆上丝绸之路和海上丝绸之路。陆上丝绸之路因地理走向不一致,又分为"北方丝绸之路"与"南方丝绸之路",根据参考史料,笔者画出路线图说明,并提出"南丝路"经济文化的概念。

(一)北方陆上丝绸之路

西汉武帝时,张骞出使西域的"凿空之行"开辟了今天人们一般所说的"丝绸之路",亦称"北方陆上丝绸之路"。由于丝绸制品在经这条路西运的货物中的影响最大,故此得名。汉代的丝绸之路西域道分南北两道。路线为:从长安、洛阳出发一路向西,至敦煌分为南北两条路线:北路沿途经交河、龟兹、疏勒等国,越过葱岭,到帕米尔,再到大月氏、安息等国,最终到达条支和大秦;南路沿途经过楼兰、于阗、莎车等国,越过葱岭,到大宛,最终经安息到达大秦。

(二)海上丝绸之路

唐代中期以后,由于海上丝绸之路商贸活动日益频繁,陆上丝绸

---

① [法]沙畹:《西突厥史料》,冯承钧译,中华书局2004年版。

之路渐渐失去了发展优势。海上丝绸之路是古代中国与外国进行商贸和文化交往的海上通道，最初形成于秦汉时期，在三国隋朝时期得到进一步发展，唐宋时期繁荣昌盛，转变于明清时期，是目前已知的最古老的海上航线。海上丝绸之路是古代海外商贸的海上交通大动脉。最早自汉朝开始，中国与马来半岛等地就有接触，唐代之后来往更加密切。中国与马来半岛最方便的往来方式是航海，商贸活动利用此航道作为交易之道，海上丝绸之路得以形成。海上丝绸之路有东海起航线和南海起航线两条。"南海起航线从广东沿海港口出发沿着海岸线，从中南半岛南下，绕过马来半岛，穿过马六甲海峡，到达孟加拉湾沿岸，最远抵达印度半岛南端和斯里兰卡岛。东海起航线由山东半岛渤海湾起航至朝鲜半岛和日本。"[1]

(三)"南丝路"（南方陆上丝绸之路）

"南丝路"亦称"南方陆上丝绸之路"，史料记载先秦时开通，由三条道路组成，[2] 即五尺道、灵关道和永昌道。"南丝路"从成都出发后分为东、西两个方向，东线为"五尺道"，经宜宾、昭通等地进入云南；西线为"灵关道"，经邛崃、雅安、汉源、西昌、盐源等地通往云南。两条线路会合后向西南经过永平、保山、腾冲到缅甸，在缅甸境内又分为陆、海两条线路到达印度。"南丝路"延续了2000多年，特别是在抗战时期，由于大后方出海通道被日军切断，沿古代"南丝路"开辟的滇缅公路、中印史迪威公路物资运输空前繁忙，成

---

[1] 陈炎：《海上丝绸之路与中外文化交流》，北京大学出版社1996年版，第56—62页。

[2] 苍铭：《西南边疆历史上人口迁移特点及成因分析》，《中央民族大学学报》2002年第5期，第11—17页。

为支援中华民族抗战的生命线。

(四) 古代"南丝路"经济文化

古代"南丝路"经济文化是古代"南丝路"形成的、以显性或隐性方式存在的、具有相对稳定性的,并影响或决定着人们的行为方式及社会发展进程与方向的意识形态、价值体系和道德规范等。即"南丝路"商道交通、商贸活动、族群互动和文化交流等经济文化现象,以及这些现象在古"南丝路"经济活动过程中形成的规律,内在推动社会发展与进步的动力等。

三 理论支撑

(一) 经济文化理论

作为一门新兴的边缘学科,经济文化一般由心理文化、行为文化、物质文化构成,核心内容是心理文化。经济文化主要通过民族文化、企业文化体现出来。由于经济文化内涵较为复杂,所以很难用精确的定义来阐述。经济文化分为广义和狭义。广义的经济文化指一个国家或几个具有相似文化背景的国家在经济发展中共同遵循的价值观念体系及其相应文化教育活动的总和;狭义的经济文化指一个经济体系的思想意识、价值观念、道德规范及文化教育、技术培训等活动的总和。

马克思指出:"物质生活的生产方式制约着整个社会生活、政治生活和精神生活的过程。"[①] 马克斯·韦伯在谈到资本主义生产方式产生和发展时指出:"在任何一项事业背后,必然存在着一种无形的精神

[①] 《马克思恩格斯选集》第 2 卷,人民出版社 1995 年版,第 32 页。

力量,最为重要的是,这种精神力量必定与该项事业的社会文化背景有密切的渊源。"① 因此,马克斯·韦伯提出一个似乎与马克思主义存在决定意识相悖的观点:"任何一种类型的经济,如果一种经济与这种伦理道德相一致,那么它必然兴盛起来;相反,如果它要求人们具有一种与这个伦理道德相悖的民族精神,那么这种经济将不会发展。"②

刘永佶提道:"经济是人的经济,文化是人的文化,经济与文化内在地统一于人生及其社会活动中,它们相生共长,互为条件,相向制约。"③ 经济文化能够有效地将经济的人和社会的人进行高度的统一。经济发展要为文化发展奠定物质基础。没有经济的高度发展,多层次的文化发展无法实现。文化和经济的关系就是经济基础与意识形态或上层建筑的关系,文化建设引领经济发展。此外,两者要共享,经济共享、文化共享。

经济与文化一体不二,经济孕育文化,文化促进经济,经济文化本身既蕴含历史,又照亮现实。本书遵循经济文化理论的基本思想与研究方法,提挈指导整个"南丝路"经济文化研究。

(二) 区域经济理论

1826 年德国经济学家冯·杜能(Von Thunen)在其名著《孤立国》中提出了农业区位理论,④ 从此开启了区域经济理论的篇章。在过去 190 多年的发展历程中,区域经济理论先后经历了区位理论、国

---

① [德] 马克斯·韦伯:《新教伦理与资本主义精神》,黄晓京等译,四川人民出版社 1986 年版,第 17—53 页。
② 同上。
③ 刘永佶:《经济文化论》,中国经济出版社 1998 年版,第 136 页。
④ [德] 冯·杜能:《孤立国同农业和国民经济的关系》,谢钟准译,商务印书馆 1986 年版,第 86 页。

际贸易理论、区域经济增长理论和区域产业结构理论四个主要阶段，至 20 世纪六七十年代逐步衍变成一门独立的学科。

区位理论形成于 20 世纪初，早期的代表人物主要是德国经济学家阿尔弗雷德·韦伯（Alfred Weber），之后有不少经济学家尝试对其做出改进。1933 年，经济学家俄林（Ohlin）建立了一般区位理论[①]并获得 1977 年诺贝尔经济学奖。在此基础上，先后产生了产品生命周期理论和区域发展梯度推移理论，并对日本学者提出的雁行模式产生了直接影响。

国际贸易理论可以追溯到 16 世纪初的重商主义学说，亚当·斯密（Adam Smith）和大卫·李嘉图（David Ricardo）是古典贸易理论的杰出代表。如斯密所言："如果外国能以比我们自己制造还便宜的商品供应我们，我们最好就利用我们有利的使自己的产业生产出来的物品的一部分来向他们购买。"[②] 20 世纪初，新古典贸易理论的代表人物瑞典经济学家赫克歇尔（Heckshcer）和俄林提出了"资源配置"或"资源禀赋"的贸易学说，到 80 年代后期，出现了以克鲁格曼、赫尔普曼等为代表的新贸易理论。

随着世界各主要工业化国家社会结构的转变，具备更强解释力的区域经济增长理论孕育而生，知识因子开始进入生产函数，新经济增长理论由此建立，并创造出线性和非线性两种不同的创新模式。筱原三代平、赤松要、小岛清以及关满博等日本学者对区域产业结构理论的发展贡献良多，他们认为，日本必须在参与东亚乃至全球的国际分

---

① ［瑞典］伯尔蒂尔·俄林：《地区间贸易和国际贸易》，王继祖等译校，商务印书馆 1986 年版。

② ［英］亚当·斯密：《国民财富的性质和原因的研究》，郭大力、王亚南译，商务印书馆 1997 年版，第 554 页。

工中，才能实现本国产业结构的调整、升级和保持优势地位。20世纪60年代以后，由外向型经济向开放型经济结构的转变，成为区域经济理论研究的新视野。

本书使用区域经济理论作为研究视角，突破研究的地区限制，在更大空间范围内使用宏观和微观相结合的方法，思考"南丝路"及其沿线地区区域经济文化流转、碰撞、融合的内涵与外延，同时使用动态发展的思路对较为复杂的研究对象进行系统分析，有助于提升本书的现实价值与实践性经验。

(三) 多元文化理论

多元文化理论的产生是对西方原有一元文化理论的有力驳斥。持此种观点的学者们认为，人类社会是由丰富多彩的文化组成的，因此，世界文化是多元的，反对世界文化同一于一种文化。德国学者斯宾格勒认为，世界历史上存在包括中国、埃及等文明古国文化在内的八种主要文化。英国学者汤因比将从古至今的世界文明分为26种，其中比较重要的文明有五种，包括印度和中国在内。[①] 亨廷顿认为："在未来的岁月里，世界将不会出现单一的普世文化，而将有许多不同文明和文化相互依存。"他尤其强调："现代化有别于西方化，它既未产生任何有意义的普世文化，也未产生非西方社会的西方化。"[②]

尽管许多学者一致反对一元文化论，但他们所持的多元文化论的观点并不统一。有的学者认为各种文化之间的地位虽然平等，但相互

---

① [英]汤因比：《历史研究》，刘北成等译，上海人民出版社2000年版，第49页。

② [美]萨缪尔·亨廷顿：《文明的冲突与世界秩序的重建》，周琪等译，新华出版社2010年版，第1、4页。

之间存在着不可避免的冲突关系，如亨廷顿；也有学者认为各种文化之间的地位不可能平等，如进化论的主要创始人斯宾塞；还有学者认为各种文化之间不仅地位平等，而且共存共生，如斯宾格勒。①

在国内，费孝通先生在提出的"中华民族多元一体格局"和"多元文化一体"理论在学界产生了深远影响。他认为，"中华文化的关系是多元一体的。所谓'多元'，是指中华文化包含各种不同文化体而非一种文化主体，不同民族文化能够彼此宽容、和谐共存；所谓'一体'，是指各文化体所结合成相互依存的统一而不能分割的整体。要以文化自觉的思想指导我们处理不同文化之间的关系，即'各美其美，美人之美，美美与共，天下大同'"。② 汤一介先生也曾经批判文明冲突论，他认为应把"和而不同"作为处理不同文化传统之间的一条原则，可以得到某些有益的甚至是对当前世界文化的发展极有意义的结论。③

此外，还有中国学者探讨了中国传统文化与马克思主义之间的融通关系，以邵汉明和张岱年为代表的学者认为，马克思主义必须与传统中国文化相互结合，可以促进前者的中国化与后者的现代化。党的十六届六中全会提出的"和谐文化"论也是多元文化理论的延伸与时代运用。其实质为对待多元文化的认识问题，包括尊重差异、包容多样、和而不同等内容。

本书使用多元文化理论解析、解构、看待、理解与分析"南丝

---

① ［德］斯宾格勒：《西方的没落》，张兰平译，陕西师范大学出版社2008年版，第50页。
② 《费孝通文集》第12卷，群言出版社1999年版，第381—419页。
③ 汤一介：《"文明的冲突"与"文明的共存"》，《青年作家》2007年第12期，第48—53页。

路"沿线地区历史上曾经存在及延续至今的各种文化形态,以文化学、人类学相关理论为指导,在研究经济现象的同时关注其背后蕴含的文化内涵与象征,注重各种文化的平等性、传播性与融合性,使研究对经济文化的理解更为全面而深刻。

(四) 比较文化理论

比较文化理论产生于20世纪60年代,经过10余年的发展建构,于70年代前后在日本学术界形成较为完整的学科体系,并开始使用比较文化学(comparative culturology)一词,之后影响到欧美各国。比较文化理论包括整体研究、对比研究和交流研究等领域,研究方法主要有类型比较法与历史比较法两种。近年来,由于受到美国人类学家默多克相关理论方法的影响,类型比较法逐步发展成为更为复杂的交叉文化研究法,此方法主张尽量采集全世界各种文化类型的相关资料,建立分类档案,以便开展研究。

国内比较文化研究的代表人物是方汉文先生,著有《文化比较学》一书;2011年出版了《比较文化学新编》,[①]此书"以学科中心范畴、历史阶段与基本观念、学科的研究为学理依据,以四次文化复兴运动、八大文明体系、文化体系的可通约性与可比性以及冲突与融合为研究客体。《新编》是新世纪比较文明文化学理论体系新建构的里程碑"[②]。近年来,中国的历史学、人类学、文学等领域陆续有研究者使用比较文化理论进行研究。

本书尝试使用比较文化理论对"南丝路"沿线地区较有代表

[①] 方汉文:《比较文化学新编》,北京师范大学出版社2011年版。
[②] 柳士军:《比较文明文化学的中国理论体系新建构——读方汉文教授新作〈比较文化学新编〉》,《重庆文理学院学报》(社会科学版)2012年第2期,第51页。

性的文化类型和经济类型进行比较,揭示古代"南丝路"经济文化的多样性、复杂性,从中总结类型特征、文化价值、发展规律及经验得失。

四 方法选择

本书以马克思主义为指导,坚持以唯物史观和唯物辩证法作为根本的研究方法,按照历史与逻辑相统一的原则,在深入考察"南丝路"基本文献和调查研究的基础上,运用多学科理论进行比较、综合研究。本书主要采用文献研究法、比较研究法和王国维先生的二重印证法及现代的多重印证法,系统地对"南丝路"的经济文化进行了初步的梳理、总结,进而对"南丝路"经济文化的兴衰之变、交融共生及其在"一带一路"倡议中的嬗变复兴进行探究,并为现实提供丰富的历史文化资源和决策依据。

五 主要创新点

从已有研究成果可以看出,大多数学者主要针对"南丝路"的路线、城镇、商贸、文化交流等开展研究,主要集中在历史学、考古学、人类学、民族学等学科。本书则是运用布罗代尔年鉴学派的"长时段"理论,进行"南丝路"经济文化的探究,由于笔者曾经在古"南丝路"途经地区和市镇从事过相关工作,参与过云南沿边对外开放方案的编制,希望能够透过历史,立足现实与实践,对古"南丝路"经济文化的发生、发展、演变有一些个人见解。本书的主要创新点如下。

第一,通过对古"南丝路"经济文化历史的"长时段"回溯,探究"南丝路"经济文化形成、发展演变的规律,推动社会发展动因,总结提出"南丝路"是最早开放之路、重商开拓之路、多元文化之路、和平开发之路和旅游文化之路。

第二,研究古"南丝路"经济文化是在"古为今用,历史梳理;立足现实,未来设计"的指导思想下进行的,是为了更好地构建新"南丝路"做准备。因此,系统全面地对"南丝路"经济文化进行研究,联系当下的"一带一路"建设,提出了建设"南丝路"经济带的必要性和紧迫性。

第三,历史上古"南丝路"的路线与孟中印缅经济走廊线路吻合,古往今来云南与南亚和东盟各国的商贸、人文交流源远流长,有着较好的合作基础。研究对云南作为面向南亚东南亚辐射中心的区位优势、基础条件展开论述,并提出建设"南丝路"经济带的对策,建议推进孟中印缅经济走廊建设,复兴古代"南丝路"经济文化。

第一章

古代"南丝路"的兴衰

先秦时期,商品经济的生产和区域经济发展的差距催生了以长途贩运为主要形态的民间商品交换,"南丝路"奠定了商道形成的基本前提;秦汉时期中央政府经略西南,商道贸易快速发展,同时带动了跨区域的政治与文化交流;隋唐时期"南丝路"兴起和发展,并于元明时期一度兴盛;随着区域政治格局的变化,"南丝路"在清代跌宕起伏发展变化,至民国以后逐渐走向式微衰落。

第一节 古代"南丝路"的开拓

一 秦汉时期"南丝路"的开启

(一) 先秦"南丝路"的开辟

关于"南丝路"的开通时间,现在学者大多追溯至公元前4世纪。与之相比,他们认为,直至公元前4世纪,西北陆上丝绸之路和海上丝绸之路仍未开通,当时中国正值秦灭巴蜀,开通通向云南的五尺道的时候。孔雀王朝时的大臣考提利亚在其著作《治国安邦术》中写道："桥奢耶和产自支那的成捆的丝"，按照季羡林先生的解释，据此最迟在公元前4世纪中国丝绸便输入了印度，[①] 这里成捆的丝，很有可能是由某个事件通过川滇缅印间的陆路辗转到达印度的，所以，早在公元前4世纪"南丝路"即已开通的观点，被大多数学者所接受。

苎麻是古代巴蜀地区的特产，应该在这时已经成为商品了。中原不产苎布，仅有麻布，根据史书记述，苎布已经为巴蜀地区的奴隶主使用，并用其与滇黔地区交换奴隶。据《史记》和《尚书》等史料记载，周王室的奴隶大部分来源于巴蜀、汉中与鄂西的地区江汉流域，由于当时没有设置征税的关卡，商贾得以在四川盆地自由贸易。[②] 先秦时期，这条道路虽然已经存在，但主要是民间自发的商贸交换，所能到达的目的地距离远，规模也相对有限。云贵高原地区大部实行部落酋长制，自由经商活动的空间较为有限，春秋战国之际，出现了以贝币为媒介的商品交换，随着奴隶制经济的发展，商品交换也逐步活跃。[③] 周亡秦兴之际，西南地区的楚国、蜀国、巴国、夜郎国、邛国，都已形成"国家"，其附近的民族部落大多处在奴隶社会，相互之间存在商品交换，商品的种类不断增加，如象牙、犀角、珊瑚、珍珠、海贝、香料和藤杖（筇竹杖）等中原珍视的物品，在海运未开通以前，就可能只有这些巴蜀和楚地的商人陆

---

① 蓝勇：《南方丝绸之路的丝绸贸易研究》，《四川师范大学学报》（社会科学版）1993年第2期，第124页。
② 申旭、林文勋、吕昭义、木霁弘、龙晓燕、任乃强：《古代南方对外通道研究笔谈》，《思想战线》2001年第5期，第140页。
③ 任乃强：《中西陆上古商道——蜀布之路》（下），《文史杂志》1987年第5期，第34—36页。

运而来。①"蜀布"②在《史记·大宛列传》中曾有记载,"蜀枸酱"③则在《史记·西南夷列传》中有所记述,可见,蜀布应是当时最主要的交换商品,由此可推测蜀布规模之大、输出时间之早。战国时期,由于受到秦、楚两强国的战略挤压,巴蜀被迫转为向南拓展。相传蜀王子率领蜀人进入今越南北方并建立了国家。

公元前316年,秦国军队南下灭蜀国,之后蜀王又率领部分蜀人继续南下进入沿岷江和横断山区东部边缘,最终到达滇西地区及安宁河流域。后来,由于秦军继续穷追不舍,于是一部分蜀人被迫继续往南迁徙。从成都地区南下的蜀人,散居沿途,他们打通了蜀地至云南的道路,为日后蜀人在这些地区进行商业活动奠定了必要的交通基础。据考古发现,在安宁河流域以及金沙江沿岸地区,有许多战国晚期到西汉前期的墓葬和蜀式器物,其中部分器物很可能就是直接从蜀带入的,因此,"南丝路"大致就是由蜀人在战国晚期或稍后时期开通的。④与此同时,在战国后期秦军南下和蜀人被迫南迁之时,其经过的沿途地区也有了初步的道路开凿建设,在秦并巴蜀并设立郡县后,又继续向南大举拓展其统治范围。《史记·西南夷列传》记载:"秦时,常頞略通五尺道,诸此国颇置吏焉。"⑤《史记·司马相如列

---

① 任乃强:《中西陆上古商道——蜀布之路》(下),《文史杂志》1987年第5期,第38页。

② (西汉)司马迁:《史记·大宛列传》卷一百二十三,中华书局1982年版,第3159页。

③ (西汉)司马迁:《史记·西南夷列传》卷一百一十六,中华书局1982年版,第2944页。

④ 罗二虎:《汉晋时期的中国"西南丝绸之路"》,《四川大学学报》(哲学社会科学版)2000年第1期,第96页。

⑤ (西汉)司马迁:《史记·西南夷列传》卷一百一十六,中华书局1982年版,第2944页。

传》也记载:"邛、筰、冉、駹者近蜀,道亦易通,秦时尝通为郡县,至汉兴而罢。"① 据此可知,秦朝经营管理西南夷地区,并开凿了第一条贯通四川和西南夷的官道,只是此路当时还比较简易。

(二) 汉代"南丝路"的开启

汉代,帝国政治、军事力量日益强大,国家安定,丝绸生产不断扩大,中原和边疆及东西邻邦的丝绸贸易规模迅速扩大,丝绸贸易对这些地区的经济文化交流起了重大的促进作用。为了能够开通能直接到达印度乃至中亚地区的商贸道路,汉王朝进行了一系列的努力。

公元前3世纪末至公元2世纪,即西汉初年至东汉灵帝末(189年)的500年间,主要是汉武帝之世(前140年至前87年)变化最大。由于中央政府在古道沿途大规模开凿道路,建立郡县治所,设置各种"南丝路"交通设施,保证了道路的通畅以及信息的传递。当时"南丝路"上的商业活动可分为境外和境内两部分,境外主要在蜀地与境外之间进行,境内主要在蜀地与西南夷地区之间进行。汉武帝时期虽然未开通蜀地至印度的通道,却在蜀郡西南,开地千里,将邛都、夜郎、楚、朱提、筰都等部落地区改为郡县,还在"无常处,无君长"的昆明部落设置了榆(今大理)、唐(今永平)两县,后又越过澜沧江在哀牢设立不韦县。② 虽"皆因其俗而治之",但其性质是汉朝官吏入境推行中央政令,中央政府对这些地区进行直接管辖。汉武帝对西南夷地区的设郡管辖,使得汉商能够以上述三县作为其拓展商贸活动的

---

① (西汉)司马迁:《史记·司马相如列传》卷一百一十七,中华书局1982年版,第3044页。

② 任乃强:《中西陆上古商道——蜀布之路》(下),《文史杂志》1987年第5期,第37—39页。

重镇,大量进入哀牢、僬夷地区与印缅商人直接进行商品交换。在与汉朝商人日益频繁的商贸往来中,哀牢夷王于东汉初年请降内附。178 年后,即明帝永平十二年(69 年),朝廷置哀牢地为永昌郡。

事实上,早在滇王垄断西南民族商业活动时期,滇印商路就已存在。《史记·西南夷列传》所载的"滇越"和"乘象国"①,即为滇缅和印缅一带的地方,前者疑指密支那,后者则很可能指阿萨密。这一阶段的"南丝路"当中最主要的一条,便是司马相如建议开辟、司马迁曾经走过的官道,其路线从临邛出发,经火井槽、青衣(今芦山)、徙阳(今始阳)、严道(今荥经),逾邛徕山(今大相岭)、沫水(今大渡河)、阑县(今越西)、灵关(今小相岭)、孙水关(今泸沽),至邛都,再由邛都至会无(今会理)渡金沙江,经秦减(今禄丰)至滇,此条路线史籍有明确的记载;另外还有一条是唐蒙所开的石门道,经朱提(今昭通)、存䣖(今威宁)至夜郎(今曲靖)至滇。两路商人皆从滇池西至榆、唐,渡澜沧江至不韦(永昌郡治),再渡潞江至哀牢(今腾冲)。此时,中原与巴蜀已全面进入封建社会,奴隶贩运量大幅减少,畜力运输日渐兴盛,巴蜀地区生产的蜀布和铜器、铁器大量输入滇、邛等地,兑换山珍海货和牛马,巨商云集于永昌郡,使之成为蜀、巴与印、缅的国际市场交易中心。汉代初年,汉商最前线已到密支那,随着官道的延伸,交易市场的覆盖面越来越深远,短短数十年,巨商集中地便推进到密支那了,② 此时"南丝路"

---

① (西汉)司马迁:《史记·西南夷列传》卷一百一十六,中华书局 1982 年版,第 2994 页。

② 孔凡胜、萧安富:《"南丝路"商贸货币探讨》,《内蒙古金融研究》2003 年第 3 期,第 15—17 页。

的繁盛程度已经不亚于蜚声中外的北方丝绸之路。

二 魏晋南北朝时期"南丝路"的开拓

魏晋南北朝时期，随着中央王朝的不断开疆拓土，"南丝路"逐渐发展成型。《华阳国志》中详细记述了当时西南地区的行政区划设置，以及这一时期的御边戍边政策，包括中央政府同地方郡守、西南各郡少数民族之间的关系。[①] 魏晋南北朝时期，西南夷地区得到了一定程度的开发，生产力水平有了一定提高，"南丝路"上的商品商贸有了一定发展，粗具规模；商贸往来地域比较广泛，商贸商品种类、数量都达到一定程度。[②] 但是，相对而言，西南夷地区资源分布不平衡性和差异性更加突出，经济、政治和自然条件都限制着"南丝路"的商贸发展。

首先，从发展对外商贸的条件来看，当时云南地区经济发展水平十分低下，"随畜迁徙"的游牧经济占相当大的比重，广大山区采集业比重也很大，大部分山区少数民族从事原始的刀耕火种，发展商品经济所必需的劳动力和市场微乎其微，完全不具备大规模公开频繁对外商贸的条件。

其次，从商贸形式上看，贡赐商贸占有绝对比重，汉王朝对夜郎、南越对西南夷地区的商贸，也主要是以贡赐商贸形式出现，当时虽已有金属货币和海贝流通，但绝大部分地区仍以物易物，交易形式较原始落后。

[①] （晋）常璩：《华阳国志》，齐鲁书社2010年版。
[②] 罗二虎：《汉晋时期的中国"南丝路"》，《四川大学学报》2000年第1期，第17—19页。

最后，从商贸商品的种类看，主要是以作为财富象征和装饰品的宝石、玉石、海贝、珊瑚之类的商贸相对多见，而真正有关国计民生的商品商贸并不突出，蜀布、筇竹杖并不是一种大规模商贸商品，不具有普遍性。同时，政治上的分裂割据也阻碍了商路商贸的发展，从东汉末年，中国进入了长达三四百年的割据战乱时期，地方豪强势力纷纷崛起，对中央集权的君主专制政体形成了直接威胁，地区分裂割据严重，各政权间战乱纷争此起彼伏，政府对西南边疆的控制力被大大削弱，一些地区的少数民族趁机叛乱，阻断了西南地区与内地的交通，进而造成了这条商路的间歇性中断。[1] 总体来看，魏晋南北朝时期西南夷地区的社会经济发展水平对"南丝路"的商贸制约还是比较明显的。虽然由于历史政权更迭时有间断，但与后世相比，"南丝路"在这一时期的具体走向已基本固定，为隋唐时期这条商道的畅通和繁荣，奠定了坚实基础。

(一) 魏晋南北朝时期"南丝路"的开发

魏晋南北朝时期，中国的经济重心开始逐步南移，经济格局发生重大变化，江南地区的经济取得了长足的发展，逐渐形成了南北经济并驾齐驱的局面。

北方战乱频繁，大量人口举家南迁，大批掌握丰富生产经验和先进手工技巧的农民和手工业者纷纷南下，他们广泛使用和传播中原先进的生产技艺和文化知识，带动了江南的农业开发，有力促进了南方经济的发展。[2] 据史料记载，三国时期的孙吴辖区内，"其四野则畛

---

[1] 罗二虎：《汉晋时期的中国"南丝路"》，《四川大学学报》2000年第1期，第17—19页。

[2] 何德章：《六朝南方开发的几个问题》，《学海》2005年第4期，第41—42页。

田畴无数，膏腴兼倍……国税再熟之稻，乡贡八蚕之锦"①，已经实现水稻一年两茬，蚕丝一年八茬。长江流域的建康、姑敦一带也是"良畴美柘，畦畎相望；连宇高甍，阡陌如绣"②。除粮食作物之外，南方的水果种植也有显著发展，左思在其《吴都赋》中写道："其果则丹橘馀甘、荔枝之林；槟榔无柯，椰叶无阴；龙眼、橄榄、榴御霜，结根比景之阴，列挺衡山之阳。"③在这一时期，南方的茶叶生产快速发展，渐成规模。

由于大批能工巧匠的南渡，手工业得到迅速发展，荆州和扬州成为南方丝织品的重要产地，史称"丝绵布之饶，覆衣天下"④。

当时的造纸业、冶铁业、造船业和陶瓷业也有相当的发展，麻纸和藤纸流行当下，竹简已经完全被纸代替成为书写工具。江南著名的有梅根、冶塘二冶，是两晋及南北朝宋时南方著名的冶铁中心。造船业已经发展到较高水平，亦颇为发达，所造大船载重达可到两万余斛。制瓷工艺亦颇为发达，青釉瓷上常晕入釉汁，加上酱色釉彩斑，鲜润绚丽。

长江上游以成都为中心的益州，魏晋南北朝时期社会经济状况并没有得到发展。东晋末年，益州也曾经经历过频繁的政治军事洗刷，刘裕曾经想要派遣军队前往攻打盘踞益州的谯纵，由于当时益州的经济已经衰败，当即有大臣直言劝阻，《宋书·刘敬宣传》记载说：

---

① （西晋）左思：《吴都赋》，载《昭明文选译注》第1册，吉林文史出版社1987年版，第264页。

② （唐）姚思廉：《陈书》卷五，载《宣帝纪》，中华书局1982年版，第82页。

③ （西晋）左思：《吴都赋》，载《昭明文选译注》第1册，吉林文史出版社1987年版，第270页。

④ 何德章：《六朝南方开发的几个问题》，《学海》2005年第4期，第41—42页。

今往伐蜀，万有余里，溯流天险，动经时岁。若此军直指成都，径禽谯氏者，复是将帅奋威，一快之举耳。然益土荒残，野无青草，成都之内，殆无孑遗。计得彼利，与今行军之费，不足相补也。①

东晋南朝占据益州后，由于距离东晋都城建康较远，"虽益州土瑰富，西方之一都焉"，但"方面疆镇，涂出万里，晋世以处武臣。宋世亦以险远，诸王不牧"②。这说明，益州社会经济的凋敝，造成其在政治上的地位长期被忽视。到了刘宋政权中后期，益州的人口已经大幅减少，因为人口急剧大规模地下降，才造成僚人大量进入益州，"自汉中达于邛、筰，川洞之间，在所皆有之"③。总而言之，魏晋南北朝阶段，江南的经济状况与秦汉之时相比，已不可同日而语，长江两岸的太湖流域等地经济发展较快，但内地各地区的发展状态却存在较大差异，以益州为代表的部分地区甚至出现了明显的衰退，湖湘地区湘江流域也没能继续两汉时期快速发展的势头，岭南、福建在总体上处于相当落后的水平，江南的广大腹地山区还处于开发初期。

（二）魏晋南北朝时期"南丝路"的拓展

尽管经济重心已经逐步南移，但北方经济在战乱中也有局部的、一定程度的发展，如前秦时期也曾一度出现"关陇清晏，百姓丰乐，自长安至于诸州，皆夹路树槐柳，二十里一亭，四十里一驿，旅行者

---

① （梁）沈约：《宋书·刘敬宣传》卷四十七，中华书局1974年版，第1413页。
② （梁）萧子显：《南齐书·志》卷十五，中华书局1972年版，第298页。
③ （南朝）范晔：《后汉书·郡国志》卷一百一十三，中华书局2000年版，第2389页。

取给于途，工商贸贩于道"①的繁荣景象。后秦统治者姚兴曾想"以国用不足，增关津之税，盐竹山林皆有赋焉"②，在众臣极言不宜增加商税时，他坚持"能逾关梁，通利于山水者，皆豪富之家，吾损有余以裨不足，有何不可"③。从姚兴力主提高关津之税这件事来看，从事货物贩卖的境内大商人人数众多。前凉都城姑臧地处中西交通要津，是中亚和西域商人从事商贸来往中原地区必经的中转站。北魏统一北方后，"皇魏桓帝十一年（305年），西幸榆中，东行代地，洛阳大贾赍金货随帝后行，夜迷失道，往投津长，曰：子封送之。渡河，贾人卒死，津长埋之"④。由此可知，当时有商人万里跋涉从洛阳去往代北游牧区开展商贸，当时的洛阳城内居住着为数众多"资财巨万"的巨商，其商贸活动覆盖全国。史载：

> 有刘宝者，最为富室，州郡都会之处，皆立一宅，各养马一匹，至于盐粟贵贱，市价高下，所在一例。舟车所通，足迹所履，莫不商贩焉。是以海内之货，咸萃其庭，产匹铜山，家藏金穴，宅宇逾制，楼观出云，车马服饰，拟于王者。⑤

蜀地在西魏、北周时期被称作"商贩百倍"，不仅国内长途贩运商贸发达，而且和邻近民族地区，甚至更远的异域国家间的长途商品商贸也达到了空前繁荣的程度，《洛阳伽蓝记》中曾对外来商人记述

---

① （唐）房玄龄：《晋书》卷一百三十，中华书局1974年版，第3202页。
② （唐）房玄龄：《晋书》卷一百十八，中华书局1974年版，第2991页。
③ 同上书，第2992页。
④ （北魏）郦道元：《水经注·河水注》卷十二，中华书局2013年版，第787页。
⑤ （北魏）杨衒之：《洛阳伽蓝记》卷三，中华书局1958年版，第161页。

道:"自葱岭以西,至于大秦,百国千城,莫不欢附,商胡贩客,日奔塞下,天下难得之货,咸悉在焉。"①

在和少数民族的商贸互市方面,北朝时期邻近地区存在着几十个大小不等的少数民族政权,《魏书西域传》《北史西域传》《北史吐谷浑传》《北史库莫奚传》等详细记录了北朝各代政府与这些少数民族政权发生的不同程度的经济交往。东晋南朝时期,长途贩运商贸更加发达,出现了大批长途贩运商人,《通典·食货典·轻重》中说:

> 齐武帝永明中,天下米谷布帛贱,欲立常平仓,市积为储。六年,诏出上库钱五千万,于京师(建康)市米,买丝绵纹绢布;扬州出钱千九百一十万,南徐州二百万,各于郡所市来;南荆河州二百万,市丝绵绢布米大麦;江州五百万,市米、胡麻;荆州五百万,市绢绵布米。使台传并于所在市易。②

南朝方面,经济的发展亦不容小觑。刘宋政权的吴喜将军"货易交关",史载:

> 遣部下将吏,兼因土地富人,往襄阳或蜀、汉,属托郡县,侵官害民,兴生求利,千端万绪。从西还,大艒小䑠,爰及草舫,钱米布绢,无船不满。自喜以下,迨至小将,人人重载,莫不兼资。③

---

① (北魏)杨衒之:《洛阳伽蓝记》卷三,中华书局1958年版,第160页。
② (唐)杜佑:《通典·食货典·轻重》卷十二,中华书局1988年版,第20页。
③ (梁)沈约:《宋书·吴喜传》卷八十三,中华书局1974年版,第2118页。

南齐时，"吴兴无秋，会稽丰登，商旅往来，倍多常岁"①。南兖州所产食盐"公私商运，充实四远，舳舻往来，恒以千计"②。南朝《乐府诗集》中有不少诗歌描写了从事商贸活动的男女之间的离别情绪，如《估客乐》："初发扬州时，船出平津泊。"《那呵滩》："闻欢下扬州，相送江津弯。"《乌夜啼》："巴陵三江口，芦荻齐如麻。执手与欢别，痛切当奈何。"同时，这些诗歌还从侧面映照了长江流域商旅货物运输的繁忙。在与亚欧大陆国家的长途商贸方面，北朝与罗马、拜占庭、波斯等国的经济商贸关系非常密切。

相比秦汉时期，魏晋南北朝时期的长途贩运商贸具有较为鲜明的时代特征。从事贩运商贸的主要人群已经从秦汉时期的大商人，扩展到了社会各个阶层。从汉末开始，国家大大削弱了对商人阶层的打压力度，政府放松了对商业活动的限制，因此，各阶层从事商业的人数大大增加，商人阶层急剧扩大、膨胀，从皇室成员、王公贵族到地方官吏，乃至平民百姓，从事商业活动者比比皆是，长途贩运商贸的队伍因此空前壮大。《南齐书·张敬儿传》中即载有"太妃遣使市马，资宝往蜀"③一事，而且说其常常"遣使与蛮中交关"④。梁时，武陵王萧纪任益州刺史治蜀长达17年，"内修耕桑盐铁之功，外通商贾远方之利，故能殖其财用"⑤，"既东下，黄金一斤为一饼，百饼为箧，

---

① （北宋）司马光：《资治通鉴》卷一百三十六，中华书局1999年版，第90页。
② （北宋）乐史：《太平寰宇记》卷一百二十四，文海出版社1979年版，第70页。
③ （梁）萧子显：《南齐书·张敬儿传》卷二十五，中华书局1972年版，第315页。
④ 同上书，第317页。
⑤ （唐）李延寿：《南史》卷五十三，中华书局1975年版，第1332页。

至百篚，银五倍之，其他锦罽称是"。① 从事长途贩运的普通平民百姓更趋活跃，三国孙吴时期，由于屯田兵民苛租沉重，从事农业劳作辛苦利薄，大批屯田兵民转为经商，"浮船长江，贾作上下"。

不难推测，魏晋南北朝阶段，普遍存在社会各个阶层向商人阶层转化的现象，而且各个阶层的人们在向商人转化的过程中，普遍有人从事长途贩运商贸，而在两汉时期一般只有大商人才从事这种商贸活动。同时，农作物产品成为长途贩运商贸中的主要商品，从而有效推动了农业的商品化，提高了农业商品化程度，在整个商品交易中农产品商贸的地位大幅上升，这也为商业的发展开辟了一个新空间。在汉代，粮食、蔬菜、瓜果等农产品被视为不适于长途贩运的物品，长途贩运的物品主要是便于携带和运输的珍宝和奢侈品，然而，魏晋南北朝时期，农产品成为长途贩运商贸的主要商品。《宋书》卷6《孝武帝纪》记载刘宋大明八年（464年）诏云："东境去岁不稔，宜广商货，远近贩鬻米粟者，可停道中杂税。"② 关于长途贩卖其他农产品的记录也不在少数，《后汉书》卷82《方术·左慈传》就记录了曹操特别钟爱从四川贩运来的生姜作为佐料，③ 刘宋在位时将军吴喜及其部下从四川回京时，用船只运载了许多收购的粮食作物以及上万斤干姜，用以投入到京师市场。

长途贩运业在魏晋南北朝时期迅速发展，长途贩运商贸在这一时期表现出人员扩大，涉及各个社会阶层的人们，以及贩运寻常化商品等特征，这绝非偶然，与这一时期的政治形势、社会环境，尤其是经

---

① （唐）李延寿：《南史》卷五十三，中华书局1975年版，第1332页。
② （梁）沈约：《宋书·孝武帝传》卷六，中华书局1974年版，第134页。
③ （南朝）范晔：《后汉书·方术列传·左慈传》卷八十二，中华书局2000年版，第1855页。

济制度紧密相关。① 这一阶段政权更迭不断，社会动荡，整个社会经济不时遭受严重破坏，但是商品经济中的长途贩运商贸却呈现出一枝独秀的局面，其背后的原因值得思考。

首先，在魏晋南北朝长达400余年的发展历程中，各地的社会经济发展水平严重不平衡，如北部中原地区长期处于破坏、衰落的境况，而河西、陇西、代北、辽东等边远地区却获得了空前的开发和发展，中国南方地区的经济社会也在逐步发展，但是南方各地区在开发过程中也存在着发展速度上的差异，以成都为中心的巴蜀经济区、以江陵为中心的荆楚经济区、以寿春为中心的淮南经济区、以建康为中心的扬州经济区和以番禺为中心的岭南经济区，社会经济的发展速度超出南方的其他地区相当多。因此，无论是南方还是北方，都存在着物产丰歉、经济发展速度快慢的普遍不均衡，只有通过区域内大范围的物资调剂和长途贩运，才能有效解决这种地区发展差异，而秦汉时期主要由国家履行物资调拨的功能来进行调剂物资余缺。分裂的政治格局决定了各国政治权力的相对软弱，各国政府常年忙于征战，无暇顾及经济物资的调剂职能，从而使得以营利为目的的长途贩运商贸获得了发展。

其次，魏晋南北朝是中国历史上一个战乱不断的时期，百姓生活朝不保夕，在当时的社会历史条件下，人们对生命死亡产生了恐惧心理，对社会未来捉摸不定，对金钱和生活资料的追求达到了无以复加的地步，及时行乐、防患于未然成为当时大多数人普遍认同的价值观念，成为主流的社会思潮。在物产匮乏和分配不均的客观现实面前，在人们的渴求心态下，之前被排斥在流通领域之外的农

---

① 朱和平：《魏晋南北朝长途贩运商贸试探》，《中国社会经济史研究》1999年第8期，第11—13页。

产品大量地进入流通领域成为商品,因此,社会上生活资料的商品性能大大增强。所以,一方面,昔日早就存在的满足上层社会需要的珍器重宝等贵重物品的长途贩运商贸依旧存在;另一方面,满足上下阶层人们共同需要的农产品的商品化现象也层出不穷,从而使得长途贩运商贸获得了新的发展空间,并给从事这种商贸的商人带来可观的利润。

再次,魏晋南北朝时期交通的发展,为长途贩运商贸提供了必要条件。中国南方以长江为主干的江河贩运商贸的繁荣,中国北方与中亚、西域以及周边少数民族陆上商贸的进步,均凸显出交通道路和交通运输工具在长途贩运商贸中的地位与作用。在交通工具方面,在这一时期当属造船业进步最大,最为著名。在水陆交通道路方面,无论是北方还是南方,无论是陆道还是水道,无论是开辟新道还是修复旧道,与两汉相比,均取得了巨大的进步。在闭塞偏远的西南地区,由于正始"开斜谷旧道",魏恭帝时又开"通车路","至于梁州",北周保定二年(562年),恢复开通"诸葛亮、桓温旧道"。北齐时,李愍出任南荆州刺史,当州大都督。"此州自孝昌以来,旧路断绝,前后刺史皆从间道始得达州。愍勒部曲数千人,径向悬瓠,从比阳复旧道,且战且前三百余里,所经之处,即立邮亭,蛮左大服。"① 正是由于水陆交通道路的修复、开通和运输工具的改进,长途贩运商贸的进一步发展获得了有利条件。

最后,得益于经济重心的南移,江南地区商品经济的迅速发展,为长途贩运业提供了充足的商品来源,同时也产生出巨大的消费市场,为其快速发展提供了物质和市场保证。这一时期商业城市的发展

---

① (唐)李百药:《北齐书》第22卷列传第十四,中华书局1972年版。

反映了城乡联系的加强，城乡商业网络开始萌芽，北方人口大量南渡，江南人口骤增，江南地区的生产力水平迅速提高。中央政权在江南地区新增设置了不少州、县、郡和侨县、侨州、侨郡，同时江南地区开辟了众多内河航道，许多沿水道而形成的渡口、关津、码头迅速发展起来，并且逐步演变成为区域性和商业政治中心城市，与江南地区原有的城市相互呼应，形成了一个个城市群，并初步构成了城市网络，出现了以成都为中心的巴蜀地区、以建康为中心的扬州地区、以江陵为中心的荆楚地区、以寿春为中心的淮南地区和以番禺为中心的岭南地区等五个相对独立完全的经济区。

上述四个原因当中有些或刚刚表露尚不明显，有些或存在着区域上的差异，它们的出现和存在是魏晋南北朝长途贩运商贸发展的动力源泉，为"南丝路"的开拓奠定了政策资源和物质基础。到了隋唐两朝，它们以更加耀眼的姿态推动了商品经济的大潮。

第二节 古代"南丝路"的兴盛

一 隋唐时期"南丝路"的变迁

公元581年，杨坚建立隋朝。公元589年，隋灭南朝陈，统一全国。隋王朝对云南的经营亦遵循西汉初年的路线，始于四川宜宾，从东西两面沿南昌和西昌逐步深入，成为"南丝路"从四川进入云南的两大入口。为加强对云南的控制，朝廷在今曲靖地区设置了南宁州的总管府，招降各部落首领，但由于策略不当，各族首领形成小集体据地称雄，呈现出分裂的态势。

唐朝建立以后，朝廷延续了对西南少数民族地区的统一，大姚、姚安为"南丝路"上的重镇，有重要的战略价值，公元664年，唐高宗为了有效统治今楚雄西部至大理境内的少数民族建立起来的州县，设置了姚州都督府，每年从四川派500名士兵戍守，下辖三县。天宝十载至十三载（751—754年），唐朝先后三次征伐南诏，均以失败告终，南诏随即进一步兼并邻境诸地，并自此逐渐脱离唐朝。

唐代西南地区的农业、畜牧业、手工业获得了较大发展，社会生产力水平有了很大提高，为商业商贸的兴盛奠定了物质基础。四川地区的丝织业发展迅速，蜀锦在当时与"齐纹""楚练"齐名，全国产绢总数的1/3来自巴蜀地区。至两宋时期四川丝织地域面积进一步扩大，除成都外，崛起的新的丝织业中心有遂州、梓州、果州、间州、蓬州、巴州等，唐宋时成都市内的"锦市""蚕市"成为集市惯例，因此，唐宋两朝四川地区丝织业在全国的地位是举足轻重的。① 同时，西南地区与邻近的东南亚国家间政治、文化及交通联系加强，进一步拓展了对外商贸的发展空间。

就目前的资料看，唐代"南丝路"的丝绸商贸基本上局限于国内川滇清溪道和葭州道，川滇的丝绸商贸多以赏赐形式出现。当时大理、南诏及附近许多少数民族都十分渴求中原的丝绸制品，中原皇帝曾多次将丝织品作为礼物赏赐他们，如"高宗时，细奴逻遣使朝觐，帝喜，赐其锦缎"。唐朝时，四川地方政权为使黎州浅蛮观察南诏，每年赐其绸缎3000匹，征伐南诏的唐朝官兵被其俘虏后，要想赎回，朝廷往往必须支付30匹绢，同乡吴保安"仍倾其家，得二百匹，因

---

① 吴兴南：《历史上云南的对外商贸》，《云南社会科学》1998年第6期，第21—22页。

往蕉州，十年不归，经营财物，前后得绢七百匹"。① 宋朝时，叙州和黎州一带绢马商贸逐渐兴盛，为专管此事，朝廷设置了茶马司锦院，由于绢马商贸的发展，细、绢等丝织品逐渐成为黎州民间少数民族交换的主要商品。当时川滇段的民间丝绸商贸已经具备一定的规模。

有关这一时期"南丝路"上的川滇缅印国际丝绸商贸目前所知很少，缺乏史料记载。唐王朝时，阿拉伯国家的商人苏莱曼等人曾经循这条国际通道跨印度穿缅甸、南诏到达广州、长安等都会，根据他们的沿途见闻撰写成游记，最后汇集续成《中国印度见闻录》② 一书。但是在这本书中没有说到丝绸商贸，只是说麝香、犀角商贸较多。元代张道宗在《纪古滇说原集》中曾谈到唐以来这条线路的商贸商品中有锦，但是这样说的根据并不明确。不过当时岭南与巴蜀地区的丝绸商贸很频繁，曾经号称"横山通自祀、罗殿诸蛮，控连巴蜀"。③ 通过对唐宋时期"南丝路"国际商贸的全面系统分析，我们可以把当时滇缅印与中原的商贸物品分成纺织品、金银玉器等珍宝、海产品、珍禽异兽、香药五类，其中大宗商品为金银玉器等珍宝，纺织品中不包含丝织品。"南丝路"上的民间国际商贸也没有关于国际丝绸商贸的记载，四川丝绸主要通过邕州道接海上丝绸之路转运到缅印。由此看来，唐宋"南丝路"的丝绸贸易仅仅局限在川滇段，从整体来说，唐宋"南丝路"上的丝绸贸易还微不足道。

---

① 蓝勇：《南方丝绸之路的丝绸贸易研究》，《四川师范大学学报》（社会科学版）1993年第5期，第127页。

② 佚名：《中国印度见闻录》，穆根来译，中华书局2001年版。

③ （元）张道宗：《纪古滇说原集》，载方国瑜《云南史料丛刊》，云南大学出版社2001年版，第659页。

二 宋元时期"南丝路"的发展昌盛

(一)宋代"南丝路"的发展

茶马互市商贸至两宋时期得到大规模的发展。中央政府从国家安全的角度考虑,高度重视边境茶马商贸,将茶马商贸视为国家的重要事务。[①] 由于茶叶由中原大量输入,饮茶逐渐成为民间的普遍习俗,茶马贸易逐渐繁荣。

大理国灭南诏以后,在较长一段时期内基本上保持了南诏强盛时期的版图,并与宋朝保持着良好的政治经济联系。资料表明,大理国社会稳定,经济繁荣,在农业、手工业、畜牧业、商业和交通业等方面都取得了巨大进步。大理国的另一个成就,是对外交往具有一定程度的开放性,对发展外交关系抱有积极态度,与印巴次大陆、中南半岛的一些地区一直保持着密切的经贸关系。

大理国时云南沟通外地的道路交通发达,[②] 比前代,"南丝路"的辐射面积要大许多,茶马互市进一步繁荣。熙宁七年(1074年)杨佐奉朝廷之命到大理买马,其记述道:云南"驿前有里堠,题:东至戎州,西至身毒,东南至交趾,东北至成都,北至大雪山,南至海上,悉著其道里之详"[③]。其商道、商业、商品辐射南亚、东南亚。

大理国的商贸活动活跃,在南诏的基础上与外地的商贸又有较大

---

① 况腊生:《浅析宋代茶马商贸制度》,《兰州学刊》2008年第5期,第32—35页。

② 方铁:《大理国时期云南地区经济文化的发展》,《云南民族学院学报》(哲学社会科学版)1997年第3期。

③ (宋)杨佐:《云南买马记》,载方国瑜《云南史料丛刊》,云南大学出版社2001年版,第246页。

的进步，与宋朝始终保持着积极紧密的商贸关系。① 南诏时期，云南地区的商品商贸交易通常使用缯帛与海贝作为中介，而大理国时期多用金银，大理国与宋朝交易的大宗是马匹，宋朝与大理国进行马匹交易时，用金、白金作为交换物，每年付给大理国商人金 50 镒、白金 300 斤，大理国与北宋在黎州境内进行的马匹交易曾一度达到空前的规模，邛部川的百姓甚至"仰此为衣食"。赵宋宗室南迁临安以后，在广西南宁建立买马提举司专门负责与大理的马匹交易，"仅邕州（今广西南宁）辖下的横山寨博易场，每年交易的马匹就达 1500 匹"②。除马匹外，大理国还用药材、披毡等特产交换中原的盐铁、丝绸等物品。

大理国与缅国、吐蕃等近邻之间也保持着商贸交往。史载，巨津州（今丽江西北）铁桥"自昔为南诏、吐蕃交会之大津渡"，"今州境实大理西北陬要害地"。③《南诏野史》亦载：宋崇宁二年（1103年），昆仑、缅人、波斯向大理国"进香物及白象"。④

（二）元代"南丝路"的开放

元代宪宗三年（1253 年），蒙古军灭亡大理国，元朝在云南首建行省，从此以后，云南被直接置于中央政权的管辖之下，朝廷为了巩固对边疆少数民族的统治，开发西南边疆，大力发展西南交通。元

---

① 吴兴南：《历史上云南的对外商贸》，《云南社会科学》1998 年第 6 期，第 24—26 页。

② 方铁：《大理国时期云南地区经济文化的发展》，《云南民族学院学报》（哲学社会科学版）1997 年第 3 期，第 45 页。

③ （明）宋濂等：《元史·地理志》卷六十二，中华书局 1976 年版，第 1446 页。

④ （明）杨慎：《南诏野史》；郑祖荣：《南诏野史诠释》，远方出版社 2004 年版，第 134 页。

代，中央政府设立和推行的驿站制度进一步拓展了唐宋时代就已经形成的茶马互市路线，马可·波罗于至元二十四年（1287年）从四川清溪道进入云南到昆明，再到大理，沿永昌出缅甸，后经老挝，至交趾逆江河而上，从步头回到押赤城，再由石门道经四川返京。马可·波罗在其游记中记载：云南的驿道有中庆（昆明）至建都（西昌）道。中庆至哈喇章（大理）道，哈剌章达金齿（保山一带）并通缅甸道，再通印度。

元代以后，西南地区直接接受中央政府的统治，形成了比较稳固的政治格局。大量汉人迁入西南地区屯田、开矿、经商，交通线路拓展形成稠密的网络，而且关于商人的地位和作用，也突破了儒家思想的限制，允许商业的独立发展，西南地区的经济开发速度加快，商品经济有了长足的进步，同时西南地区人们的价值观念及生活方式也在逐渐发生变化，生活水平提高，消费市场扩大，为国际商贸的进一步发展创造了条件，古"南丝路"一度开放兴盛。

在元代与东南亚的关系中，缅甸占有重要的地位，对于后来中国向西南方向的开放发展产生了重大的影响。13世纪50年代元蒙攻占云南后，元蒙势力与缅甸蒲甘王朝争夺金齿地区（今保山、德宏及境外地区），以及忽必烈政权要求蒲甘国王称臣而缅王不从，引发了元蒙与蒲甘王朝的战争。1287年元军攻占蒲甘。元军撤离后，蒲甘王室的后裔乔苴名义上仍然是蒲甘国王，对元朝三年一贡。1299年，掸人三兄弟推翻缅王乔苴的统治，元朝应乔苴之子的请求，出兵干预。1300年，元军包围木连城，久攻不下。统兵元将借口炎夏瘴疠，撤兵而回。但元朝与蒲甘王朝的战争以及在缅北地区的统治产生了深远的影响，促使中国内陆在缅甸方向对外关系的发展尤其是滇缅交往得以大规模发展。

元代推进了中国对外关系的发展尤其是滇缅交往得以大规模发展，主要有三个方面的原因：一是元朝在云南设立行省，直接统治云南，使得中央政府得以直接以云南为基地向西推进对外交往。二是元朝在今缅甸北部地区有直接影响，并设立土司制度，统治着其中一部分地区。三是元朝派几万大军征缅，拓宽滇缅通道，打破双方因"山川延邈，道里修阻"而不能进行大规模交往的交通制约，尤其是元朝在云南特别是在滇缅道上设驿站，为滇缅道的畅通提供了交通制度上的保障。通道的开通与完善，大大便利了滇缅之间的交往。

正是元代上述三个方面举措，中国与缅甸交往开始进入一个新的时期。虽然此后两国间的关系也包括若干次战争，但主流却是政治、经济和文化交往与联系空前地密切起来，影响巨大而深远，非元代之前可比。据缅甸史籍记载，1301年进入缅甸修建皎克西水利工程，并开凿了墩兑运河。缅甸北部的玉石矿也是在13世纪元朝时期，由云南商贩首先发现的，开采玉石的技术，也由中国传入缅甸。缅甸北部的玉石通过滇缅陆路商道运入云南腾冲加工，也始于元代。可以说，元代开辟了滇缅之间的"玉石之路"，其作用和影响一直绵延至今。元缅之间虽一度发生战争，但总的来说，元代中国西南与缅甸的关系特别是经济贸易关系，比宋代还要密切。更为重要的是，元朝的这些政策和举措，也对元以后中缅关系和中国向西南开放产生了重大的影响。

元代在对外开放、影响中西关系、中印关系发展方面还有三件大事值得一提：第一件是由于元代拓宽了滇缅之间的通道以及战争和民族关系上的原因，滇缅与印度东北部之间的通道更加通畅。原来居住在中国西南瑞丽江流域的一支傣族，就是在13世纪迁徙到印度东北部的阿萨姆，在当地建立了阿霍姆（阿洪）王国，他们的后裔至今仍然生活在当地,保持着傣族的一些生活习俗。第二件是意大利人马可·波罗在13世纪80年代经中国内地到云南,并且一直走到中缅边境地区,在《马可·波罗游记》中留下了他对这一番经历的记述,这是西方人最早对云南的记述。第三件是印度僧人指空在14世纪初来云南,从1315年到1320年在武定狮子山至少住了六年,在当地扩建了正续寺,后来至上都(滦京)见元帝,到高丽弘扬禅学,于1363年圆寂,他不仅是元代对中国西南禅学以及对元帝崇佛有重要影响的高僧,而且在印度、中国、朝鲜佛教文化交流史上有着重要影响。

但是,元中后期的统治政策和对外关系趋于保守,在西南对外开放方面失去了继续推进的势头,没有能够取得新的进展。

三 明清"南丝路"的转折

与前代相比,"南丝路"明代滇藏的民间商贸在交易规模以及交易数量上都有了新的发展,进入了一个新的历史发展转折期。自明朝至清朝中叶,滇西北地区的商贸活动继续发展,一批区域中心市场在交通沿线得以建立起来,如鹤庆、丽江、大理、下关、剑川、阿墩子、中甸等。但是上述所列的这些市场,当时只是当地百姓日常生活中物资调剂、互易有无的处所,基本上是各地地方特产的集散地,市场的服务对象和区域主要局限在本地。蓝勇先生研究指出:

> 明清时期滇藏商贸的繁荣发展,加深了滇藏川交界区域内市场间的密切合作关系,促进了滇藏川交界区域内市场的整合与重构,由此产生了不同等级的市场分工体系,初步形成了一个以丽江、下关为商贸中转站的滇藏川交界区域中心市场,包括云南的

德钦、中甸、维西、永宁，西藏的芒康、昌都、盐井和川边的里塘、德荣、康定、巴塘、木里等地方市场，辐射整个滇、藏、川、康交界边区，并且以下关为外联缅印、东接昆明的枢纽，形成了康藏地区货物转输或出口海外的商贸市场。①

同时，周智生的研究也指出："滇、藏、川贸易活动中存在着不同等级的市场，各自所发挥的作用亦不相同。各种生活物资均根据其需求决定转运内定或是转输海外走向国际市场。"②

木氏土司统治时期，曾经大力经营滇、藏、川边交界区域，鼓励开采矿藏、开渠种稻、移民渡江屯殖等，同时"还使这一地区的商品流向和商贸市场形成一个传统意义上的经济区域，每年云南商人从丽江、中甸运来铁器、茶、糖、粮食、铜器等到江卡、康南及盐井地区销售，并从当地运出皮革、羊毛、药材等商品"③。此间，来往于滇藏之间从事商贸活动的藏族地区商人数量迅速增加，并以此催生出滇西北的一种特殊的商业中介和经纪人交易制度——房东制。史料记载，"建塘独肯中心属卡松杰者，自其祖辈松杰衰以前，纳西王统治时期，即为藏商之房东，对藏商多有帮助"④。明朝地理学家徐霞客游历到达丽江时，曾经了解到木氏土司府的一个和姓通事"以居积番

---

① 蓝勇：《明清"南丝路"国际商贸研究》，《西南民族学院学报》1993年第6期，第12—15页。
② 周智生：《历史上的滇藏民间商贸交流及其发展机制》，《中国边疆史地研究》2007年第1期，第86页。
③ 陈汛舟、陈一石：《滇藏贸易历史初探》，《西藏研究》1988年第12期，第16—18页。
④ 《七世达赖喇嘛给土司松杰的执照》，载《中甸县藏文历史档案资料辑录译注》，中甸县志编纂办公室，1991年。

货为业",成为藏族地区商人在丽江从事商业活动仰赖的一个房东,即商业经纪人。"南丝路"延伸到"茶马古道",沟通了滇、川、藏的经济文化往来。

第三节 古代"南丝路"的跌宕

明末清初,滇西北藏族地区噶玛派与格鲁派之间的宗教矛盾升级,武装纷争不断,加之云南王吴三桂的武装叛乱,滇藏间传统的商业商贸往来受到严重影响,甚至曾一度中断。为满足地区物资的需求,西藏地方政权对滇藏商贸的恢复一直持较为积极的态度。顺治十八年(1661年),清廷在永胜批准设立"茶马互市"市场。[①] 康熙二十七年(1688年)达赖喇嘛奏请"于中甸互市,遂设渡通商商贸"得到允准。雍正初年,丽江和中甸经过改土归流,逐渐发展成为滇藏商贸活动的重要枢纽。到达乾隆初年,丽江的商贸活动已经非常繁荣,当时就连远在青海的和硕部商人也会穿过西藏,千里赶赴滇西北与当地的汉族和纳西族商人交换绸布、锗鞬、牲畜、珠宝、茶叶、毛织等商品,中甸于乾隆年间正式立市。清朝中叶,借助着这条千百年间日积月累形成的地缘经济联系纽带,鹤庆和剑川白族、丽江纳西族、中甸藏族的商人陆续进入青藏地区进行商贸活动,"每岁以二月往,次岁始归,获利颇丰",并"借以起家"。滇藏民间商贸将沿线各族人民联系在一起,为各民族商人参与商贸创造了有利条件。

[①] 陈汎舟、陈一石:《滇藏商贸历史初探》,《西藏研究》1988年第4期,第52页。

一 清朝"南丝路"的起伏

进入清代,随着多民族国家的建成,边疆地区开发不断深入,社会趋于稳定,商品经济趋于繁荣。清朝政府在长期对外闭关自守的情况下,对云南却一度实行特殊化政策,古代"南丝路"上的对外贸易也得到了相应的发展。

清朝时期"南丝路"上的缅甸处于东吁王朝以及雍籍牙王朝前期统治阶段,封建社会进入成熟期。缅甸在清朝以前的很长时间内一直是中国的属国,其北部地区很早就在中国中央王朝的直接管辖之下。滇缅贸易情况,从乾隆年间清廷用兵缅甸的起因也很能说明问题。据记载:乾隆三十一年(1766年)缅甸发生苛待华商事件,有商民报告清廷云南地方官寻求保护,清廷因此出兵干预,这不仅是清廷出兵保护华商仅有的记载,也说明云南商人赴缅经商的事实。[①] 缅甸政府也十分重视发展同中国的贸易关系。乾隆年间因对缅用兵,曾一度禁止腾越关市。乾隆五十五年(1790年)缅王孟陨恳请清政府开腾越关禁,俾通贸易。清政府为了体现对属国的宽仁,给予恩准,并"饬知沿边官员,定期开关市易"[②]。准"缅甸所需丝绸针等物,开关通市,所有内地商民贩货出关,责令永昌府、腾越州、顺宁府,收税给照,运至腾越州,顺宁府查验"[③]。

清代中期以后,云南的商品经济发展迅速,边境贸易规模不断扩大。随着英、法等国家对中南半岛地区展开侵略,云南亦被其纳入地

---

① 李长傅:《中国殖民史》,商务印书馆1936年版,第179页。
② 《皇朝政典类纂》卷一百七十七,第7页。
③ 光绪《大清会典事例》卷三百二十九,第9页。

区市场体系，边境贸易深受影响，中法战争后，广西与越南的边境贸易突破了地域范围，被迫参与到世界资本主义经济体系。一些新兴的经济中心逐渐在取代原来"南丝路"的地位，如重庆自光绪十七年（1891年）设立海关，1892年开为对外商埠后，长江水路贸易迅速发展。1981年，重庆对外贸易总量仅次于上海、汉口两埠，平均贸易总值在全国各商埠贸易总量中占3%左右。① 1894年，重庆海关进口商品总额为5114013海关两，远远高于整个云南省的对外贸易总额。到光绪二十八年（1902年），腾越关出口货物总值仅为1483921海关两，进口为513303海关两，同期重庆的进出口货物总值已达24500万海关两，云南早已无法与重庆相提并论。

二 民国时期"南丝路"的衰落

随着西方工业革命和资本主义的快速发展，单纯依靠人畜力量进行运输的"南丝路"边境贸易规模受到极大限制。"1909年，昆明开设了转运中外商货的挑夫力行。在此以前设有三迤长夫行一所，系承办官员出差赴任运解饷械及官民远行运送业务的。短途运送货物系雇用散夫，无长夫行。"② 1910年，滇越铁路建成通车，云南省内公路、铁路、省级公路以及滇缅公路等交通运输线路亦先后建成，为云南发展边境贸易奠定了重要的交通基础。民国建立后，边境地区治安环境大幅稳定，为边境贸易的进一步开展创造了条件。

民国时期，中国与周边国家的边境贸易曲折发展，云南地方政府在辛亥革命后采取了一些保护本土工商业和振兴云南矿业的政策措

---

① 游时敏：《四川近代贸易史料》，四川大学出版社1990年版，第25页。
② 云南省档案馆档案：全宗号：106，目录号：4，卷号：2785。

施，在出口不断增加的同时，棉花、棉纱及其设备等商品大量进口，进出口贸易一度鼎盛发展。这一时期，云南新近涌现及先期成立的各大商号，在政府政策的激励下积极参与对外贸易活动，不仅建立了沟通全省城乡的经营渠道，还在全国各大城市、通商口岸以及东南亚各国建立分号，进行商贸采购、加工及销售业务。[①]

抗战爆发后，东部地区沦陷，经济中心向西迁移，云南一直处在中国对外经济贸易的核心位置，政府在税收政策上对商业贸易加以扶持。史料记载："1929 年 1 月 20 日，省政府通令全省各县取消杂捐杂税；1930 年裁撤厘金，同年川盐捐、土布捐、杂货附捐、棉纱附捐、煤油捐、土货出口税均一并裁撤；1930 年又裁撤商税，同年还取消了糖税。"[②] 各种捐税的裁撤，既繁荣了商业，同时也促进了对外贸易的发展。

随着大量农副土特产品和原材料等物资的输出，外国商品亦通过边境地区大量进入中国市场，云南的对外贸易在这一时期空前繁荣，进出口贸易总额达到了历史最高水平，贸易盈余数额巨大。

继滇越铁路之后又一重要国际交通运输线，当推滇缅公路。滇缅公路全长 1146 公里，北起中国昆明，南达缅甸腊戍，出畹町与缅甸交通线相连，或转铁路，或转水路，沿伊洛瓦底江向南可抵达仰光港，入安达曼海进入印度洋。滇缅公路的修通，为打通"南丝路"对外贸易发挥过一定作用，但它的主要贡献是保障抗战物资的运输，1938 年 12 月第一批援华物资从缅甸腊戍运入中国畹町，随后又从畹町运抵昆明。据统计，在 1939 年的 11 个月中，经滇缅公路输入的军

---

① 吴兴南：《云南对外贸易史》，云南大学出版社 2002 年版，第 188—189 页。
② 云南省地方志编纂委员会办公室：《续云南通志长编》卷 43，云南民族出版社 1986 年版，第 542 页。

需民用物资达27980吨，平均每月输入2000多吨。从1939年9月到1940年6月，滇缅公路第一次关闭之前，每月输入的军用物资高达10000多吨。①

20世纪40年代以后，由于抗日战争的全面爆发，日军战线的南移给云南的对外贸易造成了巨大冲击。1940年6月，日军占领越南，滇越铁路运输被迫中断；1942年3月，缅甸仰光沦陷，刚刚修建的滇缅公路和中印史迪威公路物资运输也被迫中断；同年5月，滇西龙陵、腾冲失守，元气大伤，"印缅商务情形转变，货运重心趋于内地"，腾保公路作为腾冲人的生命线，修复腾保公路实是繁荣商务的当务之急。但修复该公路，"惟工多费巨，若不通力合作，殊不易举"。②县参议会召开大会议决，由商会"向各商家借垫国币5千万元，以驮捐款归还"。腾冲商会立即召开会议，恳请"县银行宝号借给国币500万元，分两期来取，第一期不出2月15号以前，第二期仅2月底收齐，至于归还之期则从3月份起分6期还清，每月为一期"。③滇缅公路被切断，使得整个西南地区尤其是云南同国外的陆上交通联系完全中断，只能依靠飞越喜马拉雅山的"驼峰"航线以及滇藏印马帮两条运输线，勉强维持战时物资的运输保障，与南亚、东南亚之间的经贸往来和联系，鼎盛发展的局面不复存在，这种漫长的停滞一直持续到1945年抗战胜利。内战爆发，经济形势更为恶劣，"南丝路"上的边境贸易日渐衰落。

回顾"南丝路"2000多年的发展与兴衰历史，不难看出，这是

---

① 朱振明：《抗日战争时期的滇缅公路》，载德宏州经济研究所编《缅甸现状与历史研究集刊》，1987年8月版，第104、105页。

② 腾冲县档案馆档案：全宗号：1，目录号：6，卷号：146。

③ 腾冲县档案馆档案：全宗号：1，目录号：6，卷号：135。

一条连接中国与南亚、东南亚，甚至中亚和西亚的重要通道，为促进欧亚之间的社会、经济与文化交流做出了重要贡献，其作用是北方丝绸之路和海上丝绸之路无法替代的，历代中央王朝对"南丝路"沿途的经营能力和相关政策主导着商道的发展，沿线国家和地区的认识与参与是商道发展的重要保障，"南丝路"的兴衰之变与国家的繁荣富强、中华文明休戚相关，它是历史与逻辑的统一。

第二章

古代"南丝路"经济文化的价值

"南丝路"经济文化历史悠久，漫长的商道连接沿途各地的贸易交换，同时催生出一批繁盛的商业市镇，促进欧亚之间的文化交流，开拓并发展了南方陆上和海上的贸易通道，使古代中华文化传到了周边及更远的国家和地区，形成"南丝路"独有的经济文化价值。"南丝路"的经济文化价值，主要有核心价值、历史价值两方面，本章还将分析其局限性。

第一节 古代"南丝路"经济文化的核心价值

一 商路通达承载东西贸易

如前文考述，产生于民间商贸活动的"南丝路"形成的时间远早于北方丝绸之路，"这是中国较早的对外陆路交通线，同时也是中国西南与西欧、非洲、南亚诸国交通线中最短的一条路线"[1]。《史记·

---

[1] 杜韵红：《南方丝绸之路的变迁与保护》，《文化遗产》2015年第2期，第150—151页。

西南夷列传》中载："秦时，常頞略五通尺道。"①"五尺道"从成都出发往东南行，经宜宾、盐津、昭通、威宁一带，经曲靖，至昆明，继续向西至大理。《史记·司马相如列传》又载："邛、筰、冉、駹者近蜀，道亦易通，秦时尝通为郡县，至汉兴而罢。"②武帝派遣司马相如积极开凿通川南雅安、西昌及云南大姚之邛、筰、冉、駹等西夷地区的"西夷道"，因此道途经越西境内的"灵关"，故又名"灵关道"③。"西夷道"从蜀地南出，经邛崃、荥经、汉源、西昌、会理，渡过金沙江到大姚，抵达叶榆。在打通了身毒道之后，连接滇、川的通道蜀身毒道即可畅通而行了。

"南丝路"分为川藏、滇藏、青藏三路，连接川滇青藏，进入印度、尼泊尔境内，经过不丹，到达西亚、欧洲，甚至抵达西非红海海岸。滇藏"南丝路"始于西双版纳、普洱等茶叶主要生产地，经大理、丽江、中甸进入西藏，直达拉萨；或者从腾冲进入缅甸再到印度；有的还经印度进入欧洲、非洲等国；向内延伸，经陆上水上通道进入四川，到达重庆，由水上通道至汉口再转送他处，或从贵州、广西流向内地。自古以来，经过不断的发展完善，"南丝路"已成为一条纵贯东西南北的大通道，道路不断延伸，如网状遍及大江南北。

"南丝路"具有浓郁的商业性特色，自古至今都是云南与四川、西藏邻省之间的商旅之路，亦是连接中国与南亚、东南亚、欧洲、非洲的一条重要的贸易通道。通过马帮的运输，川、滇的丝绸、茶叶得

---

① （西汉）司马迁：《史记·西南夷列传》卷一百一十六，中华书局1982年版，第2993页。

② （西汉）司马迁：《史记·司马相如列传》卷一百一十七，中华书局1982年版，第3046页。

③ 同上书，第3047页。

以与西藏的马匹、药材,与内地的物资交易;① 经由"南丝路",中国的丝绸、纸张、汉锦、陶器,缅甸的象牙,马来的胡椒,罗马的玻璃,伊朗的银器等各式珍奇之物在国与国之间互通有无、彼此流通。特别是明清以来云南对外的茶马互市的鼎盛时期,分别从中国不同口岸与缅甸、印度、泰国、越南、柬埔寨、老挝等国发生着日益密切的商贸往来,尤其是将滇茶、川茶运进吐蕃,又将战马源源不断供应给中原,互相之间物资交流频繁,商路通达承载东西贸易是其经济文化的具体体现。

二 商贸兴盛催生市镇文明

进入汉代,中国的帝国政治、军事力量日益强大,经济发展,商贸规模迅速扩大,"南丝路"上商旅往返、使节驰骋、民族迁徙、军旅出入,促进了沿途经济社会的发展,在此基础上形成了一批繁荣的市镇。这些市镇成为"南丝路"沿线商品和信息的集散中转中心,城镇的辐射效应反过来又进一步带动了周边地区的发展,促进了"南丝路"上的经济发展和文化交流。

秦汉时期,巴蜀的铁、布、银、铜等通过"古道"与南中地区的马匹物资进行交换;唐宋时期,贸易品主要输入战马、珍禽异兽及其制品和麻纺织品,输出物资主要是茶叶和绢丝,当时的河赕(今大理附近)成为重要的交易市场之一;元灭大理,建立云南行省,结束了南诏、大理地方政权统治云南600余年的历史,对"南丝路"的发展起到了重要的推动作用,由于内地商人争相抢购缅北的玛瑙、珠宝、

---

① 杜韵红:《南方丝绸之路的变迁与保护》,《文化遗产》2015年第2期,第150—151页。

玉器、琥珀，使得玉石成为古道上流通的主要商品；明清时期，商道运输的主要货物变成了食盐，棉花成为输入中国的大宗商品，此外还有宝石、犀角、百货、鸦片及名贵药材等高价值商品。

各级政府控制下的贸易和民间贸易活动十分活跃，长途商品贩运十分盛行，并形成了规模庞大的马帮商队和商号。贸易货品包括丝绸、生丝、棉布、棉纱、盐、茶叶、稻米等，其中，丝绸生丝出口在清代占到了商道出口商品总值的大半。据载，1912年以前每年由中国腾越关出口缅甸的黄丝占其关出口总值的近70%。

繁荣的商贸活动吸引了大量的从商者。早在汉晋时期，永昌（保山）就云集国内外商贾，不少身毒（印度）商贾和蜀地工匠侨居于此，一些中原派来这里做官的人，也可以在此谋得富及十世的财富。《华阳国志·南中志》载："益州西部，金银宝货之地，居其官者，皆富及十世。"[①] 又载："永昌郡，属县八，户六万，去洛六千九百里，宁州之极西南也，有闽、濮、鸠、獠、越、裸濮、身毒之民。"[②]

商贸活动的兴盛促进了古代市镇的形成和扩大。成都平原是"南丝路"的起点，很早便是人类活动的重要区域，富庶一方，商周时期这里的经济文化已发展到较高水平，产生了较为集中的手工业作坊。[③]秦灭巴蜀之后，成都成为全国重要的商业城市，随着中国丝织业重心的南移，三国时期成都的蜀锦已经享誉全国。秦汉时期，"随着成都经济文化建设的高速度发展，使它最终成为一座闻名中外的西南国际

---

① （晋）常璩：《华阳国志·南中志》卷四，齐鲁书社2010年版，第46页。
② 同上书，第57页。
③ 四川大学历史系考古学调研室：《广汉中兴公社古遗址调查简报》，《文物》1961年第11期，第22—27页。

大都会"①。唐宋时期,成都成为西南政治、经济和文化发展的重心,商业繁盛,尤其是纺织业,因此有"锦城"之称。成都是中原与西南政治军事联系的中心与枢纽,南亚诸国均通过这里与中央进行沟通。

  大理是云南最早的文化发祥地之一,公元前4世纪,蜀地的商队就曾经往来于此。公元8世纪,南诏建立之后,大理不仅是中原王朝通往中印半岛直至欧洲诸国的最大口岸,而且也是中国内地与东南亚等国物资交流的最大集散地,是云南政治、经济、文化中心,也是"南丝路"上最大的贸易枢纽。由于交通发达,洱海四周先后兴起了许多著名的城镇,据史料记载,清代大理的三月街规模已经十分可观,甚至有缅甸商人参加,说明在"南丝路"的贸易发展推动下,三月街已经具有了对外贸易交换的性质。②

  腾越,古称"永昌",亦是重要的商贸重镇。《永昌府文征》中记载:这里常有暴风骤雨,四月以后有瘴病,凡过此者,必策马前进,不敢停留,商贾往来,十分艰难;由于地理位置较为险峻,腾越一直处于咽喉地位,悠久的历史,给腾越留下许多文物古迹,"昔日繁华百宝街,雄商大贾挟货来",往来的商旅,造就了腾越这个古老的商业城市,每年都有数万的马帮由中国内陆经过此地通往印缅。

  古道的商业性特色,形成了多个古代西南地区的经济文化中心,如川西的蜀国、川东的巴国、黔西北的夜郎国、以大理为都城的南诏国、以滇池为中心的滇国,这些经济文化中心都建立在古"南丝路"的要道上,并遵循古道的走向形成市镇网络,向四周扩散,形成了相对发达的商贸经济圈。明清时期,"经济发展已经成为西南地区城镇

---

  ① 段渝:《秦汉时代的四川开发与城市体系》,《社会科学研究》2000年第6期,第139页。

  ② 蓝勇:《南方丝绸之路》,重庆大学出版社1992年版,第184页。

出现的主要原因"①。

三 商贸往来传递中西文化

"'南丝路'自其出现以来,一直存在着多种文化的碰撞、传播、变迁。"② 货物往来必然伴随着相互间的文化交流,借助商贸往来,文化以商品形态缤纷呈现,各民族、各地间的思想观念、行为习惯得以串联碰撞、融合共生,进而带来社会经济的进一步发展。因此,经济文化交往"在经济文化相对独立、自然环境较为封闭的西南地区,成了极为重要的发展机制,由此可知,'南丝路'的存在,是西南地区经济文化快速发展的重要因素,其发展变化也在一定程度上反映了西南地区的政治与经济格局变化"③。

途经欧亚、连贯东西的"南丝路",作为一条跨越地区、国家和大洲的国际贸易线,沟通并促进了中国与亚欧各古代文明的联系和互动,带动中西方政治、经济、宗教、哲学、艺术等领域的交流和互通,将中国文明、印度文明、埃及文明等人类古文明有机地串联起来,成为中国文化对外传播的重要渠道,带来各国家各民族之间的文化交汇、交流、交融。

1986年夏季四川广汉三星堆遗址一号、二号祭祀坑相继发掘,大批青铜人物雕像群、动植物雕像群、黄金制品、海贝、象牙的连续

---

① 蓝勇:《明清时期西南地区城镇分布的地理演变》,《中国历史地理论丛》1995年第1期,第66页。

② 杜韵红:《南方丝绸之路的变迁与保护》,《文化遗产》2015年第2期,第151页。

③ 全洪涛:《南方丝绸之路的文化探析》,《思想战线》2012年第11期,第11—15页。

出土，使人们无比惊讶地注意到，以三星堆文化为表征的早期蜀文明，原来是以它自身高度发展的新石器文化为基础，而又具有中西文化、多元文化来源的复合型文明。

"有一些引人注目的现象，不能不使人思考古蜀文明与南亚文明的交流、联系和互动。比如，三星堆二号祭祀坑出土的大型青铜立人雕像，左右手腕各戴三道手镯，两小腿近足踝处各戴一圈方格型纹脚镯。这类手足同时戴镯的习俗，既不是古代巴蜀，也不是西南夷和中原民族的人体装饰艺术风格，但它不仅在印巴次大陆从古至今的文化传统中比比可见，而且在印巴地区早期的青铜雕像艺术中就已有了明确反映，比如举世著称的青铜舞女雕像，就是如此。此外，三星堆出土的青铜神树，不见于古代中国西南和其他地区，却在印度古代文明中屡见不鲜，其中最常见的是神树与药师女一类雕塑作品。"[①] 以上现象绝非偶然，它们清楚表明了通过"南丝路"的沟通，中西文化的交流和互动关系。

第二节 古代"南丝路"经济文化的历史价值

一 开拓陆上通道文化

为了开疆扩土，沟通与外部世界的政治、经济和文化联系，历代统一王朝在寻求开辟对外通道上花费了无数的人力、物力和财力。汉朝武帝时期，国力空前强盛，朝野上下开拓进取的意愿更加强

---

① 段渝：《南方丝绸之路研究论集》，四川出版集团、巴蜀书社2008年版，第464—465页。

烈。根据汉朝遣使张骞的见闻和推测,初步断定在中国西南数千里的地方存在着一个叫"身毒"(今印度)的国家,并且民间商人已经将蜀地特产筇竹、蜀布销到"身毒",可以推断在中国西南与"身毒"之间有民间商路辗转相同。这激发了雄才大略的汉武帝开拓西南对外通道的政治意图,[①] 汉武帝时,西汉王朝达到了鼎盛时期,兵力强盛,人才济济,物资丰富,具备了以经济文化力为基础的对外经营意识。

古代印度、缅甸通商西汉,对西汉有现实利益之所求,正是对经济利益的巨大渴求,造成了"南丝路"上民间贸易往来不绝。为彻底打通连接西南夷地区的通道,西汉王朝在政治、经济、文化等方面频出举措,不断加强对"南丝路"的经营:在政治上,通过派遣使节,传递域外信息,开拓经营视野,原有的民间贸易活动在来往使节的活动中不断得以推动。实际上,商人贸易带回的信息,是西汉政府增进对域外了解的主要途径,汉朝一代,就连商人也假借朝廷名义便利经商,"南丝路"上商贾、使节、军士、艺人各色人等往来不绝,商人与使节的身份往往相互重叠,政府亦可从中获益。频繁的外交活动带回了大量的域外见闻,增长了西汉人对这片地域的认知,更促进了中央王朝开发西南夷,经营"南丝路"的雄心。在经济上,西汉王朝给朝觐国以丰厚"赂遗",吸引其进行朝贡贸易,西汉的政治威慑对于官营"南丝路"的开辟和畅通发挥了关键性作用。西汉王朝这些举措将国家实力发挥到极致,通过"南丝路"远播异国番邦。在文化上,文化传播使蛮夷外邦心悦诚服。张骞打通西域各国之后,"钦慕华夏"成为一种荣耀,掸越国王多次前来朝贺,"归其国,治宫室,作檄道

[①] 罗开玉:《汉武帝开发西南夷与"南丝路"》,《中华文化论坛》2008年第12期,第38—42页。

周卫,出入传呼,撞钟鼓,如汉家仪"①。

"南丝路"在汉朝中央政府努力经营下成为一条中外文化交流碰撞的纽带。羁縻体系下汉朝中央政府对西南夷地区的经营,推动了"南丝路"上不同文明之间的融合与互补,逐步奠定了后世"南丝路"的基础。南北相望,左右出击,形成开放的文明古国。

二 开辟海上商贸文化

明朝永乐年间,郑和七次出使西洋,是明朝政府开辟海上通道的伟大实践。为维护其执政的合法性,恢复因元朝陨灭而中断的宗藩关系,巩固其统治地位,明朝皇帝对朝贡体系青睐有加,意在"通四夷",招徕域外国家前来朝贡。明朝初年,国力不断增强,在北面,已将蒙古势力逐出长城以外,朱氏王朝政权已非常稳固,加之社会生产力的恢复和发展,这就使向海外发展成为可能。到了永乐年间,国力愈加强盛,永乐大帝朱棣要建立一个天朝上国的愿望就更加强烈。封建统治者醉于功名,沉溺于向外邦宣扬明朝的文明昌盛,频频派遣使节,召各邦来朝,拔高自己的威望。朱棣命郑和率庞大船队先后七次出使西洋,郑和每到一国之后,首先都是宣读永乐皇帝的诏书,向各国宣谕:如果奉召前去朝觐,则礼尚往来,一律从优赏赐,其外交目的在于宣示和平友好。可以说,郑和船队是一支友好使者、和平之师,所到之地,他们即封赐该国国王诰命银印,赠送各级官员丝绸瓷器和其他礼物,表达建立和发展和平友好的邦交关系的愿望。

郑和下西洋还有一层贸易目的,中国的陶瓷、丝绸、钱币等货

---

① 王清华:《"南丝路"与中印文化交流》,《云南社会科学》2002年第2期,第42—46页。

品，是郑和船队载往海外的主要物品，中国所缺的香料、染料、宝石、象皮、珍禽异兽等则是郑和船队在返程中购买运往国内的物品，不少亚非国家希望与中国建立常态的贸易关系，但由于明初"海禁政策"的颁布，阻碍了海外贸易的发展。取缔"海禁"，遣使下西洋，表明朱棣皇帝寻求恢复同亚非欧各国的正常贸易。手工业产品成为商品，天下流通，能够有效打开市场，利润丰厚的海外贸易因此迅速崛起。明朝初年，农业和手工制造业均有了显著的发展。杭州、苏州、南京等处设立织造局，在景德镇创设御器厂和规模庞大的官窑。大量生产的丝绸和瓷器等产品为海外贸易提供了充沛的商品。

郑和率领船队七下西洋，发展了与所到国家的外交联系，推动了国际贸易发展，适应了历史环境下社会发展的要求，可谓一种巨大的历史进步。

三 传播中华经济文化

中国历史悠久灿烂，汉朝、唐朝和清朝作为中国史学界公认的鼎盛朝代，都在较长时期内创造过政权稳定、国家统一、国力强盛、文化繁荣的璀璨荣耀，世界范围内鲜有出其右者。厘清鼎盛朝代的对外交往与国际关系，可以帮助我们认识强盛的综合国力与丝绸之路商贸畅通的关系。这里选取汉、唐、清三朝极盛时期略作论述。

秦汉以来，南海的海上与岭南一带交通发展较快，汉朝与东南亚以及印度洋各国经济、文化交流日趋频繁。汉武帝前后两次派遣张骞疏通西域，打通了与西域各国交通，开辟了西北丝绸之路。通过这条"丝绸之路"，中原的丝织品等货物源源不断地输往西方，那时，轻柔华丽的中国丝绸成为一种奢侈品，一度风靡欧洲上层社会。与此同时，西亚、中亚各国也陆续派遣外交和贸易使团到长安访问和通商。汉朝政府在西域设立都护府，使得商旅和使节往来更便利，从而满足了日益频繁的中西政治经济文化交流的需要。随着汉朝疆域的拓展，周边各国各族人口内迁，专职商贸的流动人口增多，中国先进的农耕和生产技艺传至朝鲜、日本和东南亚地区，远达非洲和欧洲大陆，西域各国的音乐和舞蹈艺术也先后传入中原。

大唐盛世始于李世民即皇帝位到安史之乱爆发的一段历史时期，计128年。大唐盛世，社会经济、文化发展达到了前所未有的高度，远胜当时的欧洲。很自然地，唐朝，尤其是都城长安也就成为东西方经济、文化交流的中心，甚至连东都洛阳也成为国际性的大城市。众多外交使者、商人及传教士千里迢迢来到长安、洛阳等地，定居与汉人通婚，娶妻生子，有的精通中华文化，从政入仕，客死大唐。唐朝大大拓展延伸了国际通道，进一步开发了原有的陆上"丝绸之路"，海上"丝绸之路"也开始迅猛崛起。中国文化因此对朝鲜、越南、日本等国产生了深远影响。玄奘西行，是中外文明交流史上的一大壮举，直接促进了大唐与南亚、中亚、西亚诸国的交往，沟通了中国和印度两大文明。鉴真东渡将精湛的大唐文明传入日本，推动了中日文化的深入交流。而在宗教信仰方面，唐朝兼容并包，自由发展，不但容纳了原有的儒、释、道、佛，就连伊斯兰教、摩尼教、景教等外来宗教也在这段时期传入中国。此外，唐人也接受了舞蹈、音乐、建筑、服饰等方面的外来影响。

大清康乾盛世从康熙元年（1662年）持续到乾隆六十年（1795年），共133年，为中国历史上持续最久的盛世，也是中国封建社会最后一个盛世。全新的盛世局面是康熙在位时开创的；雍正帝在前朝基础上继续锐意进取，不仅夯实了先帝创造的清朝基业，而且还有所发展；乾隆皇帝承袭前人之大成，终现"全盛"之势，将清朝经济、政治、文化推向顶峰。在当时，清朝位居东方文明之巅，综合国力位居同时代前列。康乾盛世时，清朝幅员辽阔、交通发达、人口众多，城市繁荣、气势恢宏，显示了中华民族灿烂辉煌的历史与文化。

第三节 古代"南丝路"经济文化的历史制约

"南丝路"本质上是一条民间商道，它因商而辟，因商而兴，源远流长繁荣发展2000多年，自先秦丝绸贸易发端，直至唐宋茶马贸易兴起，并于元明逐渐兴盛，清代中叶一度繁荣，民国晚期衰落衰败，而第二次世界大战期间曾一度繁忙。不论历史风云变幻，"南丝路"上的民间贸易始终绵延发展，直至近代，"南丝路"却因内忧外患种种原因一度走向衰落。

一 自然人文制约

在三条丝绸之路中，"南丝路"形成时间最早，持续时间最长，伴随其繁盛的商贸活动，沿线地区的社会、经济与文化都获得了一定程度的发展。但"南丝路"同时也是三条丝路中发展程度较低的一条，究其根源，与这一地区自然环境和社会因素有关。

商道主要穿行于横断山脉、阿拉干山脉，高山深谷，地形复杂，民族众多，语言不通，人烟稀少，城镇罕见，山道崎岖，毒蛇猛兽横行，十分艰苦。此外，沿途还有匪徒出没，抢夺钱财。"所经地区属气候条件复杂，夏季雨水较多，这种气候决定了商道通行时间短。"① 据蓝勇先生对历史气候的初步研究结果显示："中国西南 500 年间的气温波动基本上与秦岭淮河南近 500 年的整体波动相吻合。从 18 世纪中叶到 19 世纪末持续了较长时间的寒冷期。"②

今天，虽然环境没有那么恶劣，但是交通条件依旧落后。"云南境内山岭盘绕，谷深山高，沟壑纵横，自然形成云南交通的阻隔和闭塞。云南高原山地和峡谷地带造成的崎岖地势，使云南的路况极为恶劣；险恶的山川使云南境内交通阻碍异常，导致了云南与外地的交往变得极其困难，是云南长期闭塞的主要原因。"③

面对未来贸易往来的需求不断扩张，云南作为中国西南边境线，在对外交通设施的建设上仍需继续努力。到目前为止，云南通边、出境的铁路只有 100 年前建的昆河米轨铁路，公路路况整体较差，运输易受雨季影响，不仅运输周期较长，货物容易破损，而且不能运送超大超重件，从而导致对外运输能力严重不足，运输成本上升。另外，云南本身生产能力有限，通过其出口到东盟国家的商品大部分来源于国内沿海发达地区，因此，辐射内地的交通网络的发达程度也决定了其面对东盟开放的前景。④

二 政治变迁制约

将"南丝路"贸易发展与中国传统社会的历史更迭相对照，2500

---

① 朱昌利：《南方丝绸之路与中、印、缅经济文化交流》，《东南亚南亚研究》1991 年第 3 期，第 9—10 页。

② 蓝勇：《中国西南历史气候初步研究》，《中国历史地理论丛》1993 年第 2 期，第 35 页。

③ 陆韧：《云南对外交通史》，云南大学出版社 2011 年版，第 2—3 页。

④ 曾铮：《重启"南方丝绸之路"》，《世界知识》2010 年第 17 期，第 17 页。

多年的丝绸之路贸易史本身包含着若干经济周期。

第一,从宏观层面来看,最明显的表现是政治性经济周期。通过对"南丝路"贸易历史的分析可以看出,整个"南丝路"经济贸易的发展兴衰同中国古代政治、经济兴衰周期是一致的,当时代趋于和平时,丝路贸易显现和趋强;当统治强盛时,贸易也随之繁荣;当统治没落时,贸易逐渐消亡。改朝换代和战争的爆发,都在很大程度上影响着各个时代的思想和制度的变革。

第二,从微观层面来看,创新经济周期性理论在丝绸之路的兴衰中也有所体现。奥地利经济学家 J. 熊彼特在《经济发展理论》一书中提出"创新经济周期性理论",他认为科学技术的创新是导致周期性的根本原因,但是科学技术的创新不可能持续不断地出现,从而导致经济的周期性波动。"南丝路"商贸是以中国古代手工业,尤其是丝织业为基础而发展壮大的,古代劳动人民在纺织技术上的创新与突破,直接会影响到丝路贸易的规模与发展程度;反之,没有了技术上的支持,"南丝路"商贸便丧失活力。

从秦汉至明清,"南丝路"的开辟和发展呈现出在国力强盛时期进展大、在国力衰弱时期进展小甚至倒退的规律,国力强弱从根本上决定了"南丝路"商贸活动的兴衰。通过研究"南丝路"商贸的发展,笔者发现尽管"南丝路"的开拓促进了地方经济和沿线市镇的发展,但是中国的封建统治者为了稳固统治,始终将其控制在封建经济的轨道内,决不允许商品经济的发展动摇封建统治的小农经济根基,所以当国家政权稳固、国力强盛、开放政策居主导地位时,中央政府就比较热心于开辟和经营商贸道路,当国势衰颓时则极力控制商路贸易的发展,甚至明令禁止海陆贸易。同时,"南丝路"的发展也不可避免地受到各时期自然环境、社会经济等因素的制约与影响。

三　经济基础制约

"南丝路"在其存在的最初200年间，还仅仅是作为一条秘密商道存在，商贾往来贸易也只能是"奸出物"，暗地里偷偷地进行，其商业关系仅限于民间，贸易规模也受到极大限制。因此，早期通过"南丝路"进行的贸易，见于印度古籍记载者，为"产自支那成捆的丝"，见于中国方面的是楚国的"蜻蜓眼"（玻璃珠）等极为有限的几种商品。及元狩元年（前122年）以后，汉武帝令王然于、柏始昌、吕越人等，"间出西夷，西指求身毒道"，"南丝路"由秘密变成公开，商旅往来有了诸多便利。缅甸貌丁昂《缅甸史》一书就说："早在公元前128年，就有了一条通过缅甸北部的陆路，中国的货物就是沿着这条道路经过印度运往西方的。中国皇帝力图控制途经这条道路的中西贸易。"可见，"南丝路"民间贸易存在，但"指求身毒道"受阻，汉王朝力图控制"南丝路"的努力一时未能奏效，这具有经济基础限制的原因。"南丝路"迂回于西南少数民族部族势力统治区，交通的不便制约着经济的发展，总体来看，边疆少数民族地区经济发展落后，加之各民族之间在同时代所处的社会形态也不尽相同：有的处于原始社会形态，生产力水平较低；有的已进入奴隶社会或者封建领主制度时期，经济状况千差万别，差异较大。不仅如此，有些部族远离"南丝路"的交通要道，缺乏对外交往的基础，经济发展滞后；而有的部族因为处于交通沿线，有着对外交往的便利，表现最为突出的是哀牢。由于其处于中国和印度两大文明古国商旅往来必经之地，经济文化在滇缅间民族错杂地带显得先进，不像其南部之怒江、澜沧江数百里山谷地带经济文化长期闭塞落后，其经济发展水平高于远离交通线的部族。当然为了各部族之间各自经济利益，设置障碍，拼死维护自己的商业利益和政治权益现象也是存在的。证之于昆明，当汉朝大兵压境之时仍以死抗争，其用意就不难理解了。

在人文底蕴方面，虽然"南丝路"文化习俗丰富，文化遗迹众多，文化形态多样，它与"古蜀文明，三国蜀文化，僰文化，藏羌文化，西南夷文化，巴文化，古夜郎文化，纳西文化，大理文化和傣泰文化等交错分布；'南丝路'上汉传佛教、藏传佛教、南传佛教、苯教、道教、伊斯兰教以及其他原始宗教皆有保存。在民族语言、文化习俗方面更是中国文化多样性的代表区域"[①]。但过于零散、破碎，层次较低，无法在更高层面与主流文化进行创造性对话，更难于转换为现代性发展的世界精神资源。

在经济高速发展和全球化趋势不可逆转的今天，"处理好传统化与现代化、本土化与全球化、民族性与世界性的关系是每一个国家或者民族所共同面临的问题。而正如生物多样性对于维护生态平衡的重要性一样，文化多样性对于人类而言同样重要"[②]。

"南丝路"跌宕起伏的经济文化演变史充分说明，商道的形成与发展源于特定的自然环境与社会、经济因素，并存在一定的周期性变动，只有制定合理有效的相关政策，大力推进沿途相关区域的经济发展水平，才能找到新的发展契机，使这条千年古道重焕生机。

---

① 吴建国：《以世界文化遗产的视角看南方丝绸之路——兼谈南方丝路申报世界文化线路遗产问题》，《中华文化论坛》2008年第12期，第159—164页。
② 杨静：《学术整合与文化自觉——南方丝绸之路视野下的非物质文化遗产研究》，《中华文化论坛》2011年第4期，第16—23页。

第 三 章

古代"南丝路"经济文化的形态

"形态"作为经济文化领域研究的重要视野，无论是马克思把人类社会分为原始社会、奴隶社会、封建社会、资本主义社会、共产主义社会五个基本社会形态，还是汤因比把全世界 6000 年的人类历史划分为 21 个成熟的文明形态进行考察，都把"形态"作为重要基点。鉴于此，基本形态应作为"南丝路"经济文化的内核，是研究"南丝路"经济文化的核心要素。笔者将古代"南丝路"经济文化的基本形态归纳为交通文化、商贸文化、盐铁文化、贝币文化、青铜文化、翡翠文化六个基本形态进行探究。其中，交通的贯通是根本基础，商贸的繁荣发展是必然趋势，盐铁的生产贸易是主要内容，贝币的流通是重要媒介，青铜的产生是发展高峰，翡翠的生产交易闪耀着经济与文化活动的光芒。

第一节 交通文化的肇兴

古代"南丝路"绵延千里，纵贯四川，南下云南，一直延伸到印度、缅甸等南亚、东南亚国家，经历夏、商、周、春秋战国时代，随着古代中国经济的繁荣,"南丝路"的开发实际已经成熟,随即经过各阶段各民族的共同努力,古代"南丝路"发展成为最早的一条沟通国内外经济、联系亚洲贸易的通道。受限于经济技术条件的落后,陆路和水路成为当时"南丝路"的主要两条路径。陆路起始于今天的成都,路过有着"天府南来第一州"称号的邛崃,经由荥经沿着川滇公路,到达四川南部与云南接壤的攀枝花地区,由此进入云南。各支路在大理会合,最后沿着博南道和永昌道一路南下,到达云南南部中缅边境的瑞丽、腾冲和畹町一带;水路亦是起始于成都,最终于大理汇合,水路沿四川境内岷江南下至宜宾,由宜宾进入云南昭通,沿途经曲靖到昆明,并一直南下至大理,然后仍沿陆路线路到达边境,并延伸到境外。

一 通道文化的开拓

自古以来,云贵川地区地形崎岖,沟谷纵横,正所谓"天无三日晴,地无三里平,人无三分银",受地形影响,交通不畅,人们沟通受阻,导致经济落后。文化来源于劳动,文化来源于需求,发展经济急需改善交通,在日常生活劳动中,为克服高山陡崖的困难,人们修筑了栈道;为解决翻山耗时的问题,人们发明了索桥;其中最为人惊叹的是在急流湍流之上、两峰之间架起的溜索。如此交通文化的开拓,无不使人感叹人类智慧的力量。

(一)栈道的发轫演变

栈道原指沿悬崖峭壁修建的一种道路。有据可查的栈道修筑始自战国时期。公元前3世纪,秦国为了开发四川,就修筑了栈道,正如所谓：栈道千里，通于蜀汉，使天下皆畏秦。①

栈道主要分布在甘肃、陕西、四川、云南、贵州、西藏等省区，其中以四川、云南两省分布最广，在"南丝路"上的清溪道、石门道、滇缅诸道都有栈道分布。秦开五尺道，《史记索隐》记载："谓栈道广五尺。"②汉武帝时期，西南夷地区有的栈道下临百丈深渊，有的凹槽式栈道凿进崖壁达三四丈之深，南北朝时这些栈道的遗址仍然存在。隋朝时期石门道开通，当时就在道上设置了许多栈道。《蛮书》（卷1）记载石门"西崖亦是石壁，傍崖亦有阁路，斜亘三十余里，半壁架空，欹危虚险"。③历史上在今盐津县北25公里的鹰嘴岩（棺木岩）、吊钟岩及豆沙关都设置了栈阁。清溪道在秦汉时期被称为零关道，在这条古道上也很早就设置了栈道。徐云虔从零关道进入南诏，说明此道在唐代也是存在的。元代至顺元年（1330年），罗斯土官破坏了古道上的栈道，到了明代，大相公岭也已经修筑了栈道，继而到了清代，大相公岭的大小关山间也继续修有栈道。虽然今天古栈道已经荡然无存，但是从以上记载来看，栈道在这条古道上曾经发挥了巨大作用。

（二）索桥的兴起变化

索桥，又被称为绳桥、吊桥、悬度、悬桥，早在秦汉时期就已经出现，经过以后历代沿袭演变，成为现代吊桥的雏形，影响着世界索桥形式的发展，国外不少桥梁专家都认为索桥首创于中国。索桥在中国始见于秦汉，如秦李冰曾在今成都建成的夷里桥便是一座竹索桥。

---

① 蓝勇：《南方丝绸之路》，重庆大学出版社1992年版，第216页。
② （唐）司马贞：《史记索隐》卷十六，中华书局1997年版，第127页。
③ （唐）樊绰：《蛮书》卷一，中国书店出版社2007年版，第3页。

古代西南索桥可以分成两大类型：多索平铺型吊桥和多索非平铺型吊桥。索桥主要分布在西南地区，其中在西部横断山区各河流深谷中分布最集中，形式最齐全。

在古代，"南丝路"上索桥使用十分常见，有许多著名的索桥。汉晋时期成都检江上就有索桥，大笮（盐源）、定笮（盐边）就可能因为设立索桥横越金沙江而得名。唐宋时，严道县平羌江多功路上设置有索桥。唐代在今云南中甸西北金沙江塔城关处修筑的铁索桥，应为目前世界上确知最古老的铁索桥。此外，还有建于明弘治八年（1495年）的龙川江铁索桥，《徐霞客游记·滇游日记》记载："溯江北行，又半里，有铁索桥架江上，其制两头悬练，中穿板如织，法其制作方法一如澜沧之铁索桥，而狭止得其半。"[①] 除此以外，"南丝路"沿线的著名索桥还有凤庆青龙铁索桥、盐源打冲河古索桥、盐源县新村索桥、荥经大通索桥、洪雅瓦屋山索桥、兴文建武索桥、龙川江曲石桥，等等。

（三）溜索的发展延续

溜索，又被称为溜筒桥、溜筒江、溜索子、溜索渡、溜绳。古代有时也称其为笮或索桥，归入笮桥之类，但古代更多将其与索桥并列为另一类交通设施。故李心衡《金川琐记》记载："江面既阔，夹岸皆高山，既不能立磙建桥，复不能建索桥，不得已开始为溜索。"[②] 溜索有时与索桥在一处是互为改易的，溜索的原料与索桥一样，主要是用藤索、竹索、铁索和钢索，是古代中国西南人民横渡深切河谷的一种简易交通设施，其形制清人多有记载。

---

① （明）徐弘祖：《徐霞客游记·滇游日记》，上海古籍出版社2010年版，第326页。
② （清）李心衡：《金川琐记》卷六，商务印书馆1985年版，第69页。

历史上，无数栈道、索桥、溜索在"南丝路"上一直发挥着运送商旅、转输货物的重大作用，是中国西南地区人民与闭塞的地理环境相抗争的武器，是西南地区人民消除空间阻隔、融入外部世界必不可少的交通设施。栈道、索桥和溜索这三种交通设施都为中外政治、经济、文化交流做出了不可磨灭的贡献，由于这些交通设施承载货物有限，行走十分危险，随着社会生产力的发展，现代桥梁和道路的出现，栈道逐渐退出历史舞台，典型的绳桥和溜索也已不多见。① 但是，它们作为古代西南人民千百年来的智慧结晶，对现代交通设施有重大影响，今天的斜张拉铁桥和悬索吊桥就是根据古代绳桥的形制设计而来，成昆线上的水泥偏桥依据古代栈道创新演变而来，古代溜索的设置原理被应用于峨眉山、重庆沧白路过江索道及现代悬浮列车。

二 马帮文化的凸显

从古代到近代，"南丝路"上主要是以马作为载运工具，少数民族商人对外交通贸易也是如此。"近代少数民族商帮的兴起与繁荣，与马帮运输的发展有着密不可分的联系。"② 马帮作为云南历史长河中的一种独有和特殊的文化，与云南的特殊的地理环境、驰名于世的马匹紧密相连，马帮的发展又与"南丝路"的兴衰息息相关，马帮为云南的对外交通和贸易提供了便利，"南丝路"的繁荣又进一步促进了马帮运输业的扩大与发展，马帮与"南丝路"的繁荣相辅相成，相得益彰。

---

① 申旭、林文勋：《古代南方对外通道研究笔谈》，《思想战线》2001 年第 10 期，第 24—25 页。

② 申旭：《中国西南对外关系史研究——以西南丝绸之路为中心》，云南美术出版社 1994 年版，第 238 页。

（一）马帮的形成与功能

滇西北位于横断山脉地区，地形险峻，高山阻断了道路的通行，造成了交通的极度不便，因此，马帮这一贩运团体就成了"南丝路"上贸易的主要形式。不同的民族拥有不同的马帮，如"白族马帮主要负责从大理到德钦一段，从德钦到拉萨的路段由于气候寒冷，改由藏族马帮运输。进藏货物主要是压制成砖块状或圆饼形状的茶叶以及布匹、棉纱、百货、铁器、铜器、银饰和大烟等"①。由于道路狭窄，路陡难行，行走敏捷、耐力较好、负重力较强的骡子成为较好的驮运工具。滇西一带定期举办的各种骡马交易会，为人们交易这种交通工具提供了便利，"如剑川骡马会、鹤庆松桂骡马会、丽江骡马会、大理的三月街、洱源的渔潭会等，各地会期时间交错，互为补充"②。马笼头、皮带等骡马使用用具的制作极大地促进了当地手工业的兴起与发展，这些手工业者的劳动创造，对地方经济起到了重要作用，促进了民族之间的文化交流。

早在秦汉时期，云南与外界已经有了相当规模的商品交换和贸易，同时出现了五条著名的马帮路线。

第一条为秦朝开辟、汉朝又修筑过的"五尺道"，这条商路经李冰、常頞先后两次负责修筑，从僰道（宜宾）将道路往南延伸，经朱提（昭通）、汉阳（威宁）修到味县（曲靖）终止。据《史记·司马相如列传》记载："邛、笮、冉、駹者近蜀，道亦易通。"③ 沿着这条

---

① 王明达、张锡禄：《马帮文化》，云南人民出版社1993年版，第125—126页。
② 杨毓才：《云南各民族经济发展史》，云南民族出版社1989年版，第48页。
③ （西汉）司马迁：《史记·司马相如列传》卷一百一十七，中华书局1982年版，第3046页。

商道，商人往来，不绝于途，把四川的铁器输入到近云南东部等地，又把云南的牛马运往四川销售。第二条为"南夷道"，这条商道经滇池、句町（今文山）、进桑（今河口）等地，可通达南越及毗邻境外地区。第三条为"灵关道"，其路线最为漫长：从成都出发，经临邛（邛崃）、盐源，然后渡过金沙江，从四川进入云南青蛉（大姚），经大勃弄（祥云）、叶榆（大理），翻越永平博南山，渡过澜沧江，进入永昌（保山），再渡怒江，至滇越（腾冲），从古勇（古永）到掸国（在今缅甸）、身毒（印度）等国，与海上丝绸之路相连接。第四条为庄蹻开滇的路线，从郢（荆州）出发，经黔中（沅陵）由水路到达且兰（今贵州以东），然后由陆路至夜郎，再向西行到达滇池地区。① 第五条为从永昌地区通往交趾（今越南北部）的商道，② 这条道路实际上是以叶榆（大理）为中心，向西沿博南道进入永昌（保山），进而通向境外，向南则经滇池地区进入交趾（越南北部地区）。

唐宋时期，以"南丝路"为中心的马帮路线有了较大的发展，这一时期的马帮商道主要包括：之前的"五尺道"贯通现今的大理；从四川的清溪县到大理的道路；越南至大理商路，大理至广西宜州市的商道；从大理经镇南出境至东南亚商道；自大理至铁桥商路；自保山经瑞丽、畹町至缅甸、印度的商道。

元代占赤（驿站）的建立以及商品经济的快速发展，特别是铜、盐、茶三项大宗货物的运输量不断增加，使得马帮运输业得到长足的发展。

1889年，朝廷先后在蒙自、腾越、思茅建立海关，云南自此享

---

① 王明达、张锡禄：《马帮文化》，云南人民出版社1993年版，第30—35页。
② 同上。

有对缅甸等周边国家的进出口贸易优惠待遇，进出口贸易持续增加，极大地促进了马帮运输业的发展。

1910年滇越铁路通车到昆明，1915年个碧石铁路开始通车，运输大锡等业务慢慢转由铁路，马帮的主要运输力量则转向玉溪、思茅路线和开远至文山、富宁路线及县际的运输业务方面。"随着滇越铁路的通车和滇缅公路的修建，铁路和汽车运输业逐渐取代了马帮运输，马帮则转移到尚未通公路的地方驮运商品，马帮业也从此衰落下去。"① 然而，在云南的一些边远地区和深山峡谷地区，用马运输依旧是最重要的运输手段。

马帮贸易促进了国内云贵川等西南地区的经济文化发展，同时，也紧密了中国与东南亚、南亚之间的贸易联系。马帮对近代中国、亚洲东部的经济发展有举足轻重的作用。

（二）马帮文化的类型与特色

马帮贸易带动商品流通，商品流通带动各种文化的碰撞与融合，马帮熙来攘往南上北下，不断交流各民族文化，所到之处，马帮文化随之播扬。

1. 马帮饮食文化

马帮饮食特色鲜明，突出了携带方便，抗寒耐饥、营养价值高等特点，各种干粮、野生菌、肉类都可入菜，尤其擅于使用火锅烹饪食物，逐渐形成了所谓的"马帮菜"。如香甜可口的丽江粑粑，"不仅金黄酥脆，香甜可口，油而不腻，而且不易变质变味，做好后放置数天，不会发霉，只要到时候把它拿出来随便地蒸或煎一下，它依然酥

---

① 申旭：《中国西南对外关系史研究——以西南丝绸之路为中心》，云南美术出版社1994年版，第238—248页。

脆香甜，曾经是马帮商队备用的干粮"①。至于酥油茶，"则是马帮饮食文化的另一大特色，携带方便，清肠解渴，耐寒耐饥，营养价值高，是马帮必备的'润肠剂'"②。宣绍武先生在《茶马古道亲历记》中也谈到了赶马人在行程中喝酥油茶的经历：

> 一是用餐前，把酥油用手蘸在火堆上，以示吉祥；二是把酥油茶倒在湿木上，便于燃烧；三是酥油用来润滑捆绑货物的绳子；四是酥油茶，能解渴，营养价值高，只要烧上一壶水，就能做酥油茶等优势。自然成为马帮必备的食品之一。③

现在，在昆明北门街还开设了一家"马帮餐馆"，人们更多的是追寻回味历史，其饮食文化仍在流传。

2. 马帮商贸文化

马帮商贸文化突出的表现之一就是驿站。驿站是古代接待传递公文的差役和来访官员途中休息、换马的处所，以后功能逐步有所扩展，逐渐变成人口、货物的聚集地，最终而形成聚落，如大理、丽江、腾冲等。史书有记载："永昌郡，属县八，户六万，去洛六千九百里，宁州之极西南也，有闽濮、鸠獠、僄越、裸濮、身毒之民。"④永昌即现今的保山，保山作为当时的驿站，东与大理白族自治州、临沧市接壤，北接怒江，西临德宏，西北、正南同缅甸交界，地理位置

---

① 和文福：《丽江纳西人生活中的马帮文化》，《综合论坛》2013年第6期，第368页。
② 同上。
③ 宣绍武：《茶马古道亲历记》，云南民族出版社2001年版，第78—79页。
④ （晋）常璩：《华阳国志·南中志》卷四，齐鲁书社2010年版，第57页。

的重要性使其成为人流、物流中心。

在思茅成为海关之后,商业贸易繁荣昌盛,人们依靠骡马驮运进各种物品进行贩卖,又将普洱茶转运至各地进行贩卖,利润十分之高。马帮输送来往物品,反映出了地区间互通有无,助推了经济贸易的繁荣发展,形成了"南丝路"上独具一格的商贸文化。

总之,马帮的产生使得西南地区以及国内外地区的经济、文化得到更好的交流,是一种独特的文明传播载体、一种独特的社会阶层以及一种独特的社会组织形式,不管是历史或是现今,都有着博大精深的经济含义和文化意义。[1]

三 现代交通的雏形

随着滇越铁路的通车,尤其是1938年滇缅公路修通以后,古老的"南丝路"中的滇缅道部分地段被公路所替代,马帮等传统运输工具也逐渐衰落,汽车运输和铁路运输成了"南丝路"上的运输主力,开启了现代交通的新时代。

云南到缅甸的交通要道(滇缅公路)始建于1938年,竣工于抗日战争期间,接轨缅甸的中央铁路,到达仰光港。修建滇缅公路起初是为了抢运国民党政府在国外购买的战略物资,以及国际援助物资。"据统计,自1939年2月至1941年12月,由滇缅公路共运入外援物资221567吨,占同期全国公路总货运量的一半。"[2] "1942年元旦至

---

[1] 敏塔敏吉:《茶马古道上的马帮文化》,《思茅师范高等专科学校学报》2008年第4期,第31页。

[2] 中国第二历史档案馆:《中华民国档案资料汇编》第5辑第2编,江苏古籍出版社1997年版。

20 日,在仰光告急的紧张情况下,滇缅公路在 50 天中仍抢运物资 52000 吨。"① 日军占领越南之后,滇越铁路被迫中断,滇缅公路成为当时中国与国外联系的唯一通道。由此可见,在烽火中诞生的滇缅公路,在抗日战争时期扮演着极其重要的角色,而现在作为国际通道的滇缅公路,重要性以及影响依然不减当年。

当然,在战争以外,滇缅公路不仅推动了滇西的经济贸易发展,更重要的是增强了滇西各民族的凝聚力,使各民族团结合作,如在滇缅公路的修建时期,居住在滇西的回族、彝族、白族、傣族、景颇族等十多个民族,朝着同一个目标,同甘共苦,奋力修筑,充满了民族凝聚力和向心力。滇缅公路竣工后,滇西与内地的交流不断增多,促使滇西的经济在短时期内得到了快速的发展。②

1942 年 5 月,日军切断滇缅公路这条战时中国最后一条陆上交通线后,在蒋介石、史迪威、陈纳德的共同努力下,中美两国被迫在印度东北部的阿萨姆邦和中国云南昆明之间开辟了一条转运战略物资的空中通道,这条空中通道叫"驼峰航线"。因受喜马拉雅山脉山峰高度及彼时螺旋桨飞机性能限制,航线飞越此段"空中禁区"时只能紧贴山峰飞行,轨迹高低起伏如驼峰般,故此得名,亦同"The Hump"。正是这世界战争空运史上持续时间最长、条件最艰苦、付出代价最大的空运,在三年时间里,以高昂代价换来由美国空运至中国的 70 多万吨援助物资,帮助中国挺过了最艰苦的抗战相持阶段。

"南丝路"上出现的滇缅公路、驼峰航线等现代交通形态,不仅

---

① 中国公路交通史编审委员会:《中国公路史》第 1 册,人民交通出版社 1990 年版,第 298 页。

② 贾国雄:《抗战时期滇缅公路的修建及运输述论》,《四川师范大学学报》2000 年第 3 期,第 101—104 页。

仅是传统意义上的贸易通道，在危急关头，它也为挽救中华民族立下了不朽的功勋。

第二节　商贸文化的繁荣

一　商道的形成

（一）商道的初步连通

《史记·西南夷列传》载："秦时，常頞略通五尺道，诸此国颇置吏焉。"① 《史记·司马相如列传》也记载："邛、笮、冉、駹者近蜀，道亦易通，秦时尝通为郡县，至汉兴而罢。"② 通过《史记·西南夷列传》中这两句话可知，秦王朝为对西南地区进行管理，专门打通了这条连通蜀滇的"处险恶，'道才五尺'的"官道，尽管险峻难行，这条道路还是为中原与西南之间交通和联系起到了重要作用。《史记·司马相如列传》中有如下记载：

> 天子问相如，相如曰"邛、笮、冉、駹者近蜀，道亦易通，秦时尝通为郡县，至汉兴而罢。今诚复通，为置郡县，愈于南夷。"天子以为然，乃拜相如为中郎将，建节往使。副使王然于、壶充国、吕越人驰四乘之传，因巴蜀吏币物以赂西夷。至蜀，蜀太守以下郊迎，县令负弩矢先驱，蜀人以为宠。于是卓王孙、临

---

① （西汉）司马迁：《史记·西南夷列传》卷一百一十六，中华书局1982年版，第2993页。

② 同上书，第3046页。

邛诸公皆因门下献牛酒以交欢……司马长卿便略定西夷，邛、笮、冉、駹、斯榆之君皆请为内臣。除边关，关益斥，西至沫、若水，南至牂柯为徼，通零关道，桥孙水以通邛都，还报天子，天子大说。①

《史记·西南夷列传》中又载：

汉嘉郡界旄牛夷种类四千余户，其率狼路，欲为姑婿冬逢报怨，遣叔父离将逢众相度形势。嶷逆遣亲近赍牛酒劳賜，又令离逢妻宣畅意旨。离既受赐，并见其姊，姊弟欢悦，悉率所领将诣嶷，嶷厚加赏待，遣还。旄牛由是辄不为患。郡有旧道，经旄牛中至成都，既平且近，自旄牛绝道，已百馀年，更由安上，既险且远。嶷遣左右赍货币赐路，重令路姑喻意，路乃率兄弟妻子悉诣嶷，嶷与盟誓，开通旧道，千里肃清，复古亭驿……元狩元年，博望侯张骞使大夏来，言居大夏时见蜀布，邛竹杖。使问所从来，曰："从东南身毒国，可数千里，得蜀贾人市。"或闻邛西可二千里有身毒国。②

《史记·淮南衡山列传》又载：

臣仓等昧死言刘长有大死罪，陛下不忍致法，幸赦，废勿

---

① （西汉）司马迁：《史记·司马相如列传》卷一百一十七，中华书局1982年版，第3046页。

② （西汉）司马迁：《史记·西南夷列传》卷一百一十六，中华书局1982年版，第2996页。

王。臣请处蜀郡严道邛邮,遣其子母从居,县为筑盖家室,皆廪食给薪菜盐豉炊食器席蓐。①

到汉代,《后汉书·南蛮西南夷列传》中载:

> 永平十二年,哀牢王柳貌遣子率种人内属,其称邑王者七十七人,户五万一千八百九十,口五十五万三千七百一十一。西南去洛阳七千里,显宗以其地置哀牢、博南二县,割益州郡西部都尉所领六县,合为永昌郡。始通博南山,度兰仓水,行者苦之。歌曰"汉德广,开不宾。度博南,越兰津。度兰仓,为它人。"②

两晋南北朝时期,中央王朝对这条商道逐渐重视,《华阳国志·南中志》中载:"永昌郡,古哀牢国。……绝域荒外,山川阻深,生民以采,未尝遗中国也。……孝武帝时通博南山,度兰仓水,耆溪,置巂唐、不韦二县。"③研读史料,可大致了解此时"南丝路"的大致路线:起点为今天的四川成都,经雅安、芦山、西昌、攀枝花等地,至今云南昭通、曲靖、大理,从大理经水路抵达保山,然后再至保山腾冲,至德宏;出境进入缅甸、泰国,最终抵达今印度(身毒国)内地和今中亚阿富汗国北部(大夏)。分别为联系蜀滇、"广五尺"的五尺道,通过灵关天险的"灵关道",连接古代中、缅、印的

---

① (西汉)司马迁:《史记·淮南衡山列传》卷一百一十八,中华书局 1982 年版,第 3081 页。

② (南朝)范晔:《后汉书·南蛮西南夷列传》卷八十六,中华书局 2000 年版,第 1924 页。

③ (晋)常璩:《华阳国志·南中志》卷四,齐鲁书社 2010 年版,第 56 页。

"永昌道",及连接古代缅甸印度之间的通道。

(二) 商道的延伸扩展

汉代,帝国政治、军事力量日益强大,国家安定,丝绸生产不断扩大,中原和边疆及东西邻邦的丝绸贸易规模迅速扩大,丝绸贸易对这些地区的经济文化交流起了重大的促进作用。汉王朝为了开通能直接到达印度乃至中亚的贸易道路,采取了一定的措施,做了一系列努力。公元前3世纪至公元2世纪,即西汉初年至东汉灵帝末(189年)的500年间,主要是汉武帝之世(前140年至前87年)变化最大。公元前122年,汉武帝派张骞出使西域,张骞看到从印度输入的四川蜀布和筇竹杖,得知四川商人早已从云南经缅甸到印度去从事贸易活动,他回朝将所见所闻上奏汉武帝,具有雄才大略的汉武帝因此决心不惜一切代价打通从西南到印度的官道,由官方参与商业贸易,扩大疆土,但由于当地族人因利益关系的阻拦,此举未能取得成功。其后,汉王朝全力开发西南,在各地置官设治,修筑驿道,方便中原文明直抵滇缅之边。蜀汉时期孔明的南征,进一步加强了各兄弟民族之间的血肉联系,这条路线的疏通,境内主要在蜀地与西南夷地区之间,境外主要在蜀地与境外之间。汉武帝时期虽然未开通蜀地至印度的通道,却在蜀郡西南开地千里,把邛都、夜郎、楚、朱提、筰都等民族部落地区建立成为郡县,还把"无常处,无君长"的昆明部落建成了榆(今大理)、唐(今永平)两县。汉朝后来又在哀牢设立不韦县,虽"皆因其俗而治之",但其性质是汉朝官吏入境推行中央政令,中央政府对这些地区进行直接管辖。汉武帝对西南夷地区的设郡管辖,使汉商能够以这三县为发展贸易的基地,进入哀牢、僳夷地区和印度以及缅甸的商人们直接进行商贸活动。在与汉朝商人贸易往来不断增多的影响下，哀牢夷王于东汉初年请降。至明帝永平十二年（69年）开置哀牢地为永昌郡，距离武帝元封二年（前109年）降滇置益州郡只有178年的时间，这段时期，中原与巴蜀已全面进入封建社会，奴隶贩运量减少，畜力运输渐盛。[①] 巴、蜀地主作坊依旧依靠奴隶进行生产，规模较大，奴隶生产出的蜀布、铜器、铁器等大量输入滇、邛，以换取山海珍货以及牛马，巨商都扎根在永昌郡，永昌郡成了蜀、巴与印度和缅甸的市场交易中心，随着官道的延伸，商道的繁荣，交易市场越来越广阔。此时"南丝路"的繁盛几乎不亚于北方的丝绸之路。

二 商镇的兴起

"南丝路"上商旅往返、使节驰骋、民族迁徙、军旅出入，促进了沿途经济社会的发展，在此基础上形成了一批繁荣的市镇。这些市镇成为"南丝路"沿线商品和信息的集散中转中心，城镇的辐射效应，反过来又进一步带动了周边地区的发展，促进了"南丝路"上的经济发展和文化交流。

（一）成都平原的富饶

成都平原地势平坦、耕地集中连片，土壤肥沃、河网纵横，水域遍布，物产丰富，由岷江、沱江、青衣江、大渡河冲积平原组成，总面积23000平方公里，是长江流域有名的鱼米之乡。考古发现和史料记载可知，从古至今巴蜀地区都是中国西南部经济文化较发达的地

[①] 周永卫：《西汉前期的蜀商在中外文化交流史上的贡献》，《史学月刊》2004年第9期，第36—43页。

区,"公元前4世纪,北方的强国兼并巴蜀以后,设巴、蜀、汉中等郡。秦国的蜀郡大夫李冰又在原蜀人水利建设的基础上,兴建了著名的都江堰大型水利工程,水利之便使成都平原一带成为当时中国的著名粮仓和经济发达之地,被誉为'天府之国'"。① 两汉时期,成都平原的经济继续发展,汉代人形容蜀中的富庶情况时说:"蜀地沃野千里,土壤膏腴,果实所生,无谷而饱。女工之业,覆衣天下。名材竹干,器械之饶,不可胜用。又有鱼盐铜银之利,浮水转漕之便。"②

据《汉书·地理志》记载:"西汉时,首都长安的户口数为80800,而成都的户数也已达到76256,成为当时全国第二大城市。"③物产资源的富足,经济的发达,为"南丝路"上贸易的繁荣昌盛和国际市场的开辟,奠定了坚实的物质基础。成都地区与南方民族开展贸易自秦代开始,但是西汉初年,由于北方匈奴边患严重,汉政府"专力事匈奴",无暇兼顾南方,于是关闭了蜀郡的边徼。但是商人们利之所趋,经常"窃出商贾,取其笮马、僰童、牦牛,以此巴蜀殷富",所以,以成都为中心的与南方诸民族的贸易事实上并未停止过。从战国至两汉,蜀地丝绸销至全国,在贸易繁荣时,丝绸类产品甚至远达希腊和罗马。西汉时,临邛的铁器生产得到进一步发展,向西南少数民族地区输出的铁器数量也大大增加。成都地区的漆器,也畅销远方。

---

① 罗二虎:《汉晋时期的中国"西南丝绸之路"》,《四川大学学报》(哲学社会科学版) 2000年第1期,第84—105页。

② (南朝)范晔:《后汉书·隗嚣公孙述列传》卷十三,中华书局2000年版,第1242页。

③ (东汉)班固:《汉书·地理志》卷二十八,中华书局2007年版,第282页。

(二) 昭通区域的繁荣

昭通位于云南省东北部,是云、贵、川三省交界地带,坐落于金沙江下游沿岸,是四川盆地向云贵高原抬升的过渡地带,是"南丝路"的要冲,历史上是中原文化进入云南的重要通道。秦汉时,优越的地理位置使昭通和内地,特别是与巴蜀的经济联系紧密,经济一度繁荣,银铜等冶炼业及铸币业兴盛,社会生产力水平处于云南的前列。秦汉时,朱提(昭通)银锡白金和朱提银的冶炼、铸造,证明了昭通经济在秦汉时期已发展到了相当先进的地步。秦对昭通地区的开道置吏工作,由于秦王朝被推翻而宣告结束。西汉初年,北方匈奴边患严重,中央政府无暇顾及西南边疆,"汉兴,皆弃此国,而关蜀故徼",封锁了蜀与西南夷的官方通道。[①]

由于地域上山川相连,长期形成的经济联系不可能瞬间消失,因此事实上昭通地区与巴蜀的经济联系并未因此而中断,昭通随即成为巴蜀商人的重要贸易区域。昭通坝区的主要居民僰人已过着定居的农耕生活,经济以农业经济为主,主要的生产工具是青铜农具。武帝置郡县以后,一部分汉族移民陆续来到昭通,他们利用已经掌握的先进生产技术,和当地僰人一起,辛勤劳作,共同努力,使昭通地区的经济发展到了一个新的水平。优越的地理位置使昭通处于巴蜀文化、夜郎文化和滇文化的交汇区,而经济的繁荣给昭通文化的发展提供了强有力的物质基础,汉代昭通被誉为"宁州冠冕",出现了很多像孟孝琚这样博览群书的文化名人。昭通自身的经济、文化优势,使它成为"云南历史上与中原的交通线路开辟最早、郡县设置最早、受内地先

---

① 蓝勇:《南方丝绸之路的丝绸贸易研究》,《四川师范大学学报》(社会科学版)1993年第2期,第124—132页。

进文化影响最早且最深的地区,并在此基础上产生了繁荣一时的朱提青铜文化"①。

(三) 洱海领域的极盛

公元前大理地区是昆明诸民族的聚居地,各民族主要从事农牧业。公元738年南诏统一六诏后,由于是"南丝路"连接川滇段和滇缅段、石门道的中枢,大理成为南诏地区的政治、经济、军事中心。在古代文献中洱海曾被称为叶榆泽、昆弥川、西洱河、西二河等,由于是政治、经济、文化中心,加之交通十分发达,大理洱海四周先后兴起了许多著名的城镇。唐代西洱河地区一度成为佛教的重要传播区,早在唐代永徽年间,南诏细奴逻便在祭拜观音处进行商品交易,形成了观音市,逐渐演变成今天的大理三月街。元代大理"市井谓之街子,午前聚集,抵暮而罢"。明代,云南政治经济文化中心逐渐从大理东移至昆明。清代的三月街比明代又有了进一步发展,规模更大,缅甸商人已经参加,外国商人的出现说明在清代"南丝路"贸易发展的背景之下,三月街已经具有了中外商品交易会的性质。大理三月街是云南西部最古老的贸易集市,徐霞客在《滇游日记》中描绘了"三月街"的场面:"俱结棚为市,环错纷纷……千骑交集……男女杂沓,交臂不辨……十三省物无不至,滇中诸蛮物亦无不至。"② 清末修的《大理县志稿》也记载:

> 盛时百货生意颇大,四方商贾如蜀、赣、粤、浙、桂、秦、

---

① 黄宇:《西南丝绸之路文化影响域》,《昆明理工大学学报》2006年第3期,第45—52页。

② (明)徐弘祖:《徐霞客游记·滇游日记》,上海古籍出版社2010年版。

黔、藏、缅等地，及本省各州县之云集者殆十万计，马骡、药材、茶市、丝棉、毛料、木植、瓷、铜、锡器诸大宗生意交易之，至少者值亦数万。①

从雍正到道光年间，川滇缅丝棉纱贸易有了长足发展，大理下关一度成为滇西通缅的交通枢纽和商业重镇。今天由于无古代商路之便，大理商业地位主要由旅游业支撑，商业地位已降到云南省内第三至第四位，与昔时作为国际贸易枢纽的商业地位有天壤之别。

（四）永昌故郡的对外沟通

永昌，最初为古哀牢族聚居地，秦汉以前此地"绝域荒外，山川阻深，生民以来，未尝通中国也"。② 因地势险峻，山高路远，秦时永昌（今保山）与中原地区还没有官道开通，与中原的文化和商贸主要是民间的交流。至汉武帝开通博南道后，永昌经济地位得以不断提高。东汉设永昌郡后，永昌逐渐发展成为一个国际都市，成为"南丝路"上一个重要的对外口岸。唐宋时期，永昌已经成为"南丝路"上最重要的国际贸易城市、商业中转站和重要交通枢纽，由于永昌特殊的地理位置，各国各民族物产在此聚集，唐《张柬之传》记载："永昌城西通大秦，南通交趾，奇珍异宝，进贡岁时不阙。"③ 其中，永昌、腾冲一带商业十分发达，在元代"交易五日一集，旦则妇人为市，日中男子为市，以毡、茶、布、盐互相贸易"，④ 这种分时、分

---

① 《大理县志稿》，凤凰出版社2009年版。
② （晋）常璩：《华阳国志·南中志》卷四，齐鲁书社2010年版，第56页。
③ （晋）刘昫等：《旧唐书·张柬之传》卷九十一，中华书局1997年版，第2937页。
④ 白寿彝：《中国交通史》第8卷，上海人民出版社1993年版，第658页。

类为市的做法，在最大程度上合理安排了商品、人员的流通和活动，有效促进了商品贸易的发展，这在当时，和云南其他地方比较起来是比较先进的。《马可·波罗游记》曾谈到永昌一带以黄金作为通用货币，这一点较其他地区也更为进步。当时许多商人也转输银子到永昌，获得了巨额利润。明清以来保山、腾冲一线的缅丝绸、棉纱、宝石贸易大规模兴起，商务活动往来不断，迤西商帮中腾冲商帮是活跃在"南丝路"上的重要力量，《滇略》中写道："永昌腾冲之间，沃野千里，控制缅甸，亦一大都会"，有"货物自在外来"之称。① 在那时，腾冲一带的乡民就以经商置货闻名，大多数商人都是在缅甸和腾冲一带经营贸易为生。

据《腾越乡土志》记载："腾越商人，向以走缅者为多，岁去数百人，有设号房于新街、瓦城、漾贡者，亦有不设号房，年走一次者。近日风气渐开，除永昌、龙陵、下关等地照常贸易外，到滇垣者，约有十数万。下货则以洋料布匹、鹿角、燕窝、土药、玉器各种大宗，运省销售，所有本利，尽买办丝绸、丝杂、衣服、笔墨、纸张、药材、器皿之类，发运回腾冲出卖，获利颇厚。估计来往货物年值，不下于二三十万金。"清代光绪二十六年（1900年）以前，腾冲县已有大小商号200余家，其中的三盛、洪盛祥、茂恒等大商号在"南丝路"转输贸易中扮演了重要角色。要说当时的腾冲"丁口六万而商家过半"，一点都不言过其实。到了近代，中缅陆上贸易衰落，腾冲的商业地位不断下降。尤其是到了现代，保山腾冲因现代铁路交通不通，经济发展水平落后。如今，滇西南新兴对外门户畹町商业地位上升，跃居云

---

① 谢肇淛：《滇略》卷四，全国图书馆文献缩微复制中心1992年版。

南省第二位，取代了昔日保山腾越的地位。①

（五）拓东新城的后来居上

拓东城（今昆明）是石门道与滇越通道和邕州道会合处，随着邕州道成为主线，其城市重要性日益显现出来。拓东最初是滇人的活动区域；汉代属于昆州、谷昌县，到了晋代仍然十分荒芜，只是从内地迁徙死罪犯填充其地；唐初仅仅是一个军事驻地。拓东城是唐代中期广德年间在汉昆州川地置城的，最初作为一个军事驻地，城市并不繁华，人口较少，所以唐贞元十年（794年），中央政府动员迁移了施、顺、磨些等民族数万户居民来填充拓东城，太和六年（832年）又迁移了三千骠人填充拓东城。随着商贸活动的发展，拓东城的人口逐渐增多，城市也逐步繁华起来，唐安南兵马使郭廷宗曾奉使到拓东城，就在城里住了一个月。南宋建炎四年（1130年），宋派人取邕州道带着盐到鄯善府求市，大理王应允。到元明以后，随着云南政治、经济、文化中心逐渐东移至拓东城（今昆明），"南丝路"的主线也向东向南转移，使昆明商品经济有了很大发展，商业发展速度加快，元代昆明城东至盘龙江西岸附近，北至五华山，南至土桥，西至福照街、鸡鸣楼一线，城内市容繁荣，店铺林立，《马可·波罗游记》称其城"系一壮丽大城，城中有商人和工匠，为杂居之地"②。从元代昆明人王升所撰《滇池赋》对当时的昆明城作的生动描述中我们不难看出，元代昆明商旅客人已经有一定的数量，商贸活动也颇具规模。明代昆明城在洪武年筑成之后城区向北靠移，城围广十多里，杨慎

---

① 车辚：《晚清云南的商业经济地理结构》，《曲靖师范学院学报》2009年第1期，第67—73页。

② 《马可·波罗游记》，陈开俊等译，福建人民出版社1981年版，第144页。

《滇海曲》称昆明一带"湖荡鱼虾晨积场,市桥灯灭夜交光,油窗洞户吴商肆,罗帕封颐僰妇妆",可知明代昆明商务经济繁荣,已逐渐取代唐宋大理城地位。到了清代,随着商道的进一步拓展,昆明成为"南丝路"上最重要的枢纽转口贸易城市,吸引了全国各地的富商大贾到此经商,早在乾隆四十二年(1777年),昆明城内便有大量江西、湖南商人聚居,全国各地商贾、帮会纷纷到昆成立商会、建立会馆,也推行各自的商品和发展贸易。

清中叶时,今塘子巷、状元楼、南校场一带形成了商业繁华区,金碧路是两广商人集中地区,乃"百货汇集,人烟辏集之所也"。时人这样描绘昆明,"万家灯火,一片昆明""烟火万家,楼阁参差",可见当时昆明人烟辐辏,商务繁华程度远非大理城可以相比了。乾隆五十五年(1790年),清政府专门在昆明城内和南河口设立收税给照验票榷关。光绪三十一年(1905年),云贵总督丁振铎因"云南省内商务日渐繁",请求开设商埠。到了清末民初,昆明南门路街、西门凤翥街等城区,甚至距离市区30公里的大板桥,客栈马店鳞比,经常客满。民国时期滇缅公路的开通又进一步带动了昆明商务的繁荣,抗日战争时期昆明成为大后方对外联系的重要商业都市。①

中国政治经济中心大磁场,对"南丝路"路线发展和城镇兴衰有巨大的引力作用。明清以来,由于中国经济重心不断南移和政治中心东移,促进了"南丝路"商贸往来和经济发展,北方丝绸之路贸易地位衰落,"南丝路"贸易地位上升。随着中国经济重心南移,四川经济重心向东和向南推移,云南政治经济中心从大理东移昆明,乌撒入

---

① 姚芬:《晚清西南地区对外经济关系研究》,《广西师范大学学报》2002年第5期,第55—57页。

蜀西路和普安入蜀东路开通，东面昆明、泸州、贵阳等城镇经济地位上升，而汉唐时在"南丝路"上地位显赫的成都、汉源、邛崃、西昌、昭通等城市的商业地位相对下降。总的看来，"南丝路"上城镇和城市商业经济的发展，往往与全线通畅程度和政治军事发展密切相关。

三　商业的繁荣

"中国是丝绸的原产地，早在商周时期丝绸织造就已达到相当水平"，① 而"四川是中国丝绸的原产地之一，丝织素称发达，到商周时期，蜀地的丝绸业已有相当发展"②。公元前4世纪印度古书里提到"支那产丝和纽带"，又提到"出产在支那的成捆的丝"，③ 这里提到的丝应该就是丝绸和丝织品，诚如季羡林先生所言："古代西南，特别是成都，丝业的茂盛，这一带与缅甸接壤，一向有交通，中国输入缅甸，通过缅甸又输入印度的丝的来源地不是别的地方，就正是这一带。"④ 关于"蜀布"，《史记》载：

> 及元狩元年，博望侯张骞使大夏来，言居大夏时见蜀布，邛竹杖。使问所从来，曰："从东南身毒国，可数千里，得蜀贾人

---

① 夏鼐：《我国古代蚕、桑、丝、绸的历史》，《考古》1972年第2期，第87—91页。
② 段渝：《黄帝嫘祖与中国丝绸的起源时代》，《中华文化论坛》1996年第4期，第38—42页。
③ 季羡林：《中国蚕丝输入印度问题的初步研究》，载《中印文化关系史论文集》，生活·读书·新知三联书店1982年版，第76页。
④ 同上书，第75页。

市"。或闻邛西可二千里有身毒国。骞因盛言大夏在汉西南,慕中国,患匈奴隔其道,诚通蜀,身毒国道近便,有利无害。于是天子乃令王然于、柏始昌、吕越人等,使间出西夷西,指求身毒国。至滇,滇王尝羌乃留为求道西十余辈,岁余,皆闭昆明,莫能通身毒国。①

又载:

张骞曰:"今身毒国又居大夏东南数千里,在蜀物,此去蜀不远矣,今使大夏,从羌中险,羌人恶之;少北,则为匈奴所得;从蜀宜径,又无寇。"天子欣然,以骞言为然,乃令骞因蜀犍为发间使,四道并出,出駹,出厓,出徙,出邛、僰,皆各行一二千里。其北方闭氐,南方闭巂、昆明。昆明之属无君长,善寇盗,辄杀略汉使,终莫得通。然闻其西可千余里有乘象国,名曰滇越,而蜀贾奸出物者与至焉。于是汉以求大夏道始通滇国。②

这段记载中明显提到了蜀布,但由于上述史料长期未受关注,关于蜀布究竟何物,史学界的争论不断,直至任乃强先生对其进行详细考述,对其的了解方日渐清晰。就目前的资料来看,蜀布应是苎麻或大麻织品可能性最大。中国是苎麻物重要产地,四川历史上是大麻的重要产地,其中名贵的"筒布",即"黄润细布",有"筒中黄润,

---

① (西汉)司马迁:《史记·西南夷列传》卷一百一十六,中华书局1982年版,第2996页。
② (西汉)司马迁:《史记·大宛列传》卷一百二十三,中华书局1982年版,第3159页。

一端数金""黄润比筒,赢金所过"之称,足见其价值是很高的。

在前秦将北方统一后的十六国北朝时期,曾一度呈现出"关陇清晏,百姓丰乐,自长安至于诸州,皆夹路树槐柳,二十里一亭,四十里一驿,旅行者取给于途,工商贸贩于道"① 的繁盛状态。后秦国主姚兴曾想"以国用不足,增关津之税,盐竹山林皆有赋焉"。在遭到众臣反对税赋时仍坚持"能逾关梁,通利于山水者,皆豪富之家,吾损有余以裨不足,有何不可"。北魏初年,史料记载:"皇魏桓帝十一年(305年),西幸榆中,东行代地,洛阳大贾资金货随帝后行,夜迷失道,往投津长,曰:子封送之。渡河,贾人卒死,津长埋之。"② 通过这段话我们可知道,当时有商人万里跋涉从洛阳去往代北游牧区开展商贸。杨衒之在《洛阳伽蓝记》中记载如下:

> 有刘宝者,最为富室,州郡都会之处,皆立一宅,各养马一匹,至于盐粟贵贱,市价高下,所在一例。舟车所通,足迹所履,莫不商贩焉。是以海内之货,咸萃其庭,产匹铜山,家藏金穴,宅宇逾制,楼观出云,车马服饰,拟于王者。③

蜀地在西魏、北周时期曾是"商贩百倍",不仅国内长途贩运商贸发达,而且还与周边区域和西域诸多国家,保持着密切的贸易往来。据《洛阳伽蓝记》所述,当时居住在北魏都城洛阳城内的外来商人来源甚广,"自葱岭已西,至于大秦,百国千城,莫不欢附……商

---

① (唐)房玄龄:《晋书·苻坚载记》卷一百三十,中华书局1996年版,第3202页。
② (北魏)郦道元:《水经注·河水注》卷十二,中华书局2013年版,第787页。
③ (北魏)杨衒之:《洛阳伽蓝记》卷三,中华书局2011年版,第161页。

胡贩客，日奔塞下，天下难得之货，咸悉在焉"。① 在和少数民族的商贸互市方面，北朝时期邻近地区存在着几十个大小不等的少数民族政权，北朝各代政府与这些少数民族政权发生着不同程度的经济交往。东晋南朝时期，长途贩运商贸更加发达，出现了一大批长途贩运商人，《通典·食货典·轻重》中说：

> 齐武帝永明中，天下米谷布帛贱，欲立常平仓，市积为储。六年，诏出上库钱五千万，于京师（建康）市米，买丝绵纹绢布；扬州出钱千九百一十万，南徐州二百万，各于郡所市籴来；南荆河州二百万，市丝绵纹绢布米大麦；江州五百万，市米、胡麻……使台传并于所在市易。②

刘宋政权的吴喜将军"货易交关"，史载：

> （其）遣部下将吏，兼因土地富人，往襄阳或蜀、汉，属托郡县，侵官害民，兴生求利，千端万绪。从西还，大艑小艒，爰及草舫，钱米布绢，无船不满。自喜以下，迨至小将，人人重载，莫不兼资。③

南朝齐时，一些诗歌文学作品中对浮舟贩运的估客生涯的真实写照，反映了魏晋南北朝时期发达的长途贩运商贸，《乐府诗集》中就有很多描绘商妇贾客别离之绪的诗歌，如《估客乐》："初发扬州时，

---

① （北魏）杨衒之：《洛阳伽蓝记》卷三，中华书局 2011 年版，第 161 页。
② （唐）杜佑：《通典·食货典·轻重》卷十二，中华书局 1988 年版，第 20 页。
③ （梁）沈约：《宋书·吴喜传》卷八十三，中华书局 1974 年版，第 2188 页。

船出平津泊。"《乐府诗集·清商曲辞六·西曲歌下》中《那呵滩》中道:"闻欢下扬州,相送江津弯。"这些诗歌从侧面反映了长江流域商旅货物运输的繁忙。在与亚欧大陆国家的长途商贸方面,北朝与罗马、拜占庭、波斯等国的经济商贸关系非常密切。

到了魏晋南北朝时期,长途贩运商贸具有鲜明的时代特征,秦汉时期从事贩运商贸活动的局限于大商人阶层,而到了魏晋南北朝时期几乎发展到各个社会阶层。从汉末开始,封建国家大大削弱了对商人阶层的打压力度,政府放松了对商业活动的限制,因此,各阶层从事商业的人数大大增加,商人阶层急剧扩大、膨胀,上自皇帝、王公贵族,下至平民百姓,从事商业活动的大有人在。由于社会各个阶层普遍参与从事商业活动,直接导致各个阶层参与长途贩运商贸的队伍空前壮大,《南齐书·张敬儿传》记载了"太妃遣使市马,资宝往蜀"一事,而且说其常常"敬儿又遣使与蛮中交关,世祖疑其有异志"。[1] 梁时,武陵王萧纪任益州刺史治蜀长达17年,"既东下,黄金一斤为饼,百饼为簉,至有百簉;银五倍之,其他锦罽缯采称是"[2],从事长途贩运的普通平民百姓更趋活跃。孙吴时期,由于官府对屯田兵民苛租沉重,农人利薄,造成这些屯田兵民"浮船长江,贾作上下"。后赵建立者石勒出身卑微,其早年曾随同乡人一起从事贩运商贸,说明石勒的家乡山西上党有许多百姓专事长途贩运商贸。魏晋南北朝时期社会各阶层都对商贸活动持有较高的积极性,商贸活动成为社会经济活动的重要组成部分。

其次,从贩运的物品来说,以粮食为代表的农产品成为长途贩运

---

[1] (梁)萧子显:《南齐书·张敬儿传》卷二十五,中华书局1972年版,第315页。

[2] (唐)李延寿:《南史·武陵王纪》卷五十三,中华书局1975年版,第1332页。

商贸中的主要商品①，提高了农业商品化程度，为商业的发展开辟了一个新空间。魏晋南北朝时期，商贸活动较之汉代又有了更进一步的发展，如农产品的长途贩运活动在时间和商品的数量种类上有更进一步的发展，随着商道的拓展，以前不能长途运输的商品成了主要货物，粮食、瓜果、蔬菜也可以长途贩卖，如《宋书·孝武帝纪》中记载："东境去岁不稔，宜广商货，远近贩鬻米粟者，可停道中杂税。"② 关于长途贩卖其他农产品的记录也不在少数，《后汉书》卷八十二《方术·左慈传》就记录了曹操特别钟爱从四川贩运来的生姜作为佐料。③ 刘宋时将军吴喜及部下自四川回京时，除收购粮食作物外，还用大舟小船运载了上万斤干姜，用以投入京师市场。

唐代西南地区的农业、畜牧业、手工业获得了较大发展，社会生产力水平有了很大提高，为商业商贸的兴盛奠定了物质基础。四川地区的丝织业发展迅速，蜀锦在当时与"齐纹""楚练"齐名，当时全国产绢总数的1/3来自巴蜀地区。至两宋时期四川丝织地域面积进一步扩大，除成都外，崛起的新的丝织业中心有遂州、梓州、果州、间州、蓬州、巴州等。唐宋时成都市内的"锦市""蚕市"成为集市惯例，因此，唐宋两朝四川地区丝织业在全国的地位举足轻重。④ 同时，西南地区与邻近的东南亚国家间政治、文

---

① 操晓理：《魏晋南北朝时期的粮食贸易》，《史学月刊》2008年第9期，第93—99页。

② （梁）沈约：《宋书·孝武帝纪》卷六，中华书局1974年版，第134页。

③ （南朝）范晔：《后汉书·方术列传·左慈传》卷八十二，中华书局2000年版，第1855页。

④ 吴兴南：《历史上云南的对外商贸》，《云南社会科学》1998年第6期，第21—22页。

化及交通联系加强,进一步拓展了对外商贸的发展空间。

就目前的资料看,唐宋时期"南丝路"的丝绸商贸基本上局限于国内川滇清溪道和䢺州道。川滇的丝绸商贸多以赏赐形式出现,当时大理、南诏及附近许多少数民族都十分渴求中原的丝绸制品,中原皇帝曾多次将丝织品作为礼物赏赉他们。唐朝时,四川地方政权为使黎州浅蛮观察南诏,每年赐其绸缎3000匹,征伐南诏的唐朝官兵被其俘虏后,要想赎回朝廷往往必须支付30匹绢。宋朝时,在叙州和黎州兴起了绢马商贸,并且当时为管理此事,特意设置了茶马司锦院。黎州织锦比较有名的有排大被、皂大被、四色中被、皂中被、玛瑙锦、七八行锦。叙州织锦用于商贸且较有名的有真红双连椅背、真红大被褥、真红单椅背游等三种类型。由于绢马商贸的发展,在黎州民间交换少数民族商品普遍流行用细、绢等丝织品,由此看来,当时川滇段的民间丝绸商贸已具备一定的规模。

元代宪宗三年(1253年),蒙古军灭亡大理国,元朝在云南首建行省,从此以后,云南被直接置于中央政权的管辖之下。朝廷为了巩固对边疆少数民族的统治,开发西南边疆,大力发展西南交通。元代,中央政府设立和推行的驿站制度进一步拓展了唐宋时代就已经形成的茶马互市路线,马可·波罗于元至二十四年(1287年)从四川清溪道进入云南到昆明,再到大理,沿永昌出缅甸,后经老挝,至交趾逆江河而上,从步头回到押赤城,再由石门道经四川返京。马可·波罗在其游记中记载:云南的驿道有中庆(昆明)至建都(西昌)道,中庆至哈喇章(大理)道,哈剌章达金池(保山一带)并通缅甸道,再通印度。

元代以后,朝廷先后在西南地区的云贵两地设立行省,使其直接接受中央政府的统治,形成了比较稳固的政治格局。大量汉人迁入西南地区屯田、开矿、经商，交通线路拓展形成稠密的网络，西南地区的经济开发速度加快，商品经济有了长足的进步。

第三节 盐铁文化的昌盛

一 食盐的生产贸易

盐作为人们生活中的必需品，具有驱动商品交换的神奇力量。除农牧产品和手工业产品贸易外，食盐贸易也与古道的开辟息息相关，是"南丝路"上重要的贸易形态。由于盐资源分布具有不平衡性和差异性，食盐运销是起源最早和十分重要的贸易活动，盐的交易传输在"南丝路"上有其重要的地位。在一些重要的盐产地和盐中转集散地，"南丝路"上一些比较重要的市镇，甚至许多地名都留下了当年盐业贸易繁盛的痕迹，影响至今。

"南丝路"上的食盐贸易从古至今从没有间断，从这条古道行经的地名来看，盐道、盐源、盐津、盐边、盐兴、盐丰等，无不反映出了食盐的生产流通。早在秦汉时期，西南地区盐业的发展就引起中央王朝的重视。秦灭巴蜀后，在成都设置盐铁市官，至西汉武帝元封二年（前109年），全国一共有37处设立盐官，其中有5处设立于"南丝路"沿线有关地区，分别位于临邛、乐山、长宁、安宁、大姚等川滇产盐地区。"南丝路"上盐官的设置数量增多，说明这条路上盐业贸易兴旺发达。因为盐官的主要职责是征收盐税，如果这一地区的盐业贸易达不到一定规模，显然就没有必要设置这一官职。晴蛉（今大姚县）位于"南丝路"上，汉晋时期设立了盐官，说明汉晋时沿

"南丝路"转贩晴蛉盐的盐商数目一定很多。到了唐代，此地的白盐井仍旧有重要地位。晋代宁州连然县盐泉规模十分大，其出产的盐辐射到全国各地，转输规模更是十分可观。

"南丝路"上另外有一条支线，从汉晋越巂郡邛都（今西昌）到定笮县渡泸水入摩沙夷居住地（今丽江宁蒗县），汉晋时期这条支线的开通，与开发定笮县盐井有十分密切的关系。到了明代，还专门于定笮县境内设立了管理食盐生产贸易的盐井卫，同时设有专门的驿路，史书记载："（定笮）有盐池，积薪，以齐水灌，而后焚之，成盐。"[①] 汉末，越巂夷据关险禁锢盐井，张嶷率部夺取置吏，开发转输，致使"器用周瞻"。考古专家曾在今盐源县上梅西乡出土窖藏钱币"大泉五十"近600枚，极有可能是汉晋时期贩盐商人遗留下来的。

"南丝路"的食盐贸易在上古时期就已经出现，持续到汉晋时期，唐宋到明清时期食盐贸易时断时续。在清朝时期，四川与云南之间的井盐贸易逐渐频繁与兴盛起来，直至出现繁荣盛世。食盐贸易直接促进了中国西南地区之间以及中国与缅甸、印度之间的经济贸易交流，同时还在一定程度上影响了西南民族的风俗习惯，如"盐成为沿途地区少数民族婚礼的聘礼，并且被作为祭拜鬼神的重要祭品，反映出盐文化在各民族风俗习惯中的渗透"[②]。可见，食盐在"南丝路"上的贸易和运输不仅促进了各地区的经济贸易交流，同时折射出食盐经济文化在各地区、各民族之间的交融共生。

---

① （晋）常璩：《华阳国志·蜀志》卷三，齐鲁书社2010年版，第42页。
② 钟长永：《盐与云南的民俗风情》，《盐业史研究》1997年第2期，第19—21页。

二 铁器的生产贸易

自古以来,中国西南地区的许多地方就是铁器的重要产地。以汉晋时期为例,巴蜀地区在汉晋时最先得到进一步开发,生产力有了提高,冶铁业相对更发达。永昌郡不韦、定筰、台登、卑水、南安、临邛、会无、滇池、宕渠、广都、武阳等都是重要的冶铁之地,临邛是当时西南地区最著名的冶铁中心,西汉卓氏在临邛山开发铁矿。

《史记·货殖列传》记载"倾滇蜀之民,富至僮千人",巴蜀铁器用于"南御滇僰、僰僮,而近邛筰、筰马、旄牛"[①]。当时临邛古石山出产的铁矿石"大如蒜子,铸铁甚刚",晋专门建有"铁祖庙祠"供祀。考古学者在云南发现了许多明显是从巴蜀、中原输入的铁器,在云南地区战国和西汉时期的墓葬中出土的铁刃铜柄剑和残碎铁器,其形制与四川地区的铁器十分相似。滇东北昭通地区是"南丝路"上的重要城镇,毗邻四川,其出土的铁器更多。

1949 年以来,"在昭通鲁甸和丽江的汉墓中相继发现了多件刻有'蜀郡'和'蜀郡千万'的铁插,昭通地区还出土了铁斧"[②],可见,很多铁器是从四川经"南丝路"传入云南并传至其他国家的。戴裔煊先生认为:"早在秦汉时期,四川已经铸造了世界上最好的铁器,并由经商之人将铁器和其他商品从'南丝路'转入印度,到达印度后又

---

① (西汉)司马迁:《史记·货殖列传》卷一百二十九,中华书局 1982 年版,第 3270 页。

② 蓝勇:《南方丝绸之路》,重庆大学出版社 1992 年版,第 40 页。

经印度商人转运至中亚等地区。"① 从考古的发现和文献资料来看,当时"南丝路"川滇段的铁器贸易达到了一定规模,铁器转输贸易在"南丝路"上极其重要。

总之,在铁器的生产和冶炼方面,"南丝路"有着举足轻重的作用,铁器的发明改变了生产方式,可谓生产力发展史上的一个重要里程碑。铁器的使用提高了生产力,促进了农业和手工业生产发展,进而推动了经济文化的进步,促进了地区经济发展。同时,铁器的运输贸易从一定程度上影响了地区经济文化。

第四节 贝币文化的独行

贝币是古代"南丝路"上流通时间较为长久的货币种类,"古代'南丝路'流通的商品中,海贝一直是经云南腹地到达东南亚、南亚的大宗商品"②。

货币文化反映了当时商品交换的发展和繁荣,依据相关记载和考古说明,"南丝路"的货币主要有贝币、中央王朝的金属货币和金银等三类,贝币是一种地方性、时段性极强的辅币。"南丝路"上流行的贝币和东南亚国家的普遍使用,反映出"云南与东南亚是一个货币流通区,一个经济区。云南和东南亚、南亚的贝币,不仅来源、种类相同,而且计数单位也完全一致,这并非巧合,原因在于他们同属于

---

① 戴裔煊:《中国铁器和冶金技术的西传》,《中山大学学报》1979年第3期,第45—48页。
② 林文勋:《云南古代货币文化的发展特点》,《思想战线》1999年第10期,第24—26页。

同一货币文化圈"①。

一 云南贝币文化圈

货币是商品交换的媒介,对商品交换的发展和繁荣有重要的制约作用。据相关研究,海贝在"南丝路"沿途不少地区均有发现,早期的海贝存在于春秋中晚期至东汉时期,当时云南盛行以海贝为货币,商品经济日趋发展。同时,考古研究还发现,云南最早使用的贝币其来源地不仅包括印度,甚至还有东南等其他沿海地区。晚期为唐代至明代的千余年时间,发现地主要集中在四川凉山州的西昌一带,这一阶段的海贝实际上只是一种辅助性的货币,是一种地方性较为突出的交换媒介。②

贝币在云南是一种地方性比较突出的交换媒介,云南使用贝币作为商品交换媒介,深受印度、缅甸影响。从历史跨度来看,在路经云南的"南丝路"上发现的贝币,可分为两个阶段。

早期阶段是从春秋中期至东汉的历史时期,海贝的发现点主要有晋宁石寨山、剑川鳌凤山、云南江川李家山、呈贡天子庙、大关岔河等地。据学者测算,春秋中期至战国中期是这些海贝的使用时间,其余主要是战国时期的海贝,如晋宁石寨山、呈贡天子庙、江川李家山、宝兴瓦西沟,最迟的当为宝兴陇东乡东汉石棺葬和大关岔河东汉崖墓发现的海贝。如果把海贝的发现地域与

---

① 罗蓉婵、张若谷:《"新丝路"带来云南新思路》,《云南日报》2014年10月14日第9版。

② 吴钦承、孔凡胜、萧安富:《南方丝绸之路商贸货币探讨》,载段渝主编《南方丝绸之路研究论集》,四川出版集团、巴蜀书社2008年版,第260—262页。

时间联系起来，可以得到海贝的来源方位和扩散的轨迹，体现了从西向东、从早到晚扩散和发展的规律。贝币在四川凉山、盐源、雅安宝兴、汉源、甘孜州炉霍等地也有所发现。云南地区发现的早期海贝呈现出的特别规律有：从分布区域来看，随着时间的推移，海贝数量增多且逐渐向滇地集中，而这一特有规律表明云南早期海贝的轨迹是沿着"南丝路"，经过印度、缅甸海岸，进入中国。

晚期阶段是从唐代至明代，这一时期的云南基本上以海贝为货币。凉山州西昌出土的这一时期的海贝较多，达上百枚，在凉山州会理县也发现了与西昌海贝形态种类相同的海贝，唐代樊绰的《蛮书》记述："南诏不用货币，凡交易以缯帛幂数计。"① 由于商品交换处于低级阶段，南诏十睑"在规模不大的商业活动中，人们所使用的货币，还停留在低级阶段的实物上，贝、食盐和缯帛"。说明海贝如同食盐、缯帛，只是作为商品交换的一种媒介。宋代时，生产力大大提高，贝币在大理国境内使用流通十分普遍，但是贝币只是广泛应用在大理国的国内交易中，与南边昆仑、蒲甘、波斯等国的长途国际贸易和与大宋商人的商品贸易，仍然采用土特产"以物易物"。元朝统一中国以后，云南地区继续沿用了用海贝作为货币的传统，《马可·波罗游记》对云南贝币的使用情况有着明确的记载：

> 在雅歧（今大理）是用一种从海里捞取的白贝壳作为货币，亦可作为项饰。八十个贝壳等于一个银币的价值，或等

---

① （唐）樊绰：《蛮书·蛮夷风俗》，中国书店出版社2007年版，第38页。

于两个威尼斯银币。……离开大理城，西行十天……居民也同样使用贝壳作为货币，不过贝壳不是本地出产，而是从印度进口的。①

可见当时贝币的使用范围是非常广泛的。然而，贝币在周边国家的使用却有所变化。明代成书的《百夷传》中曾经这样表明麓川勐卯王国的商业贸易："凡贸易必用银，杂以铜，铸若半卵状流通商贾间。"② 可见当时以银、铜为主要流通货币，说明此时的海贝只是作为辅助性货币进行流通，而这一时期，贝币在云南仍然被广泛使用。清朝，云南民间的一些地方依旧使用贝币。

王大道先生曾经绘制了一幅《云南出土货币分布图》，"其中部分海贝分布于我国与东南亚、南亚接壤的边境地区外，大多都是沿着'南丝路'的主干线，分布在曲靖、昆明、晋宁、楚雄、大理、腾冲等地区"③。这种分布状态与"南丝路"的走向不谋而合。

历史上南亚、东南亚都曾普遍将海贝用作货币，循着"南丝路"，"东南亚、南亚出产的海贝源源流入中国云南，并长期作为货币流通"④。中国云南和南亚、东南亚的广大地域之间存在着一个共同的商品和贸易市场，在此基础上，双方共同形成了一个贝币文化圈。从

---

① 《马可·波罗游记》，陈开俊等译，福建人民出版社1981年版，第145页。
② （明）钱古训：《百夷传》，载方国瑜主编《云南史料丛刊》第2卷，云南大学出版社1998年版。
③ 王大道：《云南出土货币初探》，《云南文物》1987年第3期，第17—22页。
④ 林文勋：《从历史发展看云南国际大市场的构建》，《云南社会科学》2001年第1期，第77—81页。

某种意义上来讲,"南丝路"就是一条连接中国云南和南亚、东南亚地区的"贝币之路"。《新唐书·南诏传》载有"以缯帛及贝市易。贝之大若指,十六枚为一觅"①。说明云南使用贝币一直持续到明清交替之际的"废贝行钱",至此,海贝最终退出云南货币流通领域。云南使用海贝作为货币长达 2000 多年,这在世界货币史上都属罕见。

二 东南亚"贝币之路"

林文勋先生研究指出:"贝币不只是在云南流通,同时在南亚、东南亚地区也作为当时的货币在市场上流通。"②"《新唐书》记载中天竺'以贝齿为货'。"③ 宋代赵汝适的《诸番志》"交趾国"中提到过其地产贝。此外,元代汪大渊的《岛夷志略》、明代巩珍的《西洋番国志》等书中也对东南亚贝币的使用有所记载。

历史文献资料显示,不少外国学者也关注到这一现象,如"摩洛哥著名旅行家伊本·白图(Ibn Battuta)于 14 世纪在马尔代夫(Maldives)看到了马尔代夫与孟加拉之间用海贝作为货币交易的贸易;德国汉学家 Hans Ulrich Vogel(傅汉思)发现老挝作为内陆国家在 17 世纪时也曾以海贝为钱币进行商贸往来;马可·波罗(Marco Polo)也曾提到过在孟加拉和暹罗(Lochac)有

---

① (宋)欧阳修等:《新唐书·南蛮上》卷二百二十二,中华书局 1975 年版,第 6270 页。
② 林文勋:《南方丝绸之路的历史特征及其启示》,《人民政协报》2014 年 10 月 13 日第 7 版。
③ (宋)欧阳修等:《新唐书·西域传上》卷二百二十一,中华书局 1975 年版,第 6237 页。

贝币流通"①。哈威的《缅甸史》曾援引唐朝时波斯旅行家在缅甸见闻的记载说："居民市易，常用海贝以为货币。"②

关于云南贝币的来源，方国瑜先生和彭信威先生都认为与印度密切相关。③ 在很长一段时间，海贝主要作为货币在东南亚、南亚国家及地区市场上流通使用，其计算方法亦有记录。④ 从上述史料记载可以看出，海贝在长期作为市场上货币普遍流通的过程中，一个规模巨大的贝币市场在南亚、东南亚地域内逐渐形成了，这是云南贝币的一种重要的基础和来源。云南贝币与东南亚、南亚的贝币具有较多相似之处，种类、来源、计量单位都完全相同，这充分有力地说明了他们同属一个货币流通圈。

由上我们可知，历史上云南与南亚、东南亚国家和地区同属一个贸易市场、一个货币市场。笔者认为，自从战国以来直至清代，"南丝路"的历史既是一段多边相互进行贸易的历史，也是一段贝币使用流通的历史，贝币成就了"南丝路"的历史，使它成为一条"贝币之路"。它不仅促进了"南丝路"的繁荣，还将云南与南亚、东南亚密不可分地联系在一起，故而，"南丝路"最显著的区域特色之一，无疑就是"贝币之路"了。

---

① 林文勋：《南方丝绸之路的历史特征及其启示》，《人民政协报》2014 年 10 月 13 日第 7 版，第 1 页。

② 林文勋：《从历史发展看云南国际大市场的构建》，《云南社会科学》2001 年第 1 期，第 77—81 页。

③ 方国瑜：《云南用贝作货币的历史及贝的来源》，《云南大学学报》1981 年第 1 期，第 24—41 页。

④ ［英］G. E. 哈威：《缅甸史》，姚楠译，商务印书馆 1957 年版，第 72 页。

第五节 青铜文化的回响

一 三星堆铜器的考古发现

春秋战国时期进入青铜时代,而"南丝路"沿线的文化也跟随历史长河一同进入青铜时代,同时衍生出许多风格独特的青铜文化。在这些青铜文化中,"以三星堆—金沙遗址出土的青铜器为代表的青铜文化时间最早,发展水平较高,形成了西南地区青铜文化的龙头"[①]。西南地区的青铜文化在保持着自身独特文化特征的同时,也与其他文化"和平共处,百家争鸣",共同构成了神秘而多彩的西南青铜文化系统。

通过对三星堆青铜器的成分分析,可知其原料主要"来源于成都平原边缘的亚热带地区、龙门山和金沙江流域"[②]。而出土青铜器的异域风格,可以说已经超越同时代中原青铜器文化水平,达到了世界青铜文化的顶峰。在青铜文化的发展上,"南丝路"各个国家和地区的巨大作用是显而易见的,有学者判断"许多三星堆青铜器铜、锡原材料来自云南。滇蜀两地的青铜戈上都多有太阳纹、人纹、鸟纹,这是两地青铜器相同而异于中国其他各地区的"[③]。

---

① 刘弘:《巴蜀文化在西南地区的辐射与影响》,《中华文化论坛》2007年第4期,第19—35页。

② 吴红:《三星堆文明和南方丝绸之路》,《西南民族大学学报》(人文社会科学版)2008年第3期,第99—103页。

③ 同上。

三星堆青铜文化沿着"南丝路"在西南地区传播和辐射，并在传播过程中与其他文化碰撞、融合，形成了风格独特的青铜文化。三星堆青铜文化的传播与传承同时促进滇文化和蜀文化的凝聚与共生。

"三星堆出土的大青铜立人和大量的铜人像和神兽神鸟，不仅充分展现了三星堆青铜文化的超高水平，还从一定程度上反映了古蜀文化的青铜人物动物造型艺术也位于前列。"[①]而在云南出土的青铜器受到蜀文化的影响，如"滇青铜器上有大量的人物动物造型做装饰，人物造型融入了滇人社会的各个阶级形象，动物造型包括在云南的各类动物，而滇青铜器上的图案大多是以写实风格"[②]。

由此可见，具有"文化高地"美称的三星堆青铜器沿着"南丝路"助推了西南地区的文化交流，尤其是促进了滇蜀文化的相互吸收与融合，使得西南地区的青铜文化绚丽多姿。

"以三星堆为代表的古蜀青铜文化是在其自身文明诸要素的基础上，主要吸收了华北商文明的因素，同时吸收了一些古代近东文明的因素，例如青铜雕像文化、权杖及其象征系统等，最终形成的高度发展并富于世界性特征的复合型文明。"[③] 在"南丝路"的影响力往南迅速扩张的时候，青铜文化中独有的文化元素，也跟随这股潮流一同南下，并在南下中对西南地区各个青铜文化产生了重要作用，从一定程度上影响了西南地区青铜文化的发展。三星堆和"南丝路"沿线诸青铜文化的青铜器，直观地证实了这个过程。

---

① 刘弘：《巴蜀文化在西南地区的辐射与影响》，《中华文化论坛》2007年第4期，第19—35页。

② 同上。

③ 段渝：《论商代川西平原青铜文化与华北和世界古文明》，中国先秦史学会第四届年会论文，1989年；转引自段渝《商代蜀国青铜雕像文化来源和功能之再探讨》，《四川大学学报》（哲学社会科学版）1991年第2期，第97—106页。

二 东南亚铜鼓文化的盛行

古铜鼓的盛行是当时东南亚青铜文化最突出的表现,古代铜鼓是东南亚青铜文化繁荣顶峰一个最显著的标志。铜鼓在中国西南和东南亚地区有广泛分布,根据《后汉书·马援传》记载:"援好骑,善别名马,于交阯得骆越铜鼓,乃铸为马式,还文上。"① "这是我国对铜鼓的最早记载,而西方人注意到铜鼓是在一千多年后的事。"②

在出土的铜鼓中,中国是分布较密集、数量较多的国家。铜鼓起源于滇西楚雄,铜鼓文化的发展和传播与"南丝路"密切相关。

> 从铜鼓的传播和"南丝路"的线路对比来看,铜鼓的传播往南的一支传到越南北部和广西外,其余的传播方向与"南丝路"的古道方向大体一致。万家坝型和石寨山型的铜鼓都传播到腾冲,而腾冲为"南丝路"我国境内的最后一站,再往西往南可进入缅甸,缅甸尽管目前只发现有很少的铜鼓材料,但表明早期铜鼓已传入缅甸。③

沿五尺道一线的晋宁石寨山、曲靖珠街区古墓、赫章西汉时期墓葬和昭通东汉古墓都发现有不同时期的石寨山型铜鼓。沿灵关道一线的祥云、弥渡、会理、西昌附近的金阳也有石寨山型铜鼓的发现。

---

① (南朝·宋)范晔:《后汉书·马援传》卷二十四,中华书局2000年版,第1337页。
② 李俊:《西南丝绸之路上的早期铜鼓》,载南方丝绸之路文化论编写组《南方丝绸之路文化论》,云南民族出版社1991年版,第197页。
③ 同上书,第201页。

从现有的铜鼓资料来看，万家坝出土的万家坝型铜鼓时代较早，属于春秋早中期，其他地方的万家坝型铜鼓都较晚。比万家坝型铜鼓进步的石寨山出土的铜鼓时代从春秋晚期至西汉晚期都有。所以，可以得知公元前七八世纪产生于楚雄一带的铜鼓直到战国时期才向其他地区传播。"南丝路"开通于公元前4世纪之前，所以"南丝路"上的贸易往来在很大程度上助推着铜鼓文化的传播。不同的区域和不同的民族在进行经济贸易往来时，各区域和各民族之间的文化也在相互影响和相互传播。"铜鼓作为青铜文化的一种器物随着'南丝路'上的贸易往来而逐渐沿着'南丝路'向外传播，并且在不同的地区不断发展和改进，成为不同风格和类型的铜鼓文化。"①

古代中国的西南方与东南亚相互毗邻，在经济贸易文化进行交流的过程中，也伴随着铜鼓文化的传播和辐射。东南亚国家的铜鼓文化与"南丝路"上的文化交流有着密切的联系。例如，日本学者冈崎敬认为："越南东山文化中著名的铜鼓，其发源地不在越南北部，而是以云南为中心。石寨山出土的利器和铜鼓等青铜制品是在云南制作的。在越南东山出土的铜鼓里面，有表面施了四只飞鸟花纹的铜鼓，它与石寨山第14号墓出土的铜鼓是一种形式。可以想象这两者处于同一个文化圈之内，只不过应该认识到东山还具有自身的地方色彩。石寨山型的退化形式，东延至四川、广西等地，以云南为中心展开。"② 而铜鼓文化的传播就是沿着"南丝路"传至东南亚国家的。

---

① 李俊：《西南丝绸之路上的早期铜鼓》，载南方丝绸之路文化论编写组《南方丝绸之路文化论》，云南民族出版社1991年版，第202页。

② [日] 冈崎敬：《民族文化和东西文化的交流——石寨山遗址和奥开奥遗址》，周红译，载中国古代铜鼓研究会《民族考古译文集》，云南省博物馆1985年版，第83页。

"在对越南的东山文化时期,中国南方的青铜器有可能通过在'南丝路'的蜀滇越道的贸易传到越南北部地区,越南的铜鼓也是源于此道。"①

铜鼓文化在东南亚的广泛传播及其所形成的独特艺术风格,全面反映了东南亚早期文化中的物质生产与宗教信仰,并在许多方面影响了后来的东南亚文化的发展。②

三 铸币铜钱和滇铜北运

历史资料和考古发现均表明,"南丝路"对西南地区冶铜业发展和铜器转输起到了巨大作用,大量巴蜀和云南的铜和铜制品沿着这一道路传播四方,促进了"南丝路"沿线地区社会生产力水平的进步。时至今日,云南的昭通、东川等地仍旧是著名的铜产地,云南铜业集团在云南丰富的铜资源和悠久的铜文化基础上,依靠得天独厚的条件获得了迅速发展。

钱币问题事关国计民生,《清朝文献通考》中有"自上古刀布之用,一变为九府圜法,厥后轻重代殊,而肉好之式,未之有易,于以权百物之贵贱,通农末之有无,钱之所关诚巨矣"③的记载。货币是一个国家经济运转的基础和媒介,货币作为一个国家进行商品贸易的媒介,对一个国家的经济发展起着重要的作用,甚至是影响国家经济

---

① 申旭:《中国西南对外关系史研究——以西南丝绸之路为中心》,云南美术出版社1994年版,第49页。

② 梁志明:《东南亚的青铜时代文化与古代铜鼓综述》,《南洋问题研究》2007年第4期,第49—63页。

③ 王云五:《清朝文献通考(第1册)》卷十三,商务印书馆1936年版,第4965页。

稳定的命脉。

云南铜矿资源丰富，开矿政策松弛，直接导致了其铜矿开采速度大幅提升，钱币铸造更加兴盛。"云南曾经一度处于与外界隔绝的闭塞状态，直到雍正朝在云南实行大规模的改土归流，这种封闭状态才有所改善。云南一直以贝币为交易媒介甚至以物换物的商贸形式影响了经济社会的发展，因此将当地丰富的铜矿予以开采，并就地铸造铜钱，成为一项顺应经济和历史发展的重要举措。"①

西南地区的滇铜北运有悠久的历史记载，铜运古道就是商周时期开通的。到西汉时，西南地区的"朱提银"因质地优良而闻名天下；东汉时，"堂琅铜洗"已流通天下。在整个铜币铸造领域当中，滇铜制造占据了很大份额。中国最早关于"白铜"的记载表明，我们在"白铜"的冶炼方面是遥遥领先于世界的。总之，滇铜的兴盛推动着铜运古道的繁荣兴旺。除此之外，滇铜北运无论在运输距离，还是在运输数量和延续的时间上，都创下了古今神话。

滇铜北运路线始发于古东川府首府会泽，共有三条道路可供选择："一是从东川府经过昭通到达宜宾、泸州，沿长江下重庆到汉口，再到扬州转进运河，北上天津通州进入京师，这条路线经过十余个省市，路程超过千里，是名副其实的铜运古道。第二条道是走旱路经过湘鄂进入商朝的都城朝歌，路程也长达数千里。第三条道是从宜宾到成都平原，再越秦岭到关中，这条道路是一条举足轻重的铜运要道。"② 值得一提的是，滇铜北运主要的交通手段就是马帮，马帮凭借其敢于冒险的精神走过了很多危险地带，有些地方甚至骡马都无法

---

① 吕晓青、艾虹：《雍正朝滇币壅滞问题探析》，《保定学院学报》2015 年第 1 期，第 55—59 页。

② 沈谦：《遥远的铜运古道》，《理财》2012 年第 1 期，第 85 页。

通行,只能是依靠背夫,可见滇铜北运的运输是何其不易。

第六节 翡翠文化的闪光

永昌是"南丝路"的必经之地,经"南丝路"流通的贸易商品中,最闪亮最耀眼的莫过于翡翠。

随着对外商贸关系的确立,对外贸易往来增多,贸易规模逐步扩大,"南丝路"上的贸易商品品种繁多,琳琅满目。

据《华阳国志·南中志》载:"永昌郡,古哀牢国",其地"出铜、锡、黄金、光珠、虎魄、翡翠、孔雀、犀、象、蚕、桑、棉、绢、采帛、文绣。……有桐木,其华柔如丝,民绩以为布,幅广五尺以还,洁白不受污,俗名曰桐华布。……有兰干细布,兰干獠言纻也,织成文如绫锦。又有罽旄、帛叠、水精、琉璃、轲虫、蚌珠。"①

《后汉书·西南夷列传》也载:哀牢"出铜、铁、铅、锡、金、银、光珠、虎珀、水精、琉璃、轲虫、蚌珠、翡翠、犀、象"②。上述诸物,依据后世文献记载,并非完全产自永昌境内,道光《永昌府志》卷23《物产》载:

> 宝砂、缅虫、缅玲、宝石,此诸物皆出外地,有千余里者、有数千里者,贾人裹粮行数十日始至其处,购之甚难,货之亦甚贵,若宝石、琥珀、墨玉之数见尤其贵,且远者。一统志竟指为

---

① (晋)常璩:《华阳国志·南中志》卷四,齐鲁书社2010年版,第57页。
② 刘雪河:《论秦汉时期对云南地区的经济开发》,《广州大学学报》(社会科学版)2002年第2期,第65—70页。

永昌所产，通志辩之而未详，此盖其永昌而来，实未考其所自出。①

光绪《腾越厅志》卷三《地舆志·土产》也说："宝石出猛拱、琥珀、玛瑙、珊瑚皆出外夷。"②赵松乔《缅甸地理》一书说：以今天缅甸矿产分布看，北纬22°以上的伊洛瓦底江两岸、亲敦江上游是宝石、玉石、琥珀的重要产地，至今在世界上仍享有盛名。具体而言，蚌珠主要产自缅甸丹老海岸；琥珀产自岚板；光珠产自孟拱、孟密；玉石产自上缅甸孟养、都茅。这些珍奇异物成为永昌的赋产，究其原因有二：一是不能脱离当时的政区概念。当时整个伊洛瓦底江上游（后来的上缅甸）属于哀牢国，亦即属于后来的永昌郡辖地，这样永昌自然出产宝石、琥珀、水精、水珠等异物。二是永昌为云南对外贸易的门户，史籍记载印度、大秦、缅甸等地都产铜、铁、铅、锡、金、银、光珠、琥珀、水精、琉璃、轲虫、蚌珠、孔雀、犀、象之属。③《后汉书》卷88《西域传》即载："天竺国一名身毒，在月氏之东南数千里。……其国临大水。……土出象、犀、玳瑁、金、银、铜、铁、锡、铅……又有细布、好毾㲪、诸香、石蜜、胡椒、姜。"④早有学者断言："铜、铁、铅、锡、金、银、光珠、琥珀、水精、琉璃、轲虫、蚌珠、孔雀、翡翠、犀象之属，大半并为缅甸之名产，亦

---

① （清）刘毓珂等：《永昌府志》卷二十三《物产》，成文出版社1967年版，第109页。

② 陈宗海、赵端礼：《腾越厅志》卷三《地舆志》，成文出版社1967年版，第61页。

③ 赵松乔：《缅甸地理》，科学出版社1957年版，第13页。

④ 徐时仪：《也说"身毒"的读音》，《辞书研究》2008年第6期，第136—141页。

无须详细之解释。"因此，说这些宝物既产自永昌又不完全产于永昌，实在是对外贸易、商品交换使然。

一 玉石的生产贸易

中国古代玉器一直象征权力，在上古时期黄帝便通过把玉赐给部落首领，以此作为其获得权力和地位的表征。最典型的是到了商周的时候，人们对玉的使用和看重到了一个新的境界，玉被用来祭祀祖先，也被比作君子的化身，无论皇族还是平民都视玉为神器。至西汉，玉器更是被赋予了"辟邪厌胜"的强大功能，发展到封建社会初期，玉器的主要功能便是用于观赏的艺术品。时至今日，我们都还能从许多古墓出土的殉葬品中，发现玉制品多是作为装饰品和礼仪用具出现。

腾冲作为"南丝路"顺利进入缅甸的桥梁，经济、贸易都十分繁荣昌盛，并且成为世界上翡翠加工的第一地，成为在中国的东南亚珠宝玉石集散地和贸易场所。"南丝路"的开通，为玉石大宗进出腾冲开了方便之门。"南丝路"也是朝贡之路，交易品除民间生活必需品的交换外，还有珠宝、宝石、珍珠、玛瑙、翡翠等奢侈品的交易。

史书上记载，玉石第一次作为贡品进入中国是在东汉永元九年（97年），永昌徼外蛮掸国王雍由调"遣重译奉国珍宝，和帝赐金印紫绶"[1]，从此以后玉石就开始慢慢进入中国。玉石原是产自缅北猛拱一带，颜色丰富多彩，包括红、绿、青、黄、紫、白、黑等。随着玉石进入中国的滇西和内地，对玉石传播有着重要影响的腾冲成为玉

---

[1] （南朝·宋）范晔：《后汉书·南蛮西南夷列传》卷八十六，中华书局2000年版，第1925页。

石的集散地,而腾冲人对玉石的开采和贸易,有着不可磨灭的特殊贡献。

腾冲是玉石的加工地,玉石在此加工,商人们随后通过"南丝路"把玉石转运各个地方,进行交易,创造了非常高的经济效益。所以,腾冲从事玉石加工的人多,玉石加工产业规模较大,玉石的手工作坊和商店也很多。民国时期的《腾冲县志稿》中曾记载:"宝货行有 14 家,解玉行有 33 家,玉肚眼匠 27 家,玉细花匠 22 家,玉片工匠 31 家,玉小货匠 37 家。"① 在当地从事玉石加工的工匠人数已达数千人,并且有玉石街道用以玉石交易。还有"散居于城郊绮罗、谷家寨、马常等名乡村者,尚有三四十家,以车眼小匠为多"②。"南丝路"上的腾越段是商人们经商致富的必经之路,商人们往来于腾越段进行玉石贸易,成了"南丝路"兴盛与衰微的见证者。

二 翡翠之光芒长射

翡翠是明朝以后才传入中国的。《云南冀勘察记》中有记载,明朝初年,云南腾冲商人进入到勐拱经商,勐拱是云南翡翠的集散地,到了明朝末年,云南腾冲的玉石业发展到一定规模。嘉靖年间缅甸雾露河沿岸的翡翠便开始被开采,但是很多年过去了,都没有中原人愿意进入玉石产区开采,因为他们认为这是一件极为危险的事情。这样的情况在 1900 年后发生了扭转,在玉石产区开采和经商的人多为汉

---

① 转引自邹怀强《历史上腾冲与缅甸的翡翠开发与贸易关系》,《学术探索》2005 年第 6 期,第 130—133 页。

② 许秋芳、李根源、刘楚湘:《腾冲县志稿》,云南美术出版社 2004 年版,第 432 页。

人,汉人在翡翠贸易中比例增多,翡翠源源不断地输入中原地区。

明朝探险家徐霞客曾在自己的文中记载翠生玉,崇祯年间他游历经过腾冲,并在腾冲期间接触到了许多与翡翠有关的人和事,后得到两块上好翡翠,遂称之为翠生玉。《徐霞客游记》中对翡翠的珍贵记录,是翡翠第一次在中国古代文献中正式隆重出场。此前也有一些文献中提到"翡翠"一词,但大部分就是指翡翠鸟,另外却也有部分指的是玉石,却没有任何与腾冲和缅甸等概念相关的信息,故而徐霞客可以说是将"南丝路"翡翠和翡翠文化记录下来,并且予以传世的第一人。

明朝,中国与缅甸在翡翠文化方面的交流和贸易逐渐增多,但是翡翠主要是朝廷进贡的贡品。清代,翡翠文化在中国的流行程度达到历史顶峰,翡翠工艺品在中国流传,上自朝廷,下至民间。此时,中国与缅甸之间的翡翠商贸也开始十分频繁,商业规模迅速扩大,据清檀萃《滇海虞衡志》的记载:"玉出南金沙江,距州二千余里,中多玉。夷人采之,撇出江岸各成堆。粗矿外护,大小如鹅卵石状,不知其中有玉之美恶有与否估客随意买之,运至大理及汗省,皆有作玉坊。角之见翡翠,平底暴富矣。"① 文字中描述的正是当时翡翠具体情况,包括产出状况、玉石质量、销售情况,等等。历史上翡翠利用量最大的朝代也是清朝,清朝时期还有"作玉坊",专门从事翡翠原石的加工及一系列工作,从而获得高额经济利益,当时,腾冲和大理便是因为作为翡翠的集散地和交易场所著称。翡翠广泛快速地流传,得益于清朝皇亲贵胄对翡翠的钟爱。清朝的乾隆年间,翡翠备受皇家宠爱,皇间翡翠便达到一个空前的全盛时代,翡翠被广泛用于首饰加

---

① 转引自羽翔《巧型翡翠缘何价值不菲——从翡翠市场现状到知名藏家的赏识情缘》,《艺术市场》2007 年第 9 期,第 56—59 页。

工、艺术品的镶嵌，或贴身挂件、赏玩小精品等，成为皇家的御用宝玉。翡翠尤其深得慈禧太后的钟爱，这似乎可以解释为何在清朝年间翡翠的开采量和交易量逐日增长。

翡翠所独有的温润、剔透的形态和中国传统文化温润如玉的内涵不谋而合，所以翡翠文化千年不衰，即使到了新中国成立后，仍受人们的追捧和喜爱，各省各地都相继出现玉石加工基地，这也为中国的翡翠市场开发创造了广阔空间。可以预见，随着全国各族人民幸福指数的不断攀升，"南丝路"上翡翠的光芒将在中华文化与艺术领域长盛不衰，永远耀眼。

第四章

古代"南丝路"经济文化的融生

"南丝路"的出现,表面上是经济通商往来,但内底里是文化的助推,是文化的往来,只有把握了"南丝路"的这个本质与核心,才能对"南丝路"经济文化与多元文化的交融共生深入理解。"南丝路"是一条文化传播的黄金纽带,与中原联结,同中印沟通,为区域文化、边地文化、异域文化的互相交流、兼容共生提供了条件。川滇文化、民族文化、经济文化在交流中形成丰富、独特、共融的经济文化形态。"南丝路"上丰富多彩的经济形态,与云南少数民族文化和异域文化交融共生,主要表现在民族经济文化的交流、民族经济习俗的渗透、边地经济文化的助推、区域经济文化的辐射以及异域经济文化的融通五大方面。

第一节 民族经济文化的交流

在"南丝路"的形成和发展过程中,在近现代中国西南地区的对外交往中,少数民族商人都有着举足轻重的地位和作用。早在汉晋时期,史书就有了古代少数民族及境外民族商人活跃于"南丝路"的记载。"南丝路"作为各民族和各国进行经济交往和经济文化交流的重要通道，其商贸活动实质是以马帮为交通工具的运输贸易。商帮和马帮沿着"南丝路"运输货物，贩卖商品，沿线建立的商业据点，作为商人们贸易的场所，在贩卖商品的同时，也在进行着经济文化的传播。

商帮是中华经济发展的开拓者，少数民族商人组成的商帮作为民族经济发展的中坚力量，体现出民族经济发展的历史脉络，引领了中国经济的未来走向。在"南丝路"上，商帮的发展保证了对外贸易的顺畅，助推着区域经济的繁荣，商帮文化的传承丰富了民族经济文化。在商业活动中形成的商帮思想和商帮精神与传统的中华文化相互融合，形成了独特而神秘的少数民族商帮文化。时代更迭，商帮不断演变发展，商帮文化在演变中逐渐传播、传承，商帮文化留给后人的除了重商思想，更重要的是民族商业的宝贵精神财富。今天，古老的商帮文化被赋予了新的时代意义，在经济全球化进程中，古老的商业文化在世界各国开花结果，丰富了世界文明的内涵和底蕴。

在"南丝路"上的民族经济文化的交流中，占据主要地位的商业集团主要有白族商帮、回族商帮和纳西族商帮。

一 白族商帮文化

（一）白族商帮的组成

大理是"南丝路"上最重要的商业贸易中心和交通转运枢纽之一，无论是蜀身毒道，还是蜀安南道或者茶马古道，都要经过这座城市。

商帮在历史上较为有名的代表是鹤庆帮、腾冲帮和喜洲帮。其中鹤庆和喜洲区域内白族人口较多,所以也可等同于白族商帮。大理是白族的聚居地,同时也是"南丝路"的必经要道,白族商帮以大理为据点,沿着"南丝路"进行商贸活动,并逐渐形成商道。随着商道的不断扩展,商业的繁荣和对外贸易的推进,白族商帮也取得了迅猛发展,并对当时的经济发展和外贸起到了重要作用。其中贡献最大、影响最大的商帮非喜洲帮和鹤庆帮莫属,白族商帮最早起源于鹤庆,即鹤庆帮,喜洲帮是成立之后发展速度最快、经营范围广泛、影响力较为持久的商帮,喜洲帮和鹤庆帮创造了令人惊叹的经济奇迹,形成了丰富而独特的白族商帮文化。

明代以后中原移民的大量南迁,带来了先进的农业和手工业生产技术,使得当地的生产力和文化水平达到了新高度,同时刺激了商业的发展与繁荣。19世纪60年代,白族地区发生战乱,白族商帮们贩卖给当地民众一些生活日用品和必需品,而将自己的人员和资本转移至其他安全的地方。白族商帮在此次战乱中,不仅帮助战区人民解决了物资紧缺的问题,同时通过贸易获得了极高的利润。总之,驰骋于"南丝路"的白族商帮,带动了西南地区的经济文化建设,促进了经济文化的交融共生。[①]

(二) 白族商帮的文化特色

商帮文化对商帮的发展起到了支撑作用,白族商帮能在激烈的商业竞争中日益壮大,这和商帮文化紧密相连。商业经济活动的不断进行,逐渐产生了白族商帮的经营理念和宗旨,成为白族商帮的文化瑰宝。

---

① 周智生:《商人与近代中国西南边疆社会——以滇西北为中心》,中国社会科学出版社2006年版,第239页。

首先，作为商业性的团体，白族商帮精通经商规律，他们将经商规律如"逢贵必贱，逢贱必贵"研究透彻并用于经商实践。其次，白族商帮对行情的了解和市场信息的把握极度重视，商人讲究适销对路，白族商帮更是如此。为了把握市场机会，白族商人对商号大小、货物涨跌、行情好坏等信息都会千方百计获得，以便把握机会，准确出手。几乎每家商号，特别是大的商号，都有专门收集信息的人员，通过各个渠道的信息收集，为商号提供第一手信息，私密的信息还有专用术语，俗称密码信息术语。商号根据信息，把握行情，做出决策。① 白族商帮绝不盲目经营，他们常常做到消息灵通，掌握着第一手信息，这些经商规律是历史传承下来的宝贵经验，意义深远，历久不衰。

　　除了掌握丰富的信息外，白族商帮在精神文化方面的建设也颇有特色。白族商帮能迅速发展并且长盛不衰，与白族商人的无畏险阻、诚实守信、勤劳敬业、重视商德等优秀品质分不开。一些大的商号在成立之初，都会遭受许多打击和挫折，而不畏艰难险阻、在挫折面前百折不挠和不断开拓的大无畏的精神就是白族商帮长期发展的源泉。从商之人最重商誉，商誉可以视为商人的生命，资本雄厚的喜洲商帮就有自己独特的一套商帮文化，喜洲商帮内曾制定了一套从商的行为准则，包括从业人员的从业准则和职业规范，归纳后就是以货真价实、诚实守信为宗旨，以和气待客、严谨认真为原则，珍惜商誉，爱惜钱财。② 喜洲的"复春和"号就用实际行动对这一准则进行了诠释："复春和"花费巨资托人从丽江购买了10余斤麝香，可是货到手后经鉴定全是假货，为了秉承"货真价实、诚实守信"的宗旨，他们

---

① 云南省编辑组：《白族社会历史调查：四》，云南人民出版社1991年版，第308页。
② 同上书，第302页。

毫不犹豫地公开销毁了这批麝香。"复春和"虽然损失了麝香，却赢得了顾客的信任，赢得了决定商号生存与发展的王牌。另一段佳话是曾经"永昌祥"中保管商号账本的雇员，由于一些原因去到印度，虽然远走他乡，却将"永昌祥"数十年的账本，如生命般地珍惜保存，在历经半个世纪周折后终于完璧归赵，将账本还给"永昌祥"的后人。因而，重视商德、讲究诚信是白族商帮文化的根本。

另外，尊重顾客，和气为贵，也是经商之道中最重要的。白族商帮尽管商号众多，但都"以顾客为上帝"，顾客光顾生意，不管买不买，店主都要热情待客。据说喜洲有一家商铺老板，非常重视和气待客。顾客进入店内，老板迎接顾客像对待贵宾一样；顾客挑选商品时，老板都要耐心解说；顾客买完商品后，如果不满意还可以退货；顾客不满意没买商品时，老板依旧笑容满面地送走顾客。这样和气经营使得该商号生意源源不断。

如今，虽然白族商帮的经济活动已经消失了，但是商帮文化的精神将永远传承。从经商之道至经商之德，这些古人留下的经验和文化是我们的宝贵财富，形成了丰富独特的白族商帮经济文化。

二 回族商帮文化

（一）回族商帮的重商之道

回族是重视商业、善于经商的民族，这与回族的生存环境和宗教信仰有着密切的联系。回族一般都居住在交通较便利的地区，如城镇、坝区等，便利的生存环境为他们进行对外贸易提供了良好的条件。进入云南的回族先民一部分居住在"南丝路"的关键地带，"南丝路"上的商贸活动逐渐成为回民生活的重要组成部分，得天独厚的地理环境和贸易环境促使回族在经商之路上占据着主要地位。

从宗教层面来看，伊斯兰教的《圣训》中称商人是会获主慈悯的，这对回民从商起到了激励作用，使回民视经商为神圣崇高的职业，对商人的重视与崇拜促进了回族商帮的崛起和发展。

在重商的理念驱使下，那些规模庞大且发展迅速的商帮和商号声名大噪。回族商帮除了从事商业活动，还拥有自己的马帮作为交通运输工具。商品运输之路十分艰险，回族马帮跋山涉水，往返于高山和深谷之间。回族的商人和马帮具有冒险精神，所以很多危险的道路只有回族马帮敢走，这也是回族马帮有名的原因之一，回族商帮拥有自己马帮这一习俗一直延续到新中国成立。

（二）回族商帮贸易路线的演进

大量回族迁入云南是在元代以后，由于回族人民擅长商业贸易，形成回族商帮，很快就在"南丝路"的对外贸易中占据了一定的地位。回族商帮通过马帮开展商贸活动，明清时期，回族商帮和马帮的发展速度已令人不容忽视，其运输的覆盖区域亦日渐广阔，当时较为重要的路线包括："从昆明通向贵州的驿路；自昆明到广西的驿路；由丽江进入西藏的驿站；自昆明到四川的驿路；从昆明的师宗到达南宁的府路。其中，具有重要影响的是滇西的回族经大理至缅甸的路线。"①

到了近代，回族商帮逐渐开通了三条贸易路线，形成对外贸易的交通要道。据马维良先生考证，三条路线具体为：

---

① 杨兆钧：《云南回族史》，云南民族出版社1989年版，第202页。

其中一条是生活在白族地区的回民到海外朝觐的路线，根据白族聚居地的土庞村回族中有二十家归侨、三家在缅华侨，可以考证路线是从大理、保山、腾冲经过缅甸仰光出海。其二是藏区的回族商帮，从德钦县到达印度的路线。住在德钦的老年人和部分中年人都去过印度这一现象可以证实这一条路的存在。其三是沿内地—普洱—勐海—景栋—仰光的路线到达阿拉伯国家。在这条路上出现的马店"帕西傣"寨，为内地至缅甸经商的回民提供了便利。①

马帮的发展是回族商帮发展的基础，在回族商帮经商的通道上，马帮是重要的交通手段，回族马帮穿山越岭，驮出了回族商帮商业的繁荣和商帮文化的昌盛。

(三) 贸易商号的开设

在回族商帮的崛起历程中，一些有名的商号由经营马帮逐渐发展起来，如著名的"原信昌"。"原信昌"的创办人马同柱的父辈是靠经营马帮发家的。马同柱的父亲在光绪年间，经常用骡马驮运着货物到缅甸、泰国和老挝进行贩卖，商品包括一些绸缎、土布、花线、黄丝、毡子、笠帽、推烟和铜铁器具等，在贸易结束从国外返回时，又购买缅甸景栋、泰国清迈、老挝等地的商品运回国内贩卖。之后马同柱子承父业，继续以经营马帮为主，往返于云南和缅甸、老挝、泰国之间。在父子二人的苦心经营下，马氏商帮的良好信誉，得到了当地官员、合作商人、商家、民族头人信任，马氏商帮也日渐发迹。民国年间，马同柱将马氏商帮事业交由其子马子厚经营，马子厚为了扩大

---

① 马维良：《云南傣族、藏族、白族和小凉山彝族地区的回族》，《宁夏社会科学》1986年第1期，第63—65页。

与缅甸、老挝和泰国的贸易合作范围，于1919年在墨江开设了一家杂货店，之后又在思茅开设了"原信昌"杂货店，"原信昌"专门从事与境外国家如缅甸、泰国、老挝等国的进出口贸易。作为外贸基地，"原信昌"建立的意义重大，不仅给马氏商帮带来了极大的利润，也为中国对外贸易的发展做出了重大贡献。①

"兴顺和"是另一个回族商贸史上著名的商号，其为云南对外贸易发展所做出的贡献同样是不可磨灭的。"兴顺和"的创始人马佑龄自幼习武，曾中武举，后在玉溪看到了商业机会，遂弃官从商。在玉溪时，他看到布匹销量较高、销路较广，于是1846年，他在玉溪建立"兴泰和"（"兴顺和"的原名），以玉溪大营为贸易基地，从玉溪收购布匹，运往云南各地进行销售。

马佑龄不满足于内地的销售，为了扩展经营贸易范围，在1855年，他前往麦加朝觐，并到东南亚的一些国家学习和考察商贸情况。他从国外的学习视察中发现了商贸机会并积累了经验，回国后遂开始从事对外贸易。他收留了一批逃难的回民，并委派这些回民为他奔走于缅甸、泰国经商。出色的经营管理经验、成功的商业、广泛的经营范围，使"兴顺和"曾经成为云南商业巨头。

回族商帮因其冒险精神和商业才能在"南丝路"的商帮文化中创造了很多历史奇迹，为民族的经济文化交流和对外贸易做出了杰出贡献。

三　纳西族商帮文化

（一）纳西族商帮的形成

丽江是纳西族主要的聚居地，是云南与西藏贸易的重要通道，也

---

① 何平：《云南回族与滇缅贸易》，《思想战线》1992年第3期，第66—73页。

是云南与四川、印度的交通要道。纳西族商贸历史悠久,这在纳西族的象形文字——东巴经中就有记载。唐宋时期,纳西族先民与大理等地的商贸逐渐发展,且贸易往来相当频繁。除此之外,丽江自古以来就是驰名于世的"丽江马"的产地,品种优良的"丽江马",为纳西族马帮及商帮的兴起和发展创造了有利的条件。

丽江延伸"南丝路",作为重要的交通枢纽和贸易中心,使得很多著名商帮纷纷到丽江成立商号。

> 其中有喜洲帮、鹤庆帮和西藏商帮等。喜洲帮中的 10 多家商号包括永昌祥、鸿兴源、复春和等商号;鹤庆帮中的长兴昌、复兴昌、天成美等商号;腾冲帮中的茂恒、永茂和等商号;西藏商帮中的铸记、玉记等;另外还有包括北京、江西、湖南等地的商帮等等。①

外来商帮的加入,带动了丽江经济的发展和繁荣,吸引纳西族商人也加入了商品贸易和商业经营的队伍,逐渐形成了独具特色的纳西族商帮。

纳西族商帮不仅是商品贸易活动的经营者和组织者,同样也承担着运输任务。纳西族拥有自己的马帮,"丽江马"品种优良,纳西族马帮的优势不言而喻。纳西族商帮从养马到销售再到运输都是自负盈亏。纳西族马帮的兴起、发展与壮大给丽江社会经济的繁荣提供了有效的交通保障。

自有马帮运输是纳西族商帮的发展特色,纳西族马帮为了运输货

---

① 许鸿宝:《丽江大研镇解放前的商业情况》,载《纳西族社会历史调查》,云南民族出版社 1983 年版,第 281 页。

物翻山越岭、跋山涉水,历经千难万险。纳西族在民国时期依旧处在商人资本和手工业阶段,当地丽江的商贸发展和市场运作受到规模较大的商帮控制。纳西族商帮的经营方式是入伙大的商号,从商号提货然后售卖商品,利润与大的商号进行分红,这些大的商号"在经商过程中积累了大量资产,经营模式却极度畸形,他们没有正式铺面、行号、账簿、会计,依旧延续着传统的'赶马行商'模式,生意还是在'大烟床上'谈妥"①。随着商业的迅速发展,独立商人逐渐从商帮中脱离出来,自己创建了独立的商号和商行,创建自主经营、自负盈亏的经营模式。

(二) 滇藏印贸易的兴起

抗日战争全面爆发之后,沿海城市陆续沦陷,陆上交通只能依靠滇缅公路进行运输,但其货运量有限,这对国际贸易产生了严重的影响。由于沿海港口被迫关闭,海上贸易严重受阻,与国际连接的通道仅剩下滇藏印线,因而沿途的商贸活动日渐繁荣。

滇藏印地区的贸易在抗日战争时期得到空前的发展,纳西族的聚居地在战争期间迅速成为运输货物的交通要道和马帮的停歇地。从全国各地运来的货物经过维西和宁蒗等地运往西藏和国外。在外来商帮和马帮的带动下,纳西族中以赶马为主的人纷纷开始经商。为追逐丰厚的利润,纳西族赶马经商的队伍剧增,商业规模不断扩大。那些没有自养骡马的农户通过抵押土地的方式获得骡马,以便快速从事赶马经商活动以获取收益。那时纳西族商业的繁荣和经商队伍的庞大带动了丽江等地的经济发展。"当地民谚'汉人发财靠买田地,摩梭(纳

---

① 杨毓才:《近代白、回、纳西族资本主义工商业的发展》,载云南省经济研究所编《云南近代经济史文集》,经济问题探索杂志社 1998 年版。

西族）发财靠买骡马'就描述了马对于纳西族商人经商的重要性，凸显着具有时代意义的纳西赶马经商模式。"①

纳西族经商的利润是可观的，但其过程也是艰难的，为了赶送货物，马帮经常长途跋涉、马不停蹄，沿途环境极其恶劣，如风沙扑面而来导致商人呼吸困难急促，冰霜雪路导致马帮寸步难行，商人还要时刻注意澜沧江边的悬崖滚石。②纳西族商帮和马帮在如此恶劣的环境下经商，其冒险精神令人钦佩。

赶马经商带动了纳西族商帮的发展，纳西族商帮的发展又带动了云南商贸的繁荣。印度加尔各答是当时各大商帮的主要进货地之一，主要货品包括纺织品和日用百货等，除小部分在当地销售外，大部分均通过马帮运至大理、昆明等地贩卖，商帮随后又从大理收购茶叶、银器、银饰、粉丝、土杂等到西藏、缅甸和印度销售。滇藏贸易在这一时期得到空前发展。纳西族聚居地的丽江也在此时出现很多大商号。一时之间万商云集，经济贸易发展达到了鼎盛时期。有记载对这一时期进行了描述：

> 丽江市镇，纵横四五里，房屋栉比，人烟稠密，市之中心有四方街者，为最繁盛之所……每当七八月之交，例须举行骡马会。康、藏商贾云集，名驹绝足来自远方，吉日良辰，驰骋于广野之间。③

---

① 《纳西族简史》编写组：《纳西族简史》，云南人民出版社1984年版，第91页。
② 和汝恭：《丽江的商业》，载政协丽江市古城区委员会编《丽江文史资料全集第三集》，云南民族出版社2012年版。
③ 马大正：《国民政府女密使赴藏纪实——原名〈康藏轺征〉》，民族出版社1998年版，第134—136页。

丽江经济贸易的极速发展吸引了大批外省商人到丽江经商。

除云南各地商人外，来自北京、山东、四川等省的商人也来到丽江经商，往来于丽江和拉萨之间的马帮由原来的四五千匹增加到一万多匹，甚至发动了大批西藏牦牛帮参加运货。①

外省商人的进入促进了丽江经济的繁荣和文化交流。纳西族商帮促使商品在云南和各省之间进行贸易，甚至促进了对外贸易的国际文化交流。丽江作为纳西族的聚居地和"南丝路"上的物资中转站，其经济贸易的繁荣昌盛程度代表的是中国西南地区经济发展水平和对外贸易高度，可以说丽江的繁荣发展，折射出了古"南丝路"曾经的辉煌历史。② 据载：

1945年抗日战争结束时，纳西族商帮发展已经达到了前所未有的高度，最著名的是形成了"习王李赖"四大家。即习自强、王少萱、李达三和赖敬庵四大民族商业资本家，这四家资金雄厚，每家拥有的资产都超过五十万元以上；还有赵紫恒、牛文伯、曾绍三、周石勤、杨守其、和万华等六家，每家拥有资本超过三十万元（半开银元）；拥有资金二十万元以下的另有三十余家。③

---

① 周发春：《纳藏贸易概况》，《丽江志苑》1988年第2期，第94—95页。
② 杜鹃：《丽江纳西族马帮与商帮》，《四川大学学报》（哲学社会科学版）2004年增刊，第63—66页。
③ 杨毓才：《云南各民族经济发展史》，云南民族出版社1989年版，第476—477页。

这些大的商号，在战争期间获取了巨大利润，同时促进了丽江繁荣昌盛的商品贸易发展和对外国际贸易发展，在丽江的经济发展史上拥有举足轻重的地位。

白族商帮、回族商帮和纳西族商帮的商业贸易活动和经济文化交融过程，体现了从古至今传承的商业思想和商业精神。中国商帮及商人一向崇尚诚实守信、重视品德、以和为贵等商道思想，在经营商业活动中表现为货真价实、信誉至上、和气待人，勤劳敬业等商业理念。[1] 各民族商帮在商帮思想的指导下，不断开展商业活动，带动民族区域经济发展，积极发展对外贸易，推动国际经济贸易交流。在经济发展的背景下，各民族的经济文化交合交融，形成了团结互助、兼爱互利的民族精神。

第二节 经济习俗文化的渗透

西南地区少数民族较多，所以民族习俗文化丰富多彩。西南地区民族集会和庙会就是一些民族特有经济习俗，"南丝路"上具有时代烙印的生活习俗，显示出经济习俗较强的传承性和变迁性。[2] "南丝路"上昭通、楚雄地区彝族，大理地区白族，德宏、保山地区傣族的经济文化习俗是民族文化的瑰宝。

---

[1] 张光忠：《中华民族商帮文化的全球意义——基于中国企业的国际化经营战略研究》，《中南财经政法大学学报》2008年第1期，第109—113页。

[2] 李良品：《明清以来西南民族地区集市习俗及成因——以贵州省为例》，《中南民族大学学报》2011年第2期，第91—95页。

一 经济习俗的传承

德国社会学家马克斯·韦伯指出:"哪怕仅仅是纯粹的,没有形成惯例的'习俗',在经济上也具有深远的意义。尤其是经济需求的水平,一切'经济'的基础,最广泛地由纯粹的'习俗'所决定。"① 这说明习俗对于经济发展的重要性,习俗和经济是不可剥离的整体。除此之外,德国经济学家施里特提出"经济习俗"的概念,他认为:"习俗是现代经济学的重要组成部分,经济过程改变着习俗,同时习俗也在随时随地影响市场进程。"经济习俗蕴含着丰富深刻的经济规律并将经济现象直观地表现出来。②

经济习俗形成于人类社会经济发展的过程中,是对民族文化和经济文化的不断积累与传承,经济习俗呈现出连续稳定、绵延不绝的特征。文化需要传承,传承本身就是一种延续,是对经济习俗的传播和继承,在经济习俗的发展历程中起着承上启下的作用。因此,重视传承的重要性,将祖先们遗留至今的精神文化继承下来,并努力传承下去至关重要。民族习俗是民族文化的宝贵财富,其传承对增强民族凝聚力意义重大。

除了祖先将经济文化、民族文化、社会文化等一代代地传承外,民族习俗还可以向周围区域或国家传播、辐射、渗透。经济习俗不会静止不变,而是不断发展、交替更新,随着时间的推移,民族习俗的价值广为人接受,直至传播到更远的地方,民族习俗这种传承性被称

---

① [德]马克斯·韦伯:《经济与社会》上卷,林荣远译,商务印书馆1998年版,第356页。

② 黄海涛:《南传佛教经济习俗探究》,《法音》2015年第6期,第78—80页。

为横向传承。民族文化的横向传播是选择性的传承，民族经济习俗就是由较发达的地区向落后地区传播。民族经济文化在传播过程中，本族文化和异族文化在兼容融合之前通过有选择地吸收和加工，从而保证异族文化和本族文化的和谐共生。

因此，开放的"南丝路"作为民族习俗纵向传播与横向传播的载体和媒介，对民族经济习俗的传承起到了巨大的作用。自古以来，西南地区的民族习俗丰富多彩，文化习俗多元开放，沿着"南丝路"相互渗透融合，形成了交融共生的格局。

二 傣族的经济习俗

傣族是云南少数民族之一，从傣族的语言和习俗方面来看，傣族与缅甸的掸族、老挝的佬族和泰国的泰族都有着深远的历史渊源。傣族独具民族特色的习俗广为人知。其中，赶摆作为傣族著名的习俗，体现了民族经济文化的继承和传承性。

集市贸易是商品经济发展的结果，民族集市贸易体现的是民族经济发展水平和民族经济习俗。西南地区少数民族到集市上购买或者交换商品一般称为"转转场"，贵州少数民族称为"赶场"，云南的傣族将其称为"赶摆"。民国《兴义县志》中对"赶场"有这样的记载：

> 县境市场，皆有定期，以六日为标准，循环终年。例如县城场期为子午，俗呼日鼠马，即子日赶集日鼠场，午日赶集日马场是也。其他各乡场照此类推。[1]

---

[1] 卢杰：《兴义县志》，贵州人民出版社1988年版，第20页。

记载中讲到的"赶场"是以十二生肖为场期的集市，现如今一些地方还沿袭着这样的集市习俗。傣族村寨中形成的集市大多是初级市场，只是一些简单的商品交易。在一些村寨，甚至还出现以物易物的古老民间贸易情形。"集市上出售的商品有大米、烟草、土布、水酒、家畜家禽、瓜果野菜。购买生产工具，日用百货、食盐等。"①

"赶摆"是傣族有名的经济习俗，"摆"是傣族音译词，"赶摆"原是傣族的宗教集会活动。现在将一切群众聚集在一起的集会称为"摆"。"赶摆"内容丰富，一般指傣族人民庆祝丰收、交换商品等集会活动。如今傣族的经济习俗不断发展演变，渐渐走向国际。在中国磨憨、老挝、泰国、缅甸均有边民互市赶摆场。这些赶摆场体现了傣族经济习俗的对外交流。滇缅边民互市源远流长，是中国与缅甸贸易往来的最初形式。南诏时期，中国与东南亚就开始了商贸合作。从银生城往东南"至大银孔，又南有婆罗门、波斯……交易之处，多诸珍宝"②。中国与泰国的商贸交易频繁、商品琳琅满目，边民互市的贸易形式发展迅速。《征缅纪略》中记载："新街蛮莫互市，边内外诸夷皆赖之。"③当时车里一带商贸繁荣，"渔盐之利，贸易之便。莫如车里"。据1990年统计资料，边民互市总额达811万元，其中进市额和出市额分别是405万元和406万元。④

傣族"赶摆"经济习俗助推经济文明。傣族人民团结友爱、和谐

---

① 曹成章：《傣族社会研究》，云南人民出版社1988年版，第180页。
② （唐）樊绰：《云南志》卷六，载《云南史料丛刊》，云南大学出版社1998年版，第52页。
③ （清）王昶：《征缅纪略》，载《永昌府文征》卷十七，云南美术出版社2001年版。
④ 李明富：《沧源佤族自治县志》，云南民族出版社1998年版，第372页。

共生的经济文化值得一提。"'一家有难众人相帮'是傣族的传统美德。"① 这样，村寨的经济习俗繁荣民族经济，经济的发展和经济习俗的传承丰富了民族经济文化，诚实守信、团结有爱、相互依存的民族精神得以衍生。

三 彝族的经济习俗

彝族，原称"夷族"，其名源于汉史记载中的"西南夷"，是中华民族中拥有悠久历史和丰富传统文化的民族之一。"南丝路"途经很多彝族的聚居地，因此，彝族的民族习俗与"南丝路"的经济文化相互作用，相互包容。其中，摇钱树就是"南丝路"上经济文化与民族习俗的集中体现。

考古发掘资料显示，关于"摇钱树"的记载，"最早出土的'摇钱树'是昭通的一件带有红砂石树座的实物，刻有'东汉章帝三月戊子造'"②。"摇钱树"作为独特的物质文化产品，就其出土区域来看：最晚出土的"摇钱树"来自云南保山的蜀汉墓，"墓中除了摇钱树还有刘禅的'延熙十六年（253年）七月十日'的纪年砖"③。就数量来说大多"摇钱树"还是出土于四川。目前在四川地区出土的"摇钱树"有十棵较为完整，可以看出完整的树型，其他"摇钱树"的残片也有好几十件。研究出土"摇钱树"的分布区域还可以得到其流行的区域较为狭小，除了川西一带和云南一带，其他地方基本没有。

---

① 李明富：《沧源佤族自治县志》，云南民族出版社1998年版，第107页。
② 孙太初：《在云南考古工作中得到的几点认识》，《文物》1957年第1期，第34—35页。
③ 同上。

重要的是，出土的"摇钱树"大多来自彝族的聚居地，这绝非巧合。

文化产物往往蕴含着丰富的文化信仰和文化习俗。"摇钱树"上的图像生动活泼，必然具有一定的隐喻和内涵。研究在"南丝路"一路上出土的"摇钱树"中的图像，可以看出"摇钱树"习俗体现了古代崇拜树木、追求财富、祖灵信仰等民俗。实际上，摇钱树本身就是社会民俗和经济习俗的产物。

自古以来，各民族的人民对于树的崇拜表现不一。树具有超强的生存能力和繁殖能力。因此，人们崇拜神树希望借助树的力量获得较强的生命力。原始社会下，树崇拜是极为基础和主要的自然崇拜方式。朱天顺在《中国古代宗教初探》一书中亦讨论过这种超人的力量：

> 原始社会和现代社会时期，人们对植物的崇拜如大树、古木，在迷信思想上有共同的地方，即崇拜生命力和繁殖能力。植物生命力顽强且旺盛，人和动物逐渐死去，可是有些植物活了几百几千年还没有死……人们崇拜这种超人的力量。[1]

除此之外，古代人民对自然和世界的认识形成了他们心中的宇宙观，他们认为"天"是一个笼罩着人类的大盖子，这个盖子由三棵高大树木支撑着。东方的"扶桑"、中部的"建木"和西方的"若木"就是这三棵大树[2]，每天的太阳和月亮也是借助这些神树的力量升上天空。这些对于树的传说、迷信和崇拜为"摇钱树"的产生奠定了基础。可以说树崇拜是滋生"摇钱树"习俗最直接最根本的原因。

---

[1] 朱天顺：《中国古代宗教初探》，上海人民出版社1982年版，第87—88页。
[2] 何新：《诸神的起源》，生活·读书·新知三联书店1986年版，第106—109页。

摇钱树文化在四川西部地区盛行的原因可以从史料中窥知一二。从史料记载看，汉代巴蜀的手工业极为发达，不少技术冠绝天下，天下闻名。《汉书·地理志》载汉初在全国分置九大工官，而蜀中就占其三：广汉郡治梓潼、雒县、成都。工官发明的冶铸工艺所制作的漆器远近闻名。汉代的金银错器，以蜀郡、广汉郡最为有名。《太平御览》卷756引扬雄《蜀都赋》说："雕镂扣器，百伎千工。"① 《后汉书·皇后纪》也说："其蜀、汉扣器九带佩刀，并不复调。"② "不复调"说明当时技术极其精良，已经达到一定水平。另外根据出土的"摇钱树"来看，有的使用了鎏金技术，说明当时四川冶铸技术已经相当发达。当时四川的蜀锦、铁器等也很有名。汉代广汉、蜀郡、会稽以及犍为属国的朱提县堂狼山等地，都有兴盛的铜器制作业。东汉时，除广汉、蜀郡的官府作坊外，私人作坊的规模较大，所制作的铜器数量更多。而摇钱树结构复杂，图像精美，且树体均为青铜铸造，这一方面需要有铜、锡、铅等矿产资源，另一方面则需要有发达的冶炼铸造技术，两者缺一不可。巴蜀地区同时具备了这两个条件，无疑是摇钱树得以在这一地区广泛流行的原因之一。

"南丝路"的客观存在，良好的社会环境，丰富的物产，发达的商贸，在很大程度上刺激了经济的繁荣。《华阳国志·蜀志》载："（汉安县）有盐井鱼池以数百，家之有焉，一郡丰饶。"又说："益州以蜀郡、广汉、犍为'三蜀'，土地沃美，人士俊乂，一州称望。"③ 班固《西都赋》说：长安地区"源泉灌注，陂池交属……郊野之富，号为近蜀"。长安地区之富裕也只是接近四川而已，由此可

---

① （宋）李昉等：《太平御览》卷七百五十六，中华书局1960年版，第3354页。
② （南朝·宋）范晔：《后汉书·皇后纪》卷十，中华书局2000年版，第1207页。
③ （晋）常璩：《华阳国志·蜀志》卷三，齐鲁书社2010年版，第36页。

见蜀中经济之发达。四川一直处于较为安定的环境之中，其农业收成、经济发达应居于全国前列。《汉书·食货志》载："山东被河灾，及岁不登数年，人或相食，方二三千里……下巴蜀粟以赈焉。"① 从东汉立朝到灵帝熹平年间的 100 多年间，巴蜀地区一直处于一个比较安定的发展环境中，《华阳国志·公孙述刘二牧志》说："府盈西南之货，朝多华岷之士。"② 由此可见，益州的经济在东汉占有相当重要的地位。有研究者认为，正是巴蜀地区发达的经济，催生了"摇钱树"文化。姑且不论其正确与否，"摇钱树"大量地反映了这一时期巴蜀地区经济的民俗，这是不容置疑的事实。

"摇钱树"主要分布于蜀地与外界联系的交通路线上，可见"摇钱树"的兴起和流行，本身就与汉代西南地区的对外贸易活动息息相关。蜀地的商品贸易一度繁荣兴盛，商人在这一带相当活跃。据《华阳国志·蜀志》记载："属以成都、广都、新都为三都，号名城。"③ 说明巴蜀地区商贸较早发展，当地的商人以单个成员的形式经商。他们与边疆少数民族进行大规模的商品交易，以巴蜀地区所生产的铜、铁、丝、布、丹砂等商品和边远民族的商品进行交换交易。云南出土文物中有大量铜器和铁器来自四川的广汉郡、蜀郡。这充分证明了当时巴蜀商贸发展迅速。《史记·西南夷列传》有载："巴蜀民或窃出商贾，取其筰马，僰僮，髦牛。"④ 记载了巴蜀商人的经商历程。江玉祥先生也认为，摇钱树上塑造的有关钱财的形象过于生动。例如，

---

① （汉）班固：《汉书·食货志》卷二十四，中华书局 2007 年版，第 170 页。
② （晋）常璩：《华阳国志·公孙述刘二牧志》卷五，齐鲁书社 2010 年版，第 65 页。
③ （晋）常璩：《华阳国志·蜀志》卷三，齐鲁书社 2010 年版，第 37 页。
④ （西汉）司马迁：《史记·西南夷列传》卷一百一十六，中华书局 1982 年版，第 2998 页。

"撼树摇钱""持竿打钱""肩挑手提钱"等图像，直观地表现了商人追求财富、投机取巧、妄想发财的心理，生动地反映了"南丝路"上"行人悠悠，载驰载驱，唯钱是求"的形象。① 总之，彝族地区的"摇钱树"习俗沿着"南丝路"在滇蜀两地传播，演变成"南丝路"上底蕴丰富的经济文化。

第三节 边地经济文化的助推

中国历代历朝都很重视边疆的治理，而易忽视边地的开发。回顾历史，我们可以清晰看出，边疆的治理离不开边地的开发，边地的开发促进了边疆的稳定。从"治理"到"开发"，折射的是历史的变迁大势，从"边地"到"边疆"反映的是区域性地理位置重要性的凸显。"南丝路"是边疆治理与边地开发的必然结果，几千年来，除了在近代被西方列强的洋枪大炮暂时阻断之外，此路一直保有旺盛的生机，哪怕在抗战民族危亡的时刻也不例外。

一 内地发展推进边地经济文化

陈连开根据民族和地理环境的关系，将中国划分为三个主要的经济发展区域：其一为秦岭与淮河以南，以水稻种植为主的南方民族区；其二是以秦岭淮河以北的旱地农业区域；其三是秦长城以西以北的北方游牧渔猎区域。以作物、民族和地理因素划分的经济文化区

---

① 江玉祥：《古代西南丝绸之路沿线出土的"摇钱树"探析》，载《西南丝绸之路研究》第2辑，四川大学出版社1995年版，第130页。

域，虽然属于不同民族、不同环境，分隔界限清晰却相互依存，共同发展。①

不管是位于水田农业区、旱地农业区还是游牧民族区的民族，都无法依赖单一的生产方式自给自足，各区域民族的互利互助、互通有无，推进了不同民族之间的经贸往来，商品贸易的交流必然伴随着经济文化的交融吸收。"南丝路"就如一根连接着民族经济和民族文化的黄金纽带，不仅加强了内地和边地的经济贸易交流，还促进了内地和边地的文化传播与沟通。

远古时期，中国大地形成的文化呈现出多元、多区域和多中心化的特征，这些文化相互影响、相互交流、相互发展。中原文化以其得天独厚的自然环境和地理因素成为经济和文化的发源地，也成为迅速崛起的中心文化。以中原为核心的中心文化不断向中国各区域扩散和辐射，云南虽地处边疆，在中原核心文化的影响和渗透下，也向中原先进文化聚集。云南逐渐掌握了中原先进的生产技术，融合了中原地区的民族文化，在中原的辐射下快速发展，云南边疆等地的崛起反过来又促进了中原经济的发展。中原文化和边疆文化的相互依存、互为补充，使中华民族文化绚丽多彩。

唐宋两代，云南处于南诏、大理两个古代地方政权的割据时期，政治上与中央王朝分庭抗礼，但在经济上与中国内地的联系却日益密切，内地的生产技术、商品物资流通不断，从而大大增强了云南与南亚、东南亚国家和地区之间贸易的实力，对外贸易的发展处于极为有利的地位。

首先，云南对外贸易过程中，输入众多奇珍异宝，在这些输入商

---

① 郭家骥：《地理环境与民族关系》，《贵州民族研究》2008年第2期，第74—83页。

品中，云南本地所能消费的只是较少部分，大多数则通过中转方式输入中国内地市场；出口贸易中，云南本地所能提供的商品数量和种类也有较大的局限性，大部分出口商品均通过互市贸易从中国内地获得补充。因此，中国内地丰富的商品货源供应和无与伦比的消费品市场，支撑了南诏、大理时期云南对外贸易的繁荣。唐宋南诏、大理时期对外贸易的发展，也进一步说明云南同中国内地政治、经济联系的不断加深。

其次，对外贸易是建立在生产力水平发展基础上的经济活动。唐宋南诏、大理时期云南生产力水平有了明显提高，农产品数量增加和手工业产品数量与质量提高。在产品数量日益增长的情况下，与此相适应的对外贸易也得到明显扩大，在更大范围内完成了价值的实现。在这过程中，对外贸易活动的开展对农业手工业生产产生重大的促进作用。

最后，云南和中原地区历史上一直保持着经济贸易交流和交往，这种经济交往促成了云南民族与中原地区各民族的文化互补。从地理位置上看，云南相对于中原地区属于边地，中原地区的地理位置得天独厚，其经济迅猛发展，农耕生产技术先进科学，地处边疆的云南多为坝区，适合农耕，但生产水平较为落后。掌握先进农耕技术的中原汉族，受云南坝区自然环境的吸引，纷纷移居至云南进行农业生产，他们不仅给云南带来了先进的农耕技术，促进了云南农业的发展，同时也带来了中原文化，使中原文化与边地文化互相兼容、共生，形成了独特的边地经济文化。

二 边地经济走廊推动经济文化

包括经济文化在内的民族文化交流有内向与外向两大发展方向，

内向交流在其中占有主导地位。虽然各个民族的文化交往在内向交流中面临着地理位置的阻碍，但是相比外向发展，这些困难显得微不足道。为了保证文化交流的内部顺畅，长久以来，各民族的祖辈跨越一切地理障碍，翻过高山、越过峻岭进行文化交流，先民们凭借敢于冒险的精神，闯出了很多承载着民族文化的民族"走廊"和经济通道，"南丝路"就是富含意义的民族经济"走廊"。

民族经济走廊本质上就是民族通道，是经济贸易的通道，也是人群交往和文化交流的通道，促进着经济文化的交流交融、互动发展。公元前 4 世纪已开通的"南丝路"，汉称"西南夷道"，"西南夷"开发了大西南，也开辟了"南丝路"，并形成一条"民族走廊"。"川西高原有一条民族迁徙之路，它大致与后来从成都经过西昌到云南的商道吻合。"它包括氐羌系统族群、藏缅语系中的各民族、百越系统族群以及孟高棉语族，这条"民族迁徙之路"连接沟通了西北氐羌民族和西南各族，促进了民族融合和经济文化的交流。[①]

云南与中原相比地处边疆，而就云南而言，滇西北的民族与滇中民族的经济贸易交往同样形成了独具特色的边地经济走廊。滇西北作为云南的经济文化区，现有民族包括纳西族、藏族、傈僳族等少数民族，而这些少数民族都是游牧民族，属于氐羌民族集团。牧民们以肉和乳制品为主食，而食物大多油腻难消化，喝茶能去油腻助消化，又能补充身体所需养分，所以，牧民们就养成了饮茶的习惯。藏区不产茶，但身处藏区的牧民们对茶的需求较大，于是只能向外地大批量购入茶叶，盛产茶叶的云南和四川就成了藏区茶叶的主要供应者。于是，从古代开始，商人们抓住商机，不畏艰难险阻翻山越岭将茶叶从

---

① 朱昌利：《南方丝绸之路与中、印、缅经济文化交流》，《东南亚南亚研究》1991 年第 3 期，第 102—105 页。

云南和四川运至西藏进行贩卖，商人们走过的通道遂成了远近闻名的"茶马古道"。这条商道途经云南普洱、南涧、大理、丽江、中甸、德钦，过梅里雪山后到达西藏察隅，经左贡、拉萨、亚东、日喀则出境，再通往尼泊尔、缅甸、印度等各国。茶马古道从最初的滇藏茶马交易古道逐渐发展为国际商贸交通要道。据谭方之的《滇茶藏销》统计，在民国年间，滇藏的茶交易量较大，滇茶入藏一年至少有一万担。他描述这一交易盛况是：

> 滇茶为藏所好，以积沿成习，故每年于春冬两季，藏族古宗商人，跋涉河山，露宿旷野，为滇茶不远万里而来……概藏人之对于茶也，非如内地之为一种嗜品或为逸兴物，而为日常生活上所必需，大有"一日无茶则滞，三日无茶则病"之概。[①]

"不可一日无茶"可以看出茶对于藏族人民的重要性，也突出了"茶马古道"开通的必要性。滇藏贸易充分体现了边地各民族之间的优劣互补、相互依存、团结友爱，在滇藏贸易中形成的"民族经济走廊"成为各民族文化传播要道和经济贸易通道，促进了民族文化交融，推动了国家经济发展，传承了中华文明的中坚力量，增强了各民族凝聚力。

三 边民互市交易促进经济文化

边民互市，指的是用自己已有商品交换所需商品，一般就近交

---

① 郭家骥：《地理环境与民族关系》，《贵州民族研究》2008年第2期，第74—83页。

易,不受时间限制,是云南对外贸易的重要组成部分。提到边民互市,就不得不提滇缅间互市贸易,明代滇缅互市已极为繁盛,徐霞客游历云南时期即对腾越关外之民入关交易的情况有所记载:"野人时以茶、蜡、黑鱼、飞松四种入关易盐、布……此野人即茶山之彝,昔亦内属,今非王化所及矣。"① 又说:"滇滩关道,已茅塞不通。惟茶山野人间从此出入,负茶、蜡、红藤、飞松、黑鱼,与松山、固栋诸土人交易盐布。中国亦间有出入者……"② 虽然徐霞客描述的是明末边民互市的繁荣昌盛,但在明朝时期,边民互市始终存在且内容丰富。边民互市地点不是一成不变的,它会随着边境线的变迁而有所变化。明中叶以前,孟养、木邦、茶山等土司均属于元明版图,明末国势衰微,加上边防松懈,上述地区逐渐脱离朝廷。《徐霞客游记》中所说其原为王土,"今非王化所及",指的就是明末滇西八关之外的情况,因此,此时的边民互市是原来国内的商贸交易。

边民互市是云南对外贸易的特色商贸,以滇缅贸易为代表,曾是清代对外贸易的重要组成部分。边民互市,以所有换所需,就近就便的商贸形式有效推动了国际贸易的发展。史载:"蛮暮、新街一带,闻向为缅夷贸易处所,沿江南下,并有缅夷税口,则其地贸易之货必多。……前此腾越州等处民人往来贸易,习为常事。"③《高宗实录》记载:"乾隆三十三年九月庚寅,拿获收买边外野人棉花等货物的左国兴,时值清顷交战,闭关禁市之时,误将其认为缅酋密探,被押解

---

① (明)徐弘祖:《徐霞客游记校注》(下),云南人民出版社1993年版,第1046—1047页。
② 同上书,第1052页。
③ 云南省历史研究所:《〈清实录〉越南缅甸泰国老挝史料摘编》,云南人民出版社1986年版,第678页。

腾越枭首。"① 面对这些情况，清廷敕令各边境地方官员加强监督，留意偷渡边民、走私经商等违禁活动，如有发现，必须上报。为获得高额利润，商贩往往利用当地居民探测官方检查严格力度，利用当地边民身份便利夹带不少货物。就连两国发生军事摩擦时，也往往利用当地土人的方便身份刺探对方军情。为给当地边民带来实惠，朝廷亦制定了某些便利政策。例如，规定：正常的边民贸易照常进行，除战争物资之外的货物照常可以交易等。可见，边民互市已经不再是简单的商品贸易，其对民族文化传播和边境社会安定都至关重要。边民互市提高了中国对外贸易的能力，增强了对东南亚国家的辐射力，提高了中国的影响力。

第四节 区域经济文化的辐射

辐射，是本体的对外延展，也就是说文化要能辐射，首先必要求该文化具有自身的优越性，否则不可能扩展并影响其他地域和文化。中华民族呈现出的是多元、多区域和多中心的文化优势，这些多元文化向中原中心文化发展，中原文化汇聚成核心文化形成优势后又向四周辐射。②"南丝路"在经济与文化上的延续与影响，应该从布罗代尔的"长时段理论"来看，其时间影响力未曾中断，其空间影响力包举宇内，因此，"南丝路"上的经济文化辐射强度惊人。

---

① 《清高宗实录》卷八百一十八，中华书局1986年版，第7页。
② 陈连开：《中华民族的起源与中华民族的形成》，载《中国古代文化史》，北京大学出版社1989年版，第5页。

一　川滇贸易的交流

最早开放的"南丝路"是以丝绸运输发展起来的，商周时期中国的丝织技术已经达到较高水平。① 中国是丝绸的原产地，蜀地丝织技术较为发达，其丝绸品质优良、品种繁多，所以，从古代开始，丝绸作为经济文化的交流媒介，被输送至各交好邻国，巴蜀的丝绸经由"南丝路"运往国外的途中需经过云南。在长期的对外贸易发展中，四川与云南也发生着经济贸易联系，川滇文化在经济贸易中融合共生。

战国后期，秦国和楚国势力较大，巴蜀两国受到强邻的压迫，遂积极向南开疆拓土。② 公元前316年，秦国军队南下灭掉蜀国，蜀王率领部分子民沿着岷江和横断山区东部边缘南下并进入安宁河流域以及滇西部地区。之后秦军讨伐这些地区，迫使一部分蜀人继续南下。散落在云南的蜀人，开拓了四川至云南的道路，为之后的滇蜀贸易创造了条件。考古资料显示：在安宁河流域以及金沙江沿岸地区，发现的一批战国晚期至西汉前期的蜀人墓葬和蜀式器物。这些器物可能是直接从蜀地输入云南的，也有可能是贸易发展而输入的。总之，蜀人不断南下的过程中，开通了早期"南丝路"的川滇线，使得云南和四川的贸易交往和文化交流不断发展。

唐宋时期"南丝路"上川滇的商贸主要以朝贡贸易和茶马交易为

---

① 夏鼐：《我国古代蚕、桑、丝、绸的历史》，《考古》1972年第2期，第12—27页。

② 苍铭：《西南边疆历史上人口迁移特点及成因分析》，《中央民族大学学报》2005年第5期，第11—17页。

主，朝贡贸易具有浓厚的政治意义。朝贡贸易是形成于封建制度下、存在于中原政权和臣民国家或者民族之间的贸易活动，"南丝路"川滇段的商品贸易在唐宋时期主要是朝贡贸易。朝贡品一般为一些当地特产，"主要分为包括纺织品、药物、海产品及珍珠、金属及制品、动物及制品"①。朝贡贸易的种类从一定程度上反映了川滇贸易的商品贸易种类。

之后随着民间贸易的兴起，商贸活动中朝贡贸易的地位不断下降，"南丝路"上的川滇段逐渐兴起民间贸易。民间贸易促进了四川和云南的商贸发展，民间贸易中除了生活必需品如盐、茶、布匹外，还有瓷器、马和"僰僮"等。在北宋时期，川滇贸易开始以茶马贸易著称，茶马交易摆脱政府的控制后，交易规模迅速增大，并形成了闻名于世的"茶马古道"。

滇蜀商品贸易的发展推动着四川和云南的经济发展，"南丝路"上的商贸活动经过演变和发展，促进了经济繁荣和文化融合。

二 巴蜀文化与滇文化的交融

古蜀文明历史悠久，文化内涵多元雄厚。从古至今，古蜀文化沿着"南丝路"向外传播和辐射，并在传播过程中与其他民族渗透交融。成都作为古蜀文化的发源地，连接四川西北、西南山地，穿越横断山区，贯穿云贵高原，四川作为南北民族的迁徙之道，其文化呈现出了多元和兼容的特点。提到古蜀文化，不得不提的是成都的青铜文化，其形成于春秋战国时期，在西汉时期达到了极盛。其中，三星堆

---

① 蓝勇：《唐宋川滇、滇缅通道上的贸易》，《中国历史地理论丛》1990年第1期，第158页。

文化起源最早，类型最为丰富，成为古蜀青铜文化集大成者。古蜀的青铜文化，对西南地区的青铜文明具有深远影响，它与西南各地区独特而神秘的青铜文化保持着各自鲜活的特征，构成了西南地区丰富多彩、绚丽多姿的青铜文化。

云南是"南丝路"上经济贸易交流和经济文化交融的必经之地，作为"南丝路"的要道，对沟通古蜀文明与周边国家早期文明交流发挥了重要作用。云南的青铜文化与古蜀文化的联系与区别，体现了古蜀文化与滇文化交融共生的特点。曾有文献记载关于云南与四川的交往关系，二者不仅在商品贸易方面交流交往，经济文化交往更是频繁。历史上蜀文化对滇文化的影响主要体现在青铜器方面，古蜀青铜文化诞生年代较为古远，发展的时间较为持久，因此古蜀青铜文化影响了云南早期的青铜文化。

古滇区域和古蜀区域的考古资料显示了古滇文化与古蜀文化交融交合的有力证据。青铜器的原料分析可以显示巴蜀青铜文化和云南青铜文化的异同，就青铜器的合成材料来看，巴蜀青铜器的合金成分与云南出土的青铜器的合金成分较为接近。如三星堆的青铜器与晋宁石寨山出土的青铜器合金成分相似，青铜器的原料一般为云南盛产的锡和铜。据四川文物考古研究所研究表明，三星堆青铜器中所含的铅来自于云南。[1]

装饰品的造型和制作方法的异同也从一定程度上体现了青铜文化的多元兼容性。云南地区青铜装饰器物主要有青铜扁形手镯、戒指、耳坠、耳环、动物牌饰、小铃等。动物装饰的主要制作方法一般为焊接、浅浮雕、阴刻等，对青铜礼器、兵器和工具、日用器进行装饰雕

---

[1] 段渝：《论商代长江上游川西平原青铜文化与华北和世界古文明的关系》，《东南文化》1993年第2期，第93—98页。

琢。也有单独制作成动物牌饰以作装饰品的。类型丰富,形态各异。

总之,滇文化与蜀文化的交融共生,丰富了"南丝路"的经济文化,体现了"南丝路"的开放兼容性。

三 茶马古道与汉藏文化的交织

清代以后,滇藏贸易逐步发展形成了茶马古道。滇藏路上的茶马贸易具有历史时代背景,体现出各民族在经济发展中相互依存、团结互助的关系。茶马交易对汉藏人民至关重要,藏族人民"不可一日不饮茶",所以茶作为藏族人民的必需品,与其生存息息相关,而马又是交通工具,同样意义重大。在滇藏的贸易中,茶、马、商人是滇藏贸易中鲜活的血液,流淌在茶马古道上,焕发出勃勃生机。

中甸是云南、西藏和印度的交通枢纽,在"南丝路"和"茶马古道"上属于商业要道。史料记载,"康熙二十七年(1688 年)朝廷即应达赖喇嘛请求在中甸立市。归化寺喇嘛藏商凭借自己雄厚的经济实力和政治影响力控制了中甸的经济和贸易命脉"[①]。《中甸县志》亦载:

> 中甸为滇、康、藏三省区商业交通要道,凡云南运出康藏之茶糖、布、线、粉丝、辣椒,并康藏输入云南之山货药材、皮毛及氆氇栽绒等类,均以中甸为交易场所,由在清末民初,商贸云集,县城东外,本寨有大商店五十余家,归化寺左侧之白腊谷复有大堆居二十余所,形成一巨商堡垒、每年货财出入,最少亦在

---

① (清)倪蜕:《滇云历年传》卷十一,云南大学出版社 1992 年版,第 543 页。

七百万元之上。①

此后，中甸一带的商业活动主要以茶叶贸易为主，还有经营一些铁器、铜器、布、丝线。贩卖至西藏后从西藏购回羊毛、毛毯、藏帽、药材等。据载：

> 归化寺是茶马互市的贸易中心，喇嘛生活中对日用品和食物等商品的需求带动了归化寺周边商业的发展，纳西族商帮看到商机遂迁移至归化寺周围的支那村和春枯路村，纳西族商帮在支那村向喇嘛出售一些日用商品和食物，如烟、酒、茶、糖、豆腐、凉粉等，喇嘛们也利用休息时间到支那村购买商品和食物。②

滇藏经济贸易的发展，促进了汉藏文化的交流，汉藏文化在茶马古道上交织交融。千年茶马古道穿行于云南、四川和西藏之间，作为地势最高的文化传播古道，茶马古道连接着古道上的民族文化，尤以汉藏文化为主，促进了民族文化的衍生和传承。茶马互市是以茶马的贸易为内容，以茶马古道为交通要道，以马帮为运输工具的商贸形式。③滇藏茶马古道是对外贸易史上的主要通道，与中国古代海上丝绸之路、西域丝绸之路、"麝香丝绸之路"有着同样的历史价值意义。在 1000 多年的运输过程中，藏族马帮沟通滇藏，往返于尼泊尔、缅

---

① 云南省中甸县地方志编纂委员会：《中甸县志》，云南民族出版社 1997 年版，第 4 页。
② 云南省编辑组：《云南少数民族社会历史调查资料汇编（一）》，云南人民出版社 1986 年版，第 56 页。
③ 周智生：《历史上的滇藏民间商贸交流及其发展机制》，《中国边疆史地研究》2007 年第 3 期，第 20—21 页。

甸、印度运送物资，成为滇藏贸易的中坚力量。每年藏族地区从内地购入的商品主要是茶，数量可达数千驮。此外还有砂金、朴硝、毡、布、绵绸、糖、盐、铁、金、火腿、铁锅、铜器、银、粉丝、腊肉等；从缅甸、印度和西藏输回内地的货物有虫草、麝香、咔叽布、染料、香烟、贝母、牛黄、藏红花等名贵药材和褥子、毛毯、羊毛、氆氇、延寿果、羔皮等名贵特产。马帮运输推动了商道周边城镇商品商贸的发展，一些重要商品集散地或基层中转站商铺云集，可达数百家。各种商品种类琳琅满目，一派繁华景象。

藏族人民的生产方式为半农耕半游牧，生产方式落后且居住环境艰苦，康巴藏区的政权是一种土司制度和有限的封建僧侣政治的结合体，[①] 由于地理环境的因素，藏族人民需要从外地输入较多的必需商品。藏族人民一般向内地其他民族购买茶叶、食盐、丝绸、布匹等日常生活必需品，除此之外还有铁器、铜器、银器等生产工具和生活用具。小到茶叶、食盐等生活必需品，大到奢侈富贵的世俗商品，抑或是体现寺庙威严神圣的宗教用品，都需要从外地购入。由此可见商业、商道、商品对于藏族人民的意义之大，为了促进经济贸易的稳定快速发展，保证商道的畅通无阻，当地的地方势力亦以商业利益为出发点，纷纷制定相关政策以保贸易畅通。

"南丝路"上的滇藏路线不仅在商品贸易、经济文化交流上起着重要的作用，而且作为通往国外的国际要道，在战争期间为维护国家和平，做出了不可磨灭的贡献。鸦片战争以后，西方势力逐步渗入藏族地区，清廷亦敏锐察觉，随即任命赵尔丰为川滇边务大臣，经营川滇藏边地区。赵尔丰随即通过"平康三策""经边六事"等政策以及

---

① 曾传辉：《试论当代藏区政教关系的变迁》，《宗教与世界》2003年第5期，第89—91页。

"拓展滇康、川康间的商贸交流渠道等措施积极拓展藏边商贸,并派遣护商队保护往来于康区的各省商队"。① 大批商人在赵尔丰政策的指引下,积极往返于川滇藏边地区,从事商品贸易,此地商业繁盛一时,外地商人多达数万人。一些云南特有的民族商帮包括回族商帮、白族商帮和纳西族商帮,纷纷进入此地贩卖商品,他们在康定设商号的分号,主要经营藏族人民所需的日常用品和百货,如茶叶、食盐和布匹等。除了少数民族商帮外,还有一些汉族商人也大力开展商贸活动。在经济活动过程中,汉族和藏族的习俗文化交流交织,互相影响、互相作用。

第五节 异域经济文化的融通

"南丝路"表面上是中国发展经济贸易的重要通道,实质是一种文化的地域扩展,所产生的影响是文化向心凝聚,因此,"南丝路"最主要的意义即是多元经济文化的交融共生。钱穆说过:"中国的文化新生,与其一番新生力量,本体均在新地域新疆土上产生。故我谓中国文化的发展,随着新地域的转进而扩大。"② 本国文化和异国文化的交流碰撞,对形成新文化意义重大。

云南现有的少数民族中,有16个少数民族与邻国边境居民有着同样的宗教信仰、风俗习惯和语言文化,在发展边境贸易方面起到了重要的作用。从古至今,云南通过"南丝路"与南亚、东南亚、西

---

① 周智生:《云南商人与近代滇藏商贸交流》,《西藏研究》2003年第1期,第78—84页。

② 钱穆:《中国历史研究法》,生活·读书·新知三联书店2013年版,第123页。

亚、中亚以及藏族地区相联系，滇文化的空间扩张和外廓延伸非常辽阔。由于云南与东南亚、南亚各国在文化方面的了解和交融程度较深，为云南省各民族与东南亚、南亚在文化上相互尊重、了解和包容创造了条件。文化上的相互了解反过来又可以促进各国的经济交流和经贸合作。

一 中缅经济文化交流

云南与缅甸贸易往来要追溯于汉代以前，汉王朝在云南西部开辟的"博南道"通往缅甸，同时在保山设置了永昌郡，为云南对缅甸的交通和贸易提供了便利。唐代和宋代时，南诏和大理先后统治云南500余年，与缅甸之间的贸易及文化交流得到进一步发展。南诏时期的货币是海贝，而海贝是从缅甸而进入云南的，由此可见唐代和宋代，缅甸和云南的交流已经很密切了。

元灭大理国之后，云南行省建立，由于军事的需要，中缅通道沿途多设立驿站。1287年，马可·波罗的游记中即记载了大理"躯大而美，贩售印度"的良马，可见当时中缅贸易已有往来。明朝时，中缅陆上商贸以棉布、盐、珠宝为大宗，棉布、珠宝是缅甸输往中国的主要商品，食盐则是中国出口缅甸的主要商品。缅甸以出产珠宝闻名世界，早在汉晋时期缅甸珠宝就作为珍奇商品输往中国，明代中缅珠宝商贸一度十分繁盛，当时运销中国的多为翡翠、水晶、琥珀、光珠、琉璃、蚌珠等，对明代影响颇大，上自后妃、下及平民仕女都以用金玉珠翠为饰为尊、为美。商人从珠宝商贸中获取了大量利润，"自永昌市之，取利三倍；至京师予之，可取利十倍"。

此外，还有许多缅甸玉佛由此路线传入中国。嘉靖六年（1527

年），明朝政府开始派驻官吏到云南主持宝石商贸。嘉靖末期，一年数次进贡宝石，每次达到 700 余两。为了控制宝石商贸，明朝政府在腾冲西南设立八关，并驻兵防守，准许汉族商人与猛拱、猛密、猛养商人在关外进行商贸，由巡司及防弁负责控驭，禁止铜利器的输入。但随着商贸的发展，八关废弛，中原商人在利益的驱动下，大批出关外互市，有时缅甸商人将珠宝、宝石换取铜斛达十万之多。中原商人中以江西人为众，他们多经腾冲入缅甸西路、正路、大路和南路，并且进入猛拱、猛养、猛密及江头城、蒲甘城、八莫一带，露宿山林，十人为一伙，号称"打野"。明朝时，中缅棉盐商贸非常繁盛，上缅地区由于战乱，食盐需求颇大，而当时中国又十分渴求印度及缅甸的棉花，便形成了中缅印盐棉商贸的繁荣景象。中国马帮运送大批量的食盐到缅甸和印度贩卖，之后又从缅印运回大量棉花，时间一长，棉盐贸易得到快速的发展，"江头城外有大明街，江、闽、广、蜀居货游艺者数万，而三宣六慰被携者亦数万"，① 便可很好地描绘棉盐贸易的繁荣场面。棉盐商贸一直延续到清朝初年，由于缅王莽白禁止棉花出口境外，盐棉商贸自此中断。

明朝时，中国与缅甸已经存在丝绸商贸往来。自 15 世纪起，中国商贾就往返于于永昌到勃固的商贸道路，源源不断地将中国的丝绸和其他货物运往勃固（白城）。据记载，缅甸玉梯柯都罗曾经用中国的丝织成纱笼赐给锡兰国王，可见当时缅甸人已经用中国丝制作筒裙了。但是总的来看，整个明代"南丝路"的丝绸商贸并不发达，可能有以下几个方面原因：一是石门道、建昌道作为运输丝锦最重要的道路，在明代都曾经一度完全受阻中断。二是当时云贵地区的丝织业尚

---

① （明）朱孟震：《西南夷风土记》，中华书局 1985 年版，第 6 页。

属落后，通海缎系明清交替时期由孙可望带到云南的 30 多位蜀锦工匠传授，直到清朝光绪即位后，昆明才开始聘请川浙一带的工匠织缎锦，但是因为滇缎成本太高质量差，而不能畅销。道光年间腾冲一带"州境少丝蚕之利，无工匠能织"，安宁河一带桑蚕发达，但此时也一度衰落。

除了上述宝石、丝绸、盐棉商贸之外，缅甸的原麻、赤藤、棉花，大量进入云南地区。云南地区用缅甸棉花、原麻制作而成的布匹久盛不衰，如洱海红布、大麻布、鹤庆井口布，等等。同时，为了满足中缅商贸发展的需要，利于通商往来和政治交流，明朝时政府还特意在昆明设立缅字馆，培养专门的翻译人才。

直到清代，"南丝路"上的中外丝绸商贸才发展起来，并占据相当大的比重。① 从这个意义来看，自清朝伊始，"南丝路"这一称谓才与事实相符。清代，经过康乾盛世的经营，四川蚕桑丝织业得到恢复，丝织品出口商贸繁荣起来，大批经营丝绸的华侨商号如雨后春笋般涌现在中缅边境。乾隆三十三年（1768 年），云南奏报朝廷的文书中记载中国输出缅甸的大宗商品正是四川黄丝。清道光年间（1821—1850 年），腾冲华侨商号"三成号"等经营中缅棉花丝绸商贸，"三成号"不仅进口缅甸棉花，同时还往缅甸都城阿瓦等地输出四川丝绸，并帮助缅甸开设了丝绸加工厂。此外，《中英续议滇缅商务条约》第八条规定：自云南输入缅甸的中国商品，除烟酒禁止进口外，其他商品全部享受免税待遇，然而对于经海道从仰光进口的商品，则征收15%的进口税。这一规定对四川丝绸通过"南丝路"出口缅甸大为有利。四川黄丝大批出口缅甸，最高年份达到两万担。

---

① 蓝勇：《明清"南丝路"国际商贸研究》，《西南民族学院学报》1993 年第 6 期，第 19—21 页。

历史上"南丝路"真正较大规模的丝绸商贸,是到了清朝才兴起的。清代,中国最需要的物资,依旧是上缅甸地区出产的宝石和缅甸中部地区所产的棉花,而缅甸所渴求的中国大宗商品,已不再是中国的食盐,而是中国的丝织原料——生丝及质量最上等的丝织品,① 这样清代"南丝路"上就形成了大规模的丝绸、珠宝、棉布商贸。当时印度妇女的莎丽(披肩)和缅甸人的筒裙(纱笼)大多使用川丝织成。元明以后,湖北、湖南及四川的丝绸业有了长远的进步,明代四川成都已是"俗不愁苦,多工巧,绫锦雕镂之物被天下"。清朝时,四川从江浙引入更先进的丝织工艺,四川的丝织业有了巨大的进步。交通方面,经过改土归流和整顿驿道,清朝一改前朝时川滇建昌旧道和石门旧道的闭塞不畅的状况,普安东路和乌撒入川旧道再次成为云贵地区沟通中原内地的交通要道。经过这两条道路,大量四川、两湖的生丝和丝绸输往云南。明清时期中国经济重心南移已经成为定局,特别是西北陆上丝绸之路商贸的衰落,客观上有力推动了"南丝路"上丝绸商贸的发展。清代中缅陆上丝绸商贸十分显著,17世纪中叶时循着这条道路,大量的中国丝绸及其他商品源源不断地进入缅甸,有时商队牛车甚至多达三四百辆,驮驴可达两千只。缅甸故都阿摩罗补罗的观音寺碑文上记载着"继以两国修睦,商人渐进,丝绵往来,裕国通商"。1868年,云南奏报文书中谈到中国出口缅甸的物资大多以四川黄丝为大宗。18世纪的意大利神父圣伽曼诺曾谈到从云南到八莫的这条国际商道上有来自中国的运输商队,商道上充满了经商之人和一些劳工,驮运货物的骡马也有几千匹,经商之人从中国购入大量丝绸,八莫有专供中国商人休息和文化活动的关帝庙,该地区的很

---

① 陈炎:《中国同缅甸历史上的文化交流(中)》,《文献》1986年第12期,第41—45页。

多仓库都堆满了运来的丝绸和待运回的棉花。据统计,晚清时经过腾越关运往缅甸的中国商品物资中黄丝总值占其总值的七八成之多,足以说明在清代特别是晚清时期的"南丝路"上中外丝绸商贸占据绝对地位。

中国与缅甸之间的贸易,特别是云南与缅甸之间的传统贸易建立在云南人民和缅甸人民平等互惠、互通有无的基础上,不论何时,这种互助互利的贸易往来都是缅甸人民和云南人民不可或缺的部分,任何原因导致中缅贸易的中断,两地商品无法及时交换,都会给两国人民带来巨大的损失。如历史上的清缅战争期间,滇缅贸易一度停顿,云南地区的棉价便明显上涨,缅甸一些地区的人民对中国商品急需却无从购买,致使缅甸人民"日用无资""生计艰难"。总之,维护中缅关系,促进两国商品贸易交往和文化沟通,保证滇缅通道的顺畅无阻,是两国人民的共同心愿。

二 中印经济文化交流

中印两国经济文化的交往起源较早,其中,巴蜀所产的"蜀布"即是沿"南丝路"输往印度的主要商品,"其布则细都弱折,绵茧成衽。阿丽纤靡,避晏与阴,蜘蛛作丝,不可见风,筒中黄润,一端数金"[1]。可见,其价格虽然昂贵,但舒适透气,尤其适合在热带地区穿着。"蜀布"究竟是不是丝绸呢?《后汉书·西域传》中记载,大秦"又有细布,或言水羊毳,野蚕茧所作也"[2]。可见,丝绸也可称

---

[1] 童恩正:《古代的巴蜀》,四川人民出版社1979年版,第112页。
[2] (南朝·宋)范晔:《后汉书·西域传》卷八十八,中华书局2000年版,第1952页。

为布，"蜀布"也有可能是丝绸。在印度，当地语言"支那帕塔"，也意为"支那成捆的丝"，因此有的历史文献中也称蜀布为"支那帕塔"，① 可见丝绸与布的界定并不是那么严格。

同时，印度的一些特产亦通过"南丝路"的商道运至中国西南地区，中国西南地区也会将食盐或者铁器经"南丝路"运往印度。《后汉书·哀牢传》记载，永昌郡"出铜、铁、铅、锡、金、银、光珠、琥珀、水精、琉璃、轲虫、蚌珠、孔雀、翡翠、象、猩猩……"② 在这些物品中，光珠、琥珀、翡翠、琉璃、轲虫等商品均不是永昌出产之物，可知其很可能来自印度、缅甸等地。

此外，海贝也是印度输入云南的主要货品，并被用作货币进行商品交换。历史上的云南与印度都曾使用贝做货币，说明中印经济文化交流的历史源远流长。

茶叶的输出与传播也是中印贸易的重要组成部分。尽管到底是谁什么时候将茶树传入印度依旧是个谜。根据历史资料推测，僧人将茶树种传入印度的可能性极大。从另一方面看，传到印度的制茶工艺，如手搓炉焙在中国是在公元 14 世纪后期出现的。制茶工艺的发展，证明了印度当时已经栽培了相当数量的茶树，产生了对茶叶制作的进一步需求。

除了茶树外，在印度与云南还有一些农作物极其相似。史料有载："从曲靖州以南，滇池以西，土俗唯业水田。种麻、豆、黍、稷，不过町疃。水田每年一熟"，"蛮治山田，殊为精好"，"荔枝、槟榔、

---

① ［印］R. 塔帕尔：《印度古代文明》，林太译，浙江人民出版社 1990 年版，第 118 页。

② （南朝·宋）范晔：《后汉书·南蛮西南夷列传》卷一百一十六，中华书局 2007 年版，第 1925 页。

诃黎勒、椰子、桄榔等诸树，永昌、丽水、长傍、金山并有之"，"丽水城又出波罗蜜果，大者若汉城甜瓜，引蔓如萝卜，十一月十二月熟。皮如莲房，子处割之，色微红，似甜瓜，香可食"，"云南出甘橘、甘蔗……"①

这些关于印度和云南植物的记载充分说明中国与印度从很早就开始交流。

东汉永平八年（65年）明帝派遣使者前往西域拜求佛法，至此，佛教开始在中国内地出现并逐步发展，成为中国与印度、南亚、东亚等国宗教文化、经济文化和民族文化交流的纽带，极大地促进了中国与上述国家和地区在更为广阔的空间内开展经济、文化与宗教的多领域交流与碰撞。

"南丝路"对于佛教文化的传播意义重大。元代郭松年曾这样记述道："此邦之人，西去天竺为近，其俗尚浮图。家无贫富，皆有佛堂。人不以老壮，手不释数珠。"② 可见印度佛教传入中国后，影响着各地区的文化生活，特别是对大理的宗教文化产生了极大的影响。公元8世纪前后，"印度密教阿吒力由摩揭陀国出发，经缅甸北部传入南诏"③。之后"深得南诏、大理统治阶级的青睐，在政治和经济上给予大力扶持。……大修佛寺，广收教徒，成为南诏、大理的主要宗教"④。至今，在剑川石窟仍有印度风格的石刻雕塑。

佛教传播可以带动社会文化和经济文化的双向交流与沟通。在云南各地，由印度传入的佛教各教派均发展了自己的信徒，同时还将带

---

① （唐）樊绰：《蛮书校注》，中华书局1962年版，第171—172页。
② （元）郭松年：《大理行记》，中华书局1985年版，第3页。
③ 杨学政：《云南宗教知识百问》，云南人民出版社1994年版，第21—23页。
④ 同上。

有鲜明特色的佛教文化融入云南本土的建筑、音乐、绘画等领域。有研究发现,"由于对外交往和传统联系而形成的以西双版纳和德宏为代表的傣族文化,受宗教文化影响很大。不仅伴随宗教传播而来的文字、天文历法、经典、文学和传说故事等对傣族原有的文化冲击很大,在日常生活、习俗等许多方面影响也很大,甚至深入到其文化深层参与了民族性格的塑造。而同时,原来的许多文化传统又保持下来,并与传播来的文化相融合"①。至今印度、东南亚有对龙的崇拜,南传佛教也是沿着"南丝路"传入中国云南的。

三 中泰经济文化交流

泰国与云南直接接壤,一直是中国的友好邻国,"道光《云南通志稿》中记载,今西双版纳勐腊、景洪两县南部边境,有两条陆路交通线在暹罗北部会合,然后经景迈、南奔等地,再沿湄南河南下,直抵暹罗都城曼谷"②。

泰国与云南自古以来就有着密切的交往和联系:其一为随着泰族先民南迁泰国形成的"稻米之路";其二为沟通泰北和中国之间的商道。泰北地区因邻近中国,中国西南青铜文化曾传播到此。加上云南移民的进入,双边贸易日渐繁荣。

尽管"南丝路"早在先秦甚至商周时期就已开通,但由于史籍记载较少,中泰之间的贸易交通一直不甚明了。唐人张道宗的《纪古滇说》中云:

---

① 颜思久:《云南小乘佛教考察报告》,载《宗教调查与研究》,云南省社会科学院宗教研究所1986年版,第410页。

② 吴兴南:《云南对外贸易史》,云南大学出版社2002年版,第77页。

第四章 古代"南丝路"经济文化的融生 | **169**

唐玄宗开元十五年也,五诏遂平服,唐册王为特进云南王越国公,开府仪同三司。自唐进封之后,永昌诸郡、缅、鲜、暹罗、大秦此皆西通之国,交趾、八百、真腊、占城、挝国,此皆南通之国,俱以奇珍金宝盐棉毡布琚巴具岁进于王不缺,于是国渐有昌也。①

明清时期对云南与泰国的商贸活动有记载的文献较多,其中《西洋朝贡典录》卷中即有对暹罗国的相关记载:

国之西北可二百里,有市曰上水,居者五百余户,百货咸集,可通云南之后。其交易以金银、以钱、以海贝。其力珍宝、羽毛、齿、革。其谷宜稻。其畜宜六扰。有石焉,明净如榴子,其品如红雅姑,其名曰红马斯肯的石。善香四等:一曰降真,二曰沉香,三曰黄速,四曰罗斛。多花锡、象牙、翠羽、犀角。多花梨木、黄蜡,多白象、白鼠、狮子猫。②

可见,当时连接泰国中部和云南之间的商道不仅畅通,"而且'百货咸集','交易以金银、以钱、以海贝',这里当是'南丝路'上的一个重镇,海贝不但暹罗使用,而且云南、缅甸等地也长期用其作为货币"③。可见,"南丝路"为我国与东南亚贸易的主要通道。

从云南进入泰国经商的回族商帮和马帮的数量与规模在明代达到

---

① (元)张道宗:《纪古滇说》,台北图书馆1981年版。
② (明)黄省曾:《西洋朝贡典录》卷中,中华书局1991年版,第18页。
③ 申旭:《中国西南对外关系史研究》,云南美术出版社1994年版,第161页。

顶峰，这一点可以从西方人的著作中推测，"英国商人费奇氏（Ralph Fitch）在其《1583年至1591年旅行记》中记载说：'清迈城中，滇籍华商甚众，所售货物，有麝香、金、银等中国商品。'"① 说明当时在泰国的商品贸易活动中，中国的商人居多，所贩卖的商品种类齐全。中国与泰国经济贸易发展迅速，而往返于云南和泰国的回族商帮，不仅擅长经商，还敢于冒险不怕吃苦，所以到清朝时期，云南与泰国的商品贸易几乎被回族商帮和马帮垄断，而部分回族商人也在商贸活动中移居泰国、缅甸等东南亚国家。

清朝时期，政府与泰国关系极为密切。为了维护和发展对外关系，清朝政府在翰林院下面设立了四译馆，其中包括暹罗馆还有八百馆。这一时期文献中关于暹罗和八百等国的史实记载较多，如顾祖禹《读史方舆纪要》记载："八百大甸军民宣慰使司：东至老挝宣慰使司界，南至波勒蛮界，西至木邦宣慰使司界，北至孟良府界，自司治北至布政司三十八程，转达于京师。"② 中国与泰国的经济交好奠定了中国的国际地位，为中国对外贸易发展创造了条件。更为重要的是，在同泰国的贸易交往中，民族经济文化与异域经济文化相互借鉴与融合。

综上，"南丝路"上经济文化兼容开放交融共生，各民族的文化相互渗透、相互影响，都印证了"南丝路"实质是一条经济其外、文化其里的路途！

---

① 姚继德：《云南回族向东南亚的迁徙》，《回族研究》2003年第2期，第36—46页。

② （清）顾祖禹：《读史方舆纪要》卷一百一十九，中华书局2005年版，第5206页。

第五章

古代"南丝路"经济文化的复兴

古代"南丝路"从无到有,从民间商道到官营道路,从单纯的贸易之路到兼有商贸、外交、军事和文化交流功能的国际大通道,集中体现了古代中国人民勤劳智慧、开拓进取、积极谋求沟通外部世界的努力,体现了古代中国的开放共融意识。只有将自身的经济文化与其他文明建立常态化交流机制,取各家所长,为我所用,实现自我纠正,方能使中华文化永葆生机,文明长盛不衰。在当今经济全球化和区域经济一体化的背景下,中国提出建设"一带一路"倡议,实现与亚非欧大陆及附近海洋的互联互通,建立和加强与沿线各国的伙伴关系,实现沿线各国多元、自主、平衡、可持续的发展,同时提高中国经济竞争力、扩大地缘政治影响力、深化与周边国家友好合作关系,复兴"南丝路"经济文化的时代已经到来。

第一节 古代"南丝路"经济文化与"一带一路"倡议

一 开放新格局带来的发展机遇

在全球和平与发展主题引领、经济全球化和区域经济一体化深入发展的大背景下,对外开放为中国 30 多年的高速发展提供了强劲动力,中国一跃成为世界第二大经济体,聚焦了整个世界的目光和关注,成为一支牵动世界全局、引领区域经济创新发展的重要力量。

  2013 年 9 月,习近平主席出访中亚国家并倡议用"创新的合作模式,共同建设'丝绸之路经济带'"。党的十八届三中全会通过了《中共中央关于全面深化改革若干重大问题的决定》,明确提出"推进丝绸之路经济带、海上丝绸之路建设,形成全方位开放新格局"[①],明确了"一带一路"建设在国家开放中的重要地位。在 2015 年 9 月 15 日结束的中央全面深化改革领导小组第 16 次会议上,出台了《关于支持沿边重点地区开发开放若干政策措施的意见》,指出"沿边重点地区是我国深化同周边国家和地区合作的重要平台"。提出"要以改革创新助推沿边开放,允许沿边地区先行先试,大胆探索创新跨境经济合作新模式、促进沿边地区发展新机制、实现兴边富民新途径"。中国对外开放的新格局,带来了对外开放的新机遇,也带来了"南丝路"经济文化的时代复兴。

  新型国际环境下的中国牢固树立"亲、诚、惠、容"的外交理念,主动应对全球形势变化,统筹国内国际两个大局,深入实施"以邻为伴、与邻为善""睦邻、安邻、富邻"的外交方针,倡议并推动实施"一带一路"倡议,打造中国—东盟自由贸易区升级版、大湄公河次区域合作升级版,建设亚太命运共同体和亚太自由贸易区等一系列友好主张。近年来,随着国家实施积极的对外开放战略,加快打造

---

① 中国共产党第十八届中央委员会第三次全体会议通过:《中共中央关于全面深化改革若干重大问题的决定》,2013 年 11 月。

对外贸易新优势，构建包容共赢的对外开放新格局，深入实施西部大开发、加快沿边地区开发开放、以周边为基础加快实施自由贸易区战略、加快建设丝绸之路经济带、21世纪海上丝绸之路、孟中印缅经济走廊、中巴经济走廊、沿边国家重点开发开放试验区等重大战略举措纷纷出台，相关政策规划密集制定实施。中国在巩固提升沿海开放的同时，开放重心逐步向中西部倾斜，推进"一带一路"倡议已成为世界瞩目的焦点，与相关国家打造互利共赢的"利益共同体"和共同发展的"命运共同体"，成为中国主动应对国际形势变化的重大战略决策。在此基础上，中国发起成立亚洲基础设施投资银行，设立丝路基金，为"一带一路"互联互通有关的项目，为沿线国家基础设施建设，资源开发利用、产业合作和金融合作等提供投融资支持。在 APEC 工商领导人峰会上，习近平表示未来 10 年中国对外投资将达到 1.25 万亿美元，[①] 这意味着中国对外开放将开启全新格局。以 2014 年 APEC 北京会议周期间发表的《北京纲领：构建融合、创新、互联的亚太经合组织第二十二次领导人非正式会议宣言》，及《亚太经合组织推动实现亚太自贸区北京路线图》《亚太经合组织推动全球价值链发展合作战略蓝图》《亚太经合组织经济创新发展、改革与增长共识》《亚太经合组织互联互通蓝图（2015—2025）》等文件为标志，"一带一路"倡议已经成为举世瞩目的焦点和亚太地区的坚定共识，中西部地区由此进入大开放促进大开发、推动大改革、实现大发展、维护大安全的全新历史时期，新"南丝路"经济带建设构想已启动实施。

---

① 习近平：《谋求持久发展 共筑亚太梦想：在亚太经合组织工商领导人峰会开幕式上的演讲》，《人民日报》2014年11月10日第2版。

二 国际经济一体化的客观要求

连接南亚、东南亚的古代"南丝路"已有数千年历史,回眸往昔,古代"南丝路"以经济贸易、文化交流、友好往来以及地缘政治关系联结南亚、东南亚。古代"南丝路"在各个不同时期联系的内容、作用、方向和规模在不断变化,但有一条却始终没有改变,即"南丝路"在如此漫长的岁月里一直起着国家间和文明间联系桥梁的作用,它在确立和维护中国与南亚、东南亚各国,甚至远达非洲和欧洲的对外联系、友好交往方面的意义是不可估量的。

作为经济全球化的早期版本,丝绸之路曾经是古代东西方经贸往来、文化交往的国际大通道,在东西两大经济和文明中心的驱动和相互牵引下,古"南丝路"通过商品流动和文化交往等,使沿线国家、地区和城市实现共同繁荣与发展,对人类的贸易互通和经济文化交流产生了极其深远的影响。但囿于自然条件、交通运输技术条件及政治军事等因素的限制,古代"南丝路"的历史跌宕起伏,经历了开启开拓、繁荣盛兴、式微衰落、一度沉寂等时期。在当今国际经济一体化的大背景下,提出和建设丝绸之路经济带,其战略意义在于:"有利于促进新亚欧大陆桥区域的交流与融合,形成紧密的经济区;有利于推进人民币国际化,增强抵抗国际金融危机的能力;有利于中国区域协调发展。"[①] 此外,建设丝绸之路经济带还有助于提升西部地区对外开放水平,优化中国经济总体布局。重启古代丝绸之路,全面推进"南丝路"经济带的建设,在一定程度上将会改变区域经济发展格局,

---

① 任宗哲、石英、白宽犁:《丝绸之路经济带发展报告(2014)》,社会科学文献出版社 2014 年版,第 3 页。

推动中国经济可持续发展。

"南丝路"沿线的缅甸、印度、孟加拉国等国相对而言均为发展中国家,此前多国、多边的合作动力有限,利用国与国之间地理相邻、经济互补性强、合作基础良好、发展潜力巨大的优势,进行经贸合作,构建具有强大吸引能力和辐射能力的"南丝路"经济带,将复兴古"南丝路"经济文化,作为打造国际区域合作平台的抓手,能够通过"南丝路"沿线国家延伸带动亚洲经济最重要三块区域的联动发展。"随着区域经济一体化步伐的加快,'南丝路'沿线各国发挥地缘优势,进一步巩固政治互信、深化投资贸易、促进互联互通和加强人文交流显得更为重要。"[①] 国际区域经济一体化的大势所趋,奠定了积极推进"南丝路"经济带建设的基础。从当前发展来看,消除阻碍区域经济一体化的种种障碍,推动"一带一路"建设,加快实施自由贸易区战略,在区域合作机制方面不断创新,扩大贸易、投资合作空间,是中国加强国际合作、构建区域经济一体化新格局、维护地区安全、实现与相关国家共同繁荣发展的现实需要。

三 实施印度洋战略的必然选择

中国80%以上的对外贸易都要经过海洋运输实现,85%的石油都通过海运完成,中国不是印度洋国家,但印度洋是中国最为重要的贸易、能源通道之一,这一切决定了中国在印度洋拥有战略利益诉求。记得英国一位海军将领曾将多佛尔海峡、直布罗陀海峡、苏伊士运河、马六甲海峡和好望角形象地比喻为"五把钥匙锁住世界",其中

[①] 范建华、齐骥:《论云南在国家向西开放战略中的地位与作用——开放大西南重振南丝路的战略构思》,《学术探索》2014年第4期,第24页。

印度洋就掌控了苏伊士运河、马六甲海峡和好望角这"三把钥匙","印度洋是连接大西洋和太平洋、欧洲和亚洲航程最短的关键性战略通道和名副其实的'海上生命线'"①。

从未来海洋贸易的路径选择看,中国内地加工制造的产品,沿海地区的物资、商品,通过东部沿海地区和世界各国的贸易往来是正确的,但地理环境和条件决定了中国没有能够通往印度洋的出海口,通过西南陆路进入印度洋也是与非洲、欧洲贸易、交流最经济、最便捷的通道,是高屋建瓴的新选择。古"南丝路"本身不与印度洋相连接,但古"南丝路"陆路天然的地缘优势,决定了它必然是中国从陆上通往印度洋,建立通往印度洋出海口陆上通道的最佳选择。

打通通往印度洋的通道,除了缩短贸易航程外,对于中国能源安全,改变马六甲为唯一运输通道的现状,确保石油等战略性物资和海上贸易运输运距短、安全性高的需求。而进入印度洋的关键,是在"一带一路"建设海上丝绸之路的同时,建设"南丝路"经济带,沿古"南丝路"主路建设国际大通道,贯通中国西南和东南亚、南亚。建设"南丝路"经济带,沿"南丝路"进入印度洋是国家"一带一路"倡议的重大举措,也是中国新时期对外开放的突破口。

四 亚洲命运共同体的战略需要

"南丝路"经济带的重新构建和发展,是对亚洲命运共同体的职责担当,是中国在国家、地区、世界政治、经济、文化一体化发展进

---

① 宋德星:《利用印度洋是 21 世纪中国实现战略拓展的重要选择》,《和平与发展》2014 年第 5 期,第 13 页;王湘穗:《发展与安全:一带一路的两翼》,《中国投资》2015 年第 4 期,第 44 页。

程中最好的回应。在复杂的全球政治经济背景下，亚洲各国发展的根本出路在于经济互助、社会共融；亚洲的美好未来要依赖各国的自身发展，更要依托于地区的共同进步，要把经济的互补性转化为发展的互助力，提升区域和次区域合作水平，不断扩大利益交汇点，实现互惠共存、互利共赢。地区国家凝聚共识、同舟共济、积极作为、共同担当，维护亚洲的和平与稳定。

习近平就任中国国家主席之后，在关于中国外交的系列讲话中提出了"命运共同体"这一高频核心词。2013年3月，习近平在莫斯科国际关系学院发表演讲时就提到了"命运共同体"的概念。随后，"习近平更是用'命运共同体'定位新时期中国与亚洲周边国家的关系，提出'让命运共同体意识在周边国家落地生根'"。2014年，李克强总理在博鳌亚洲论坛发表主旨演讲，亦提出构建亚洲共同体的三大观点："第一，坚持共同发展的大方向，结成亚洲利益共同体。第二，构建融合发展的大格局，形成亚洲命运共同体。第三，维护和平发展的大环境，打造亚洲责任共同体。"①

"亚洲命运共同体"的构建，是中国等亚洲国家在总结亚洲国家区域合作及世界共同体发展经验的基础上，基于世界政治、经济、社会、安全局势发展的新变化所提出的理念创新和制度创新。亚洲国家大多属于发展中国家，发展经济、改善民生、消除贫困的任务艰巨，有着促进经济社会发展，实现国家、民族、文明复兴的共同期望，在经济上有着密切的相互依存关系。不同制度、不同类型、不同发展阶段的亚洲国家在经济全球化背景下，相互依存、利益交融、共生共利，需要建立统一开放的经济空间，开展贸易、技术、金融的全方位

---

① 李克强：《共同开创亚洲发展新未来——在博鳌亚洲论坛2014年年会开幕式上的演讲》，《中外企业家》2014年第4期，第1—2页。

经济合作，在维护和追求本国利益的同时，兼顾他国的正当权益，建立更加平等均衡的新型发展伙伴关系和新型安全伙伴关系，以共同应对危机，确保经济安全，实现共同发展。

通过亚洲命运共同体的构筑、交通基础设施的互联互通、贸易投资的互利互惠、人民币国际化的探索实施，将延续古代"南丝路"的经济文化基因，传承与古代"南丝路"沿线国家的睦邻友好往来关系，完成"南丝路"经济文化的时代复兴。

第二节　古代"南丝路"经济文化与面向"两亚"辐射中心建设

2000 多年前，一条纵贯中国川、滇两省，连接缅、印两国的古"南丝路"，成为中国最早贯通的一条国际商道，见证了历史上中国与东南亚、南亚国家间的商贸繁荣。"南丝路"历经发展与繁荣，但由于道路崎岖、交通不便、运输成本较高等原因，随着海上丝绸之路的崛起而渐趋衰落。

近年来，一大批有识之士认为，随着国际经济一体化，中国与周边邻近国家之间经贸关系的依存度越来越高，打通这条沟通中国和南亚、东南亚各国的陆路大通道，不仅事关国家安全，而且有利于增强中国与南亚、东南亚各国经济合作和文化交流，有利于加快西部大开发进程，实现区域均衡发展。随着中国改革开放的进一步深入，在经济全球化大背景下，复兴"南丝路"、建设"南丝路"成为中国与东南亚、南亚各国的共同需要，其紧迫性和重要性日益突出。复兴"南丝路"，实现国际大通道联通环印度洋的广阔区域，成为建设"南丝路"经济带的宏伟构想。

一 云南在"南丝路"经济带建设中的地位和作用

早在秦汉时期,古代"南丝路"便造就了云南历史上的对外开放,近代滇越铁路的修建,带动了云南近代工业的发展。中国抗日战争时期,"滇缅公路""驼峰航线"使云南成为抗战物资供给的通道枢纽,在反法西斯东方战场上发挥着重要作用。从历史上看,云南在中国对外历史交往中曾长期扮演着内陆门户的重要角色。"一带一路"倡议的提出,为处在战略交汇点的云南带来了前所未有的机遇,使云南从中国对外开放的末梢走向前沿,有机会成为中国推进向西开放和沿边开放,向东南亚、南亚开放的区域辐射中心。

坚实的经济基础是发展沿边贸易的重要前提。由于历史、地理、政治和军事等方面的原因,长期以来,"南丝路"上的沿边地区——云南,经济发展比较缓慢,远远落后于沿海地区,甚至与内陆一些地区相比也没有优势可言。经济结构失衡以及经济总量较小,使得云南在西部地区也只是处于中等地位,并不具有带动整个西南地区加快发展的能力,也难以在边境贸易中有效发挥贸易"平台"的作用。其次,云南与西南各省(区)之间的经济合作关系并不紧密,没有形成区域内互利合作、有效分工的对外开放格局,其间存在以劳动密集型和资源密集型产业为主的产业趋同现象,出口商品中以初级产品为主。从目前状况来看,在国际和国内通道建设、信息化建设、产业技术合作等方面,仍缺乏有效互动,在经济发展总体战略上缺乏协调。

2015年习近平总书记考察云南时提出:"希望云南主动服务和融

入国家发展战略,闯出一条跨越式发展的路子来,努力成为民族团结进步示范区、生态文明建设排头兵、面向南亚东南亚辐射中心,谱写好中国梦的云南篇章。"[1] 在中国沿边地区开发开放力度加大的背景下,新"南丝路"经济带建设迫在眉睫,云南辐射中心作用亟待发挥。

云南处于古代"南丝路"要道,是"一带一路"建设中"南丝路"经济带建设的重要省份,拥有面向东南亚、南亚,通过陆路可连接太平洋和印度洋的区位优势。从云南所处区位上,北上可通过四川、重庆到西安连接丝绸之路经济带,南下可通过相邻的越、老、缅、泰四国连接海上丝绸之路,沿西南方向可以从陆上沟通连接东南亚、南亚,并可通过中东直达非洲、欧洲。独特的区位优势,凸显了云南在"一带一路"建设中的特殊地位。

当前,云南在中国与东南亚、南亚区域合作中的地位和作用日益提升,从中国的西南边陲之地一跃成为中国与东盟、南亚三大市场的联结点和中国向西开放的前沿区。随着国家加大对云南等西部省区发展的支持力度,滇中产业新区等区域发展战略规划相继出台,云南将获得更多的政策优势。近年来,云南省一批重大基础设施和产业发展项目相继开工,通关便利化、跨境人民币结算、与周边国家综合交通网络互联互通工作取得重大进展,中国—南亚博览会永久落户昆明,这些都将为投资云南及邻近地区创造更多更好的机遇。沿边开放是云南在新常态下实现跨越发展的优势所在。

按照习近平总书记对云南对外开放的定位指示,发挥云南在"南丝路"经济带建设中作为面向南亚、东南亚的连接交会点、战略支

---

[1] 习近平:《坚决打好扶贫开发攻坚战 加快民族地区经济社会发展:考察云南讲话》,《人民日报》2015年1月22日第1版。

点、辐射中心的作用，依托云南独特的区位优势，全面融入国家"一带一路"建设，为推进"一带一路"建设发挥好沿边开放重要省份的作用。"一带一路"倡议和"南丝路"经济带构想是有机统一的，中国制造的机电产品、轻工产品、纺织品和日用品等可远销东南亚、南亚地区，而南亚和东南亚国家的矿产、粮食、木材、水产品丰富，可以实现资源互补，对外联通环印度洋这个充满机遇的大市场，对内可承接东部沿海、泛珠三角区域的产业转移，实现中国东部沿海产业和环印度洋大市场面向西南开放的有效衔接。沉寂数百年之后，"南丝路"这条古老的国际贸易通道将重获振兴，为区域经贸合作注入新的活力。

云南应该加快推进面向"两亚"辐射的中心建设，充分发挥云南在"一带一路"建设中重要门户、战略支点的作用，同时加快推进与周边国家互联互通建设步伐，实现政策沟通、设施联通、贸易畅通、资金融通、民心相通"五通"建设全面提升上水平、上台阶；充分发挥南博会、昆交会、边交会在对外开放中的平台作用，加快滇中产业新区、沿边金融综合改革试验区、瑞丽国家重点开发开放试验区和跨境经济合作区建设，同时要打造大湄公河次区域合作升级版，发挥好云南在"一带一路"建设中次区域合作的作用。加快建设和完善区域合作机制，在更高层面、更大范围内挖掘与相关国家的合作潜力，积极争取更大的合作效益；更进一步推进孟中印缅经济合作机制建设，发挥好云南构建睦邻友好外交、打造和谐周边区位独特的作用，实现孟中印缅经济走廊建设有实质性进展，国际通道和中国新的战略空间得到进一步开拓；最为重要的是，要全力加快沿边开放步伐，发挥沿边开放先行先试区作用，全面提升云南开放水平。

2014年，习近平主席在APEC工商领导人峰会上宣布出资400亿美元成立丝路基金。① 丝路基金将在中国对外开放、建设"一带一路"沿线国家互联互通的基础设施建设、加大产业合作的力度、开发资源利用等有关项目上提供支持。目前，丝路基金项目——中印公路密支那至班哨段已经列入基础设施建设计划，经中印公路到达印度，相比海路可缩短 4000 多公里里程，中印公路全线修通之后，届时从云南昆明出发，两天可达印度雷多，是中国通向南亚地区最便捷的陆路通道。而这只是建设"南丝路"经济带微不足道的一个项目，伴随着铁路、航空、水运等多元立体交通网络的构建，古老的"南丝路"必将以全新的面貌崛起，重振雄风。

二 "南丝路"经济带建设的历史启示

前文对"南丝路"经济文化活动的相关历史文献进行了全面认真的梳理研究，通过对"南丝路"经济文化、经济活动的研究分析，总结历史经验教训及其启示，下文将结合笔者在古"南丝路"途经地区和相关城镇所从事过的沿边开放管理工作实践经验，回眸历史，立足现实，就云南省怎样推进"南丝路"经济带建设，发挥"一带一路"面向"两亚"辐射中心的作用，提出如下思考与启示。

（一）建设民族团结示范区，构建开放和谐的周边环境

在"南丝路"起源、发展到兴盛的各个历史阶段，中国西南夷地区总体保持了各民族和谐共存的局面，中国从未将周边小国据为自己的殖民地，即使在最强盛时期也极少发动对外战争，一直把睦邻友好

---

① 习近平：《联通引领发展伙伴聚焦合作：在"加强互联互通伙伴关系"东道主伙伴对话会上的讲话》，《人民日报》2014 年 11 月 9 日第 2 版。

作为传统对外战略的主流。这种状况的出现为中国古代开发西南夷地区、客观推动"南丝路"商贸外交活动创造了和平稳定的政治格局。正确处理稳定与发展的关系是"南丝路"发展历史上的重要内容，与邻国维持和平友好的正常邦交亦复如此。直到今天，中国始终如一地贯彻平等、团结的民族政策，奉行睦邻友好的和平外交政策，不仅继承发扬了自古以来和平战略的优良传统，而且克服了封建时代"天朝上国"的封闭心态，坚持和平共处五项原则精神，国无分大小、强弱一律平等相待，为中国对外开放和国内改革提供了有利的政治环境。

云南跨境而居的少数民族与邻国边民有着相同的习俗，这为发展边境贸易创造了良好条件。自古以来，云南地区就通过"南丝路"与南亚、东南亚、西亚、中亚以及藏族地区相联系，同巴蜀和中原也有联系，滇文化的空间扩张和外延面非常广泛。由于云南与东南亚、南亚各国在文化方面的了解和交融程度较深，为云南省各民族与东南亚、南亚在文化上相互尊重、了解和包容创造了条件。文化上的相互了解反过来又可以促进各国的经济交流和经贸合作。

国家和地区的兴衰荣辱取决于能否积极顺应世界潮流，采取友好开放的姿态，融入世界，与世界共命运。在改革开放40多年已经取得重大成就的时代背景下，复兴"南丝路"，推进"南丝路"经济带战略，是21世纪坚持改革开放，增强主动开放意识，提高对外开放程度，积极融入经济贸易一体化进程的重大战略举措。

云南省要有国际化视野和空间布局，要进一步密切与周边国家的经济联系。例如，加大与周边国家之间的产品和服务的相互进口，以此形成云南与外部市场之间的对称的相互扶持。目前的关键是将进口产品的结构从原材料、中间产品、资本品转化为消费品，在支持周边国家经济增长的同时，也有利于促进云南省的经济增长。"南丝路"

从无到有，从民间商道到官营道路，从单纯的贸易之路到兼有商贸、军事、外交、人口迁徙和文化交流功能的国际大通道，体现了古代中国的开放共融思想，体现了中国古代劳动人民的勤劳智慧、开拓进取、积极谋求沟通外部世界的努力。只有将自身的经济文化与其他文明建立常态化交流机制，取各家所长，为我所用，方能保持中华文明繁荣昌盛，长盛不衰。

（二）坚持互利共赢，搭建可持续发展的贸易平台

"南丝路"发展史上，四川、云南和境外缅甸、印度及罗马商人的广泛参与曾实现了这条国际商贸通道的繁荣兴盛。设想没有丝路两端和沿线各地的商人与物质资源的参与，世界上再强大的政府恐怕也没有能力组织起这条连接东西方、跨越亚欧大陆、持续上千年的国际大通道，"南丝路"强大的经济、文化和政治功能更是无从谈起了。

在"南丝路"经济带建设中，要始终注重发展与相邻国家的睦邻友好合作关系，安边睦邻、同周边国家友好相处，同时要协调好云南各民族的关系，捍卫国家的统一与民族的团结。这是开拓云南省参与"南丝路"经济带国际化视野和进行空间布局的必然选择。

"南丝路"经济文化活动中，以朝觐贸易为主的官方贸易一度超过民间贸易成为古代对外贸易的主流，成为对外宣扬中华国威、向外国政治示好、维护和平友好外交关系的重要手段。朝觐贸易以政治外交为主要目标，在实际进行中往往忽视经济利益，长期的入不敷出给国家财政经济造成沉重的负担，历史上的朝觐是单方面的。在当今经济贸易一体化的背景下，全球经济一体化已是大势所趋，不可逆转。在中国对外交往中，在必要条件下以物质利益资源作为政治外交博弈的手段无可厚非，但是在正常的经济交往中需要摒弃历史上那种忽视

经济效益而以政治为先的做法，应该注重建立平等、互惠、互利的经贸关系，避免盲目投资、缺乏回报，盲目援助、缺乏回应的经济活动方式，应坚持互利共赢、可持续发展的经济发展对策，以互信、互利、平等、协作的新安全观来处理国与国之间的关系。

回顾"南丝路"历代王朝对西南夷地区的经营，在"南丝路"上设立关卡，征收税赋，建立驿道和栈桥，驻兵保卫商旅来往，是政府职能在这条商贸道路上的直观体现。

"南丝路"的道路和政府在沿途设置的驿站、关卡等设施是"南丝路"经济带的雏形，是"南丝路"经济文化形成的原始形式。在某种程度上可以说，"南丝路"商贸史也是西南地区交通建设和古代中国对外交通发展的历史，没有道路开辟就谈不上"南丝路"辉煌灿烂的历史功绩。道路和口岸交通物流设施对现代社会经济发展的巨大作用自不待言，立体化交通体系建设不仅是复兴"南丝路"的最基本内容，还将成为云南建设"南丝路"经济带的重要内容。建立货畅其流、物畅其行的现代交通网络，提高客货周转效率，这是复兴"南丝路"、建设"南丝路"经济带的基本抓手。

三 云南面向"两亚"的辐射中心建设

建设面向南亚、东南亚辐射中心，是党中央着眼于新的时代背景和全国战略布局，为云南确定的新坐标、明确的新定位、赋予的新使命。充分发挥独特的区位优势，主动服务和融入"一带一路"建设、长江经济带和京津冀协同发展战略，努力将云南建设成为中国面向南亚、东南亚辐射中心，有利于践行"亲、诚、惠、容"周边外交理念，促进与南亚、东南亚国家互利共赢、共同发展；有利于促进中国通往南亚、东南亚陆上战略通道建设，保障国家能源、经济安全；有利于构筑中国对外开放新高地，服务内陆省（区）走向南亚、东南亚和印度洋周边经济圈；有利于联动西南地区释放发展潜力，形成中国全方位开放和区域协调发展新格局；有利于云南省构建开放型经济新体制，培育国际合作和竞争新优势；有利于借力借势迅速提升云南省综合实力，闯出一条跨越式发展路子，实现与全国同步全面建成小康社会目标，谱写好中国梦云南篇章。

（一）面向"两亚"建设辐射中心的思路

主动融入"一带一路"建设，构建全面开放新格局，从新时期国家对外开放和区域发展大局出发，发挥云南区位、人文等优势，加快构建中国从陆上连接印度洋、南太平洋的国际大通道，搭建互利共赢的经贸合作平台、和谐包容的人文交流窗口，建设外向型特色优势产业基地，创造服务条件，增强服务能力，提升服务水平，支持支撑中国与南亚、东南亚的开放合作。主动在国家战略中谋划云南工作全局，切实把云南纳入国家战略布局，当好国家战略实施的积极参与者和建设者。在中国—中南半岛经济走廊、孟中印缅经济走廊和长江经济带建设、大湄公河次区域合作、泛珠"9+2"合作中发挥主体省份作用，加强国际国内全方位合作，打造对外开放新高地。全面提升面向南亚、东南亚的经济影响力、创新带动力、人文亲和力和文化软实力，增强跨越式发展的内生动力和全面开放的辐射能力。

（二）面向"两亚"建设辐射中心的目标

对内开放与对外开放并举，以开放型经济引领全省发展，积极打造综合交通枢纽、能源枢纽、通信信息枢纽、现代物流枢纽和昆明区域性国际中心城市,努力将云南建设成为中国面向南亚、东南亚的区域性国际经济贸易中心、科技创新中心、金融服务中心和人文交流中心,成为对外开放的新高地。

(1)实现到2020年互联互通的基础设施网络基本形成。连接相邻省区、周边国家的互联互通能力大幅提升,建成连通长江经济带和泛珠三角的通江达海立体交通走廊,建成面向南亚、东南亚的综合交通体系,建成跨区域电力交换、油气输送等能源枢纽,建成区域性通信和信息枢纽。(2)功能完善的合作机制和人文交流平台基本形成。面向南亚、东南亚开放的平台和窗口作用已进一步增强,滇中城市经济圈一体化发展和昆明区域性国际中心城市建设将取得重要突破,大湄公河次区域、孟中印缅经济走廊以及滇泰、滇老、滇越、滇缅、滇印等合作机制的作用更加突出,南博会、昆交会的品牌影响力更加凸显。(3)各类开放合作功能区基本建成。滇中产业新区、重点开发开放试验区、边(跨)境经济合作区、综合保税区和空港经济区等各类功能区的引领和带动作用明显增强,口岸城市(城镇)功能显著提升,口岸基础设施条件大幅改善,使得通关便利化水平显著提高,开放型经济实力明显提升。外向型产业和特色优势产业比重也明显增加,招商引资的质量和水平大幅提升,外贸进出口总额、对外投资、外来投资、口岸进出口货值在2014年基础上实现翻番。(4)互利共赢、多元平衡、安全高效的开放型经济体系基本形成。具有一定影响力的科技创新中心基本建成。在生物医药、新材料、高端装备制造、新能源、节能环保等战略性新兴产业和区域特色优势产业领域实现重大突破,体制上先行先试,成为南亚、东南亚与国内创新资源交汇的枢纽、科技创新与经济转型发展的先行者、科技创新有效支撑产业转型升级的示范区,成为全国科技创新和创新驱动发展的区域性重要引擎。(5) 区域性国际金融中心辐射能力全面提升。以建设昆明区域性国际金融中心为龙头、沿边金融综合改革试验区为动力、昆明泛亚金融产业中心园区及次区域金融服务中心为载体，推进跨境人民币业务创新、人民币跨境融资和跨境使用先行发展，加快多层次资本市场建设，完善保险服务体系和保险经济补偿机制，大力发展新金融和普惠金融，创新培育民营银行，规范构建全省县域三级金融改革监管服务体系，加快与南亚、东南亚国家金融互通、货币流通、资金融通，实现金融业增加值翻一番，达到2000亿元。[①]

完善开放发展空间布局，构建内外联动、互为支撑的开放合作新格局。着力做强"一圈"（滇中城市经济圈），加快培育"三带"（沿边开放经济带、金沙江对内开放合作经济带和澜沧江开发开放经济带），努力提升"七廊"（昆明至瑞丽、昆明至磨憨、昆明至河口、昆明至腾冲并延伸至境外的四条对外开放走廊和连接长三角、珠三角、大香格里拉等三条国内经济走廊），以中心城市、节点城镇、重要口岸、开放合作功能区为重点，培育若干经济增长点、增长极、增长带。大力发展要素市场，加快推进开放型经济体制机制改革，建立公平开放、竞争有序的现代市场体系。

（三）面向"两亚"建设辐射中心的任务

云南要加快外贸转型升级，扩大货物贸易规模，同时稳定传统优势产品出口，扩大高新技术产品、高原特色农产品出口。出台和落实鼓励进口政策措施，扩大先进技术、关键设备及零部件、短缺资源以及周边国家农产品和特色产品进口。稳步扩大市场采购贸易，规范发

[①] 中共云南省委、云南省人民政府：《关于加快建设我国面向南亚东南亚辐射中心的实施意见》（云发〔2015〕21号），2015年8月12日。

展互市贸易，推进加工贸易体系向本地增值、本地配套、本地企业为主体的方向转变。鼓励依托重点边境口岸探索境外加工贸易体系建设。支持传统加工贸易企业开展技术改造，优化产品结构，延伸产业链，提高产业层次和配套能力。提高服务贸易比重，扩大服务贸易开放领域，继续发挥旅游、运输、建筑等重点服务贸易领域优势，积极培育通信、金融、信息等高附加值服务贸易。加强内外贸结合的商品市场建设，打造新型要素交易市场等现代化市场交易平台，以昆明泛亚物流中心为基地，建设一批国际商贸集散地、大型边贸市场和现代物流配送、加工、储运中心，推动内外贸协同发展。推进昆明跨境电子商务试点城市申报工作，实施电子商务推广应用与模式创新工程，推动南博会等实体贸易平台由"线下"向"线上"延伸，促进跨境电子商务快速发展。

积极利用外来投资，创新招商引资方式，拓展招商引资领域，建立招商引资成果考核评价体系。积极利用国内外资金参与重大基础设施、公共服务设施以及各类开放合作功能区建设。集中力量引进一批科技含量高、可持续发展的龙头企业和重大项目。鼓励境内外企业到云南省各类开放合作功能区建设"园中园""姊妹园"或异地产业园，设置生产基地、研发中心、采购中心和地区总部。积极利用世界银行、亚洲开发银行等国际金融组织项目资金，推进重点合作领域和战略性优先项目建设。

促进投资贸易便利化，加快电子口岸建设，强化大通关协作，实现口岸管理有关部门信息互换、监管互认、执法互助。加快区域一体化通关改革。深化信用管理、分类管理和风险管理，探索实施多种监管和放行模式，不断扩大绿色通道、无纸化报检、直通放行实施范围。有序推动"一口岸多通道"模式创新。建立健全口岸多边、双边合作机制。推动实施《大湄公河次区域贸易投资便利化战略行动框架》，加快次区域内贸易投资便利化进程。放宽境外投资限制，简化境外投资管理，改革外商投资项目管理方式和对外投资管理体制。创新重点领域投融资机制，加快制定政府权力清单、责任清单、市场准入负面清单，减少审批事项，优化审批流程，提高审批效率。力争2020年前开放关累水运、水富水运、芒市空运、腾冲空运、大理空运、昆明铁路等口岸，全省口岸数量突破30个。

统筹推进联通内外的综合交通运输网络建设，统筹铁路、公路、水运和机场建设，扩大交通网络规模，优化交通运输结构，强化枢纽功能，促进各种运输方式有效衔接，构建通往南亚、东南亚陆上战略通道和长江经济带与"一带一路"交会衔接战略通道，形成面向南亚、东南亚的立体化综合交通网络。加快推进"八出省五出境"铁路主骨架网、"七出省五出境"高速公路网和干线公路网建设，打通"两出省三出境"水运通道；加快建设滇中高速公路网络和连接长三角、珠三角的南北大通道，打通省际"断头路"和"瓶颈路"。建设好滇藏通道，推进中越、中老泰、中缅、孟中印缅国际运输通道建设，力争早日打通中国腾冲—缅甸密支那—印度陆路通道；打造昆明长水机场国际航空枢纽，优化干支线机场布局，拓展国内国际航线网络，全力配合国家做好基础工作；加快推进澜沧江—湄公河次区域高等级国际航道建设，尽快开通伊洛瓦底江中缅陆水联运通道，促进中老泰、中缅便利运输协定谈判早日完成。

加快推进安全高效的能源通道和互联网建设，以重点电源、电网为支撑，推进中缅、中老、中泰电力联网等重大跨境电力通道建设，建立电力协调和交易中心。依托中缅油气管道，建设石油炼化基地，实现油气通道的规模化、常态化运行。完善昆明区域国际通信出口局功能，扩容互联网出口带宽，推进云南面向南亚、东南亚陆海光缆建设。

加快发展外向型特色产业，引进国内外先进技术和设备，增强创新能力，推进国际产能和装备制造合作，推动传统优势产业开放发展。培育壮大生物医药、新材料、先进装备制造、电子信息、石化等新兴产业，提高国际市场竞争力。加快物流、信息、研发设计、商务服务等现代服务业的开放发展，推动面向南亚、东南亚的商贸流通业服务标准和服务体系的对外输出，加快旅游、文化、健康、养老、体育等产业融合发展。推进农业产业化，发展高原特色现代农业，在功能区内布局一批产业转移示范基地、国家科技创新与技术转移基地。加快建设轻工纺织产业、石化产业、钢铁产业、汽车产业和加工贸易等一批对外开放产业平台，提高云南省产业外向度。

提升完善开放合作功能区，建立健全协调机制，找准定位、错位发展，统筹推进滇中产业新区、重点开发开放试验区、边（跨）境经济合作区、综合保税区和空港经济区等各类功能区建设。探索滇中产业新区、国家级高新区、经济技术开发区对口帮扶边（跨）境经济合作区的合作机制。优化管理体制和运行机制，复制推广中国（上海）自由贸易试验区的改革试点经验，在有条件的州（市）先行先试人员往来、农业合作、加工物流、边境旅游等方面的特殊方式和政策，创造条件探索建设沿边自由贸易园区。创新合作共建模式，深化与有关国家及港澳台地区产业合作，力争建成一批定向产业合作园区。加快推进老挝万象赛色塔综合开发区、磨丁经济开发专区、缅甸密支那经贸合作区建设，积极参与缅甸皎漂经济特区建设。加快跨境经济合作区中方区域基础设施建设，全面推进中老磨憨—磨丁、中越河口—老街跨境经济合作区和中缅边境经济合作区瑞丽—木姐核心区建设。同步加强腾冲（猴桥）滇沧国家级边境经济合作区建设。

大力实施"走出去"战略，加快农业"走出去"步伐，推动云南省与缅甸、老挝、泰国、柬埔寨、孟加拉国等国的合作，建设一批农业科技示范项目，建设境外粮食、天然橡胶、咖啡和甘蔗等资源型农产品生产基地。鼓励云南省企业与省外企业境外合作开拓市场。支持和鼓励云南省企业通过控股、参股和管理合作等形式以及链条式转移、集群式发展、园区化经营等方式联合"走出去"，参与建设或入驻境外产业园区和经贸合作区，参与南亚、东南亚基础设施和产业发展的规划、投资与建设。鼓励企业合法获得毗邻国家原产地产品关税优惠，带动设备、技术、标准和自主品牌"走出去"。大力支持投资、建设和运营相结合的建营一体化项目，鼓励项目向融资服务、设计咨询、后续运营维护管理等高附加值领域拓展，支持劳动力密集、改善民生和生态环保型项目投资。制定"走出去"专项规划，深化管理体制机制改革，建立"走出去"综合保障体系，积极推进劳务服务等平台建设，为"走出去"企业提供权益保障、投资促进、风险预警等更多服务。鼓励企业制定中长期国际化发展战略，兼顾当前和长远利益，在境外依法经营。建立对外投资合作信用体系，督促企业履行社会责任，树立良好形象。支持云南省企业和有关组织承担中国援外项目。加密云南省境外商务代表机构在南亚东南亚国家和港澳地区的站点布局；到2020年，向非洲和欧美澳等区域国家拓展并实现突破。

着力提升区域性国际金融服务支撑能力，深入实施《云南省广西壮族自治区建设沿边金融综合改革试验区总体方案》，加快推进昆明区域性国际金融中心建设。推动跨境人民币创新业务及周边国家货币兑换交易中心建设。"推广跨境非现金支付工具，推动跨境结算国际合作，完善人民币跨境支付和清算体系。推动跨境人民币双向贷款业务，争取开展跨国公司外汇资金集中运营管理试点。大力发展贸易投资信贷业务，支持开展出口退税融资服务，增强对跨境贸易和投资项目的融资支持。探索证券市场跨境业务合作，提升云南省区域性股权交易市场辐射能力。扩大出口信用保险规模和覆盖面，加大海外投资、设备出口及工程承包保险支持力度。推动开展商业性双向跨境保险业务，鼓励保险机构为重大项目提供长期资金支持，适时设立南亚东南亚股权投资基金。"[①] 2020 年前，争取南亚、东南亚国家在云南省设立更多金融机构，创造条件支持云南省金融机构在境外设立更多分支机构。积极对接亚洲基础设施投资银行、丝路基金以及中国—东盟基础设施专项贷款等融资渠道，加大互联互通基础设施建设金融支持力度。完善与周边国家的金融合作机制，强化金融人才及金融智库建设。

积极发挥地方政府间高层交往的重要作用，建立健全云南省各级政府与周边常态化互访和交流合作机制。深化孟中印缅经济走廊、大湄公河次区域等多边政府间合作，积极参与建立澜沧江—湄公河对话机制。加强与南亚、东南亚国家地方议会的交流交往。巩固和完善滇泰、滇老、滇越、滇缅、滇印等合作，争取云南省与马尔代夫、孟加拉国、斯里兰卡、柬埔寨、马来西亚等国家建立合作机制。积极争取更多南亚、东南亚国家在昆明设立领事机构。推动建立健全与周边国家多层次国际联合执法、警务、边防合作工作机制，共同维护地区安全。加强边境地区与毗邻国家地方政府间联系，在跨境通道建设、农业开发、边境贸易、跨境民事纠纷化解等方面深化合作。推动友城工作升级扩容，促进与已结友城的务实合作，新增一批友城，形成以点

---

① 中国人民银行、商务部等 11 个部门：《云南广西自治区建设沿边金融综合改革试验区总体方案》，国务院授权发布，2013 年 11 月 20 日。

促面的辐射效应。

　　积极开展民间交流，充分发挥民间机构和团体的建设性作用，建立在滇留学、工作外国友人档案，保持经常性联络，构筑广泛的人脉资源网络。加强与周边国家民间交流交往，做好基层民众工作，进一步夯实交流合作的社会民意基础。加大对南亚、东南亚国家的民生项目援助力度，创新经济援助方式，延展公共外交平台，引导支持非政府组织（NGO）"走出去"，实施一批教育培训、文化交流、扶贫济困、农村发展等民生项目。加快建设面向南亚、东南亚的国家级高端智库，发挥好中国（昆明）南亚东南亚研究院的智囊作用，支持省内研究机构与南亚东南亚智库开展联合研究、举办论坛等活动。发挥云南侨务资源优势，促进民间交流，丰富民间交往内容。进一步加强云南省宗教界与南亚、东南亚国家间宗教文化的交流互鉴。

　　用好交流合作平台，全力办好中国—南亚博览会暨中国昆明进出口商品交易会，打造具有国际影响力的精品展会。发挥边境交易会等开放型会展作用。发挥中国—南亚智库论坛、孟中印缅地区合作论坛、中国云南与印度西孟加拉邦经济合作论坛（K2K）、滇孟对话会的平台作用，提高战略谋划水平和国际合作服务能力。积极争取配合国家将大湄公河次区域电力协调中心、铁路联盟秘书处落户云南省的重要举措，推动形成主题鲜明、特色突出、支撑有力的平台体系。

　　加强教育、人才领域合作，积极开展与周边国家多层次教育和人才培养合作，建设特色鲜明、服务国内和周边国家的人才培训中心。以云南民族大学为支点，加快建设南亚东南亚语言文化教育基地和云南国际职业教育基地。加强高水平高等院校、职业院校、国门学校、培训机构建设，提升教育合作与人才培训能力水平。逐年增加留学生数量和奖学金规模，大力实施"万人留学云南计划"，推进实施"留学南亚东南亚计划"。积极推进与南亚、东南亚国家职业资格互认、高等教育学历学位互认工作,鼓励大学毕业生到南亚、东南亚国家创业。做好周边国家本土化汉语师资培训,加强境外汉语培训中心建设。办好中印瑜伽学院,使其成为双方教育交流与合作的桥梁。加强合作办学,鼓励省内教育机构、企业聚合教育资源,在周边国家的中心城市建设一批高水平国际学校,参与国外院校的专业建设。加快南亚、东南亚小语种培训标准的建立,实施小语种人才培养计划,举办南亚、东南亚高层次人才培训班,加强南亚、东南亚语种人才培养和引进,积极支持周边国家公务人员、知名学者、媒体人士、骨干教师、技术专家等来滇研修培训。

加强文化交流合作,加强与周边国家新闻出版、广播电视、文化艺术的交流合作,促进文化产业"走出去"。推动省内有实力的新闻媒体"走出去",创新合作模式与交流方式,引导境外媒体积极宣传互利合作成果及惠民富民成效,营造有利于开放合作的舆论氛围。充分利用云南省民族文化资源,培育对外文化交流品牌。力争每年在南亚、东南亚国家举办"云南文化周"或"双边艺术家交流活动",吸引南亚、东南亚国家到云南省开展或联合举办文化交流活动。鼓励文化企业合作开展文化产品制作和营销业务。加强广播电视合作,推进中国地面数字电视传输、北斗卫星导航等设备和技术标准在南亚、东南亚国家的推广应用。加强高原体育基地建设,吸引国内外体育组织和个人来滇开展训练、参与赛事。扩大孟中印缅汽车集结赛、云南东盟足球公开赛等体育赛事的影响力。

加强科技合作,积极创造优惠条件和优良环境,吸引海外著名高校、研究机构、跨国公司到云南设立科技研发中心。强化中国—南亚技术转移中心、中国—东盟创新中心、大湄公河次区域农业科技交流合作中心示范带动作用。积极支持省内科研机构和骨干企业引进海外核心关键技术、建立海外研发中心和开展国际标准认证,提升科技研发和成果转化的能力和水平。加强技术交流合作,在周边国家合作建设一批农林科技示范园和联合研究中心。

加强卫生合作,依托云南省优质医疗资源,建设面向南亚、东南亚医疗康体服务中心。强化与周边国家在医疗技术交流、专业人才培养等方面的合作。积极做好南亚、东南亚国家各界人士来滇查体、治疗工作,扩大服务范围、提升服务水平。在边境地区开展艾滋病、疟疾、登革热等传染病的联防联控。在周边国家和地区继续开展"光明行""微笑行动"等免费医疗援助服务。推进一批医疗卫生、妇幼保健等卫生合作项目。加强中医(民族医)药领域交流合作,提高中医药品牌国际影响力。鼓励境内外企业和个人到云南省投资发展健康养老服务业。

加强生态环保合作,深化生物多样性保护合作,构建生态安全屏障。继续实施大湄公河次区域核心环境项目和生物多样性保护走廊项目。开展边境农村环境治理合作。加强低碳发展和应对气候变化等领域的交流。与周边国家联合开展森林防火、野生动植物保护及森林病虫害防治工作,共享外来物种入侵信息,建立预警监测体系。加大澜沧江、怒江、红河、南汀河等跨境河流的保护和治理。

四 建设孟中印缅经济走廊,推动"南丝路"的宏大复兴

古代"南丝路"与现代提出的孟中印缅经济走廊走向吻合,建设孟中印缅经济走廊,是推动"一带一路"建设和复兴"南丝路"的客观需要。国家发展改革委、外交部、商务部联合发布的《推动共建丝

绸之路经济带和21世纪海上丝绸之路的愿景与行动》提出："中巴、孟中印缅两个经济走廊与推进'一带一路'建设关联紧密，要进一步推动合作，取得更大进展。"① 云南重振"南丝路"，对外打通通往周边的国际大通道，并与新的北方丝绸之路、草原丝绸之路和海上丝绸之路交汇，将形成中国完整的"一带一路"战略布局。

(一) 建设孟中印缅经济走廊的意义和原则

孟中印缅经济走廊是中印两国达成的重要共识，得到了孟加拉国、缅甸的积极回应，受到欧美国家的关注，标志着孟中印缅次区域合作提升到国家战略的高度，进入了建设推进新阶段。加快推动建设孟中印缅经济走廊，有利于中国向西开放战略与印度"向东看"战略的互动融合，夯实"龙象共舞"基础，培育亚洲合作新亮点，打造世界经济新引擎；有利于深化发展孟中印缅传统互信合作关系，变四国由单方开放转化为多双边开放合作，有效整合四国区位、自然资源、资金、技术、市场等各自优势，加快走廊沿线地区经济社会发展，打造中国—印度洋国际大通道，形成四国互为机遇的互利共赢、联动发展格局，增进地区和平稳定；有利于中国统筹对内对外开放，完善对外开放格局，孟中印缅经济走廊辐射作用将带动南亚、东南亚、东亚三大经济板块联动发展，必将对"一带一路"建设和"南丝路"经济带的建设产生深远影响。

面对当前国际金融危机冲击和新一轮的全球产业竞争，走廊沿线的国家有必要也应该顺应时代要求，把握历史机遇，共同推进孟中印缅经济走廊建设，为实现本国、本地区的发展创造条件。在此背景

---

① 国家发展改革委、外交部、商务部：《推动共建丝绸之路经济带和21世纪海上丝绸之路的愿景与行动》，国务院授权发布，2015年3月28日，第2页。

下，参与区域合作成为各国的必然选择。印度和孟加拉国先后加入了一系列的区域合作组织。同时，本地区的区域合作也一直得到相关国际机构、区域合作组织的高度重视。

建设孟中印缅经济走廊，主动服务和融入"一带一路"倡议，秉持和平合作、开放包容、互学互鉴、互利共赢的理念，坚持"共商、共建、共享、共赢"，以政策沟通、设施联通、贸易畅通、资金融通、民心相通为重点，全方位推进务实合作，加快构建孟中印缅经济走廊综合互联互通网络。

中国应实施高位推动，加强与印度、孟国拉国和缅甸的沟通协调，进一步完善现有合作机制和平台，尽快签署孟中印缅客货运输便利协定、投资贸易便利化协议等框架性文件。立足沿线各国交通基础设施条件及亚洲公路网和泛亚铁路网发展布局，以骨干公路、铁路、水运、航空为基础，以沿线中心城市为枢纽，以口岸城镇为节点，构筑经济孟中印缅经济走廊南线、中线和北线运输通道。着力加强区域内双边或多边经贸往来和产业合作，支撑经济走廊沿线产业聚集及生产力布局，促进贸易平衡和多元化发展，让四国人民共享建设发展成果。开展区域内货币稳定体系、投融资体系、信用体系和金融监管多双边合作，充分发挥亚洲基础设施投资银行、丝路基金、中印援外资金的引导作用，引导各类资本共同参与经济走廊重点项目建设。大力开展沿线国家和地区通信、文化、教育、旅游、医疗、物流等领域合作，不断丰富拓展经济走廊互联互通内涵和外延，不断凝聚区域各方参与经济走廊建设共识。

按照平等互利、合作共赢基本原则，坚持求同存异、共建共享，与经济走廊沿线国家一道，不断充实完善经济走廊建设的合作内容和方式，建立多双边互联互通项目建设对接机制，兼顾各方利益和关切，共同制定时间表、路线图。根据先易后难、重点突破原则，积极与沿线国家合作，立足现有基础，优先实施一批能够照顾双多边利益的基础设施项目。遵循完善机制，强化保障原则，在既有多双边和区域合作机制框架下，健全完善统一高效的区域发展工作协调机制，推动四国政府尽快签署孟中印缅经济走廊建设框架文件，共同制定促进区域互联互通的相关协定，不断提高通关、运输、投资便利化水平，为推进互联互通提供法律保障。坚持统筹协调、凝聚共识的原则，统筹推进政策沟通、设施联通、贸易畅通、资金融通和民心相通等领域工作，更好兼顾对外开放与对内辐射、经济建设与民生保障、资源开发与生态保护的关系，促进沿线国家进一步理解和认同共建经济走廊的内涵、目标和任务。按照以内促外、以经促政的原则，先行先试，扎实开展中国境内铁路、公路、机场、口岸、通信等互联互通项目建设，努力扩大多双边经贸合作，充分展示中国对孟中印缅经济走廊建设的态度和信心，率先发挥示范带动作用，推动沿线三国互联互通工作进度，并不断深化沿线国家间政治、安全等领域的合作。

(二) 建设孟中印缅经济走廊的互联互通路线

孟中印缅经济走廊联合工作组第一次会议对经济走廊做出如下界定：孟中印缅经济走廊以中国昆明为东端，印度加尔各答为西端，以缅甸曼德勒、孟加拉国达卡和吉大港等主要城市和港口为关键节点。根据这一界定，结合亚洲公路网、泛亚铁路网建设现状，从技术可行、建设经济、运营安全可持续、经济辐射带动面大等方面综合分析，重点推进孟中印缅经济走廊次区域的交通基础设施建设，形成由8条综合运输大通道为骨架、33个综合运输枢纽为节点、多式联运综合交通网为基础的互联互通体系。

孟中印缅交通网络建设包括公路、铁路和航空三部分。"公路与规划中的亚洲路网相衔接，以历史或现实为基础，体现了我国战略意图的选线原则。现提出三个方案进行比选：一是南线方案，从昆明经大理、保山到瑞丽，出境后经缅甸腊戍至曼德勒，继续向西南到皎漂，经孟加拉国吉大港、达卡，最后到印度加尔各答；二是中线方案，从昆明到瑞丽，出境后到缅甸曼德勒，向西北到缅甸德木口岸，经印度因帕尔到孟加拉国达卡，最后到印度加尔各答；三是北线方案，从昆明到保山腾冲出境，到缅甸密支那，经印度雷多、因帕尔到孟加拉国达卡，最后到印度加尔各答。"①

（三）推进互联互通建设面临的问题与挑战

推进孟中印缅经济走廊互联互通建设也面临诸多困难和挑战，主要表现在孟印缅基础设施建设滞后、区域四国发展和贸易不平衡、相关各方利益协调难度大、缺乏互联互通建设资金四个方面。

1. 孟印缅交通、通信设施建设总体滞后

孟中印缅地区地形、地势、地貌比较复杂，交通基础设施建设总体滞后，运输成本高，严重制约经济发展。国际大通道建设严重滞后，投资、贸易、通关不便利，阻碍了人员、货物、信息的快速通达。云南铁路网密度每万平方公里仅67.5公里，全国排名倒数第三。高等级公路占总里程比例6.1%，低于全国5.4个百分点，相邻的孟、印、缅地区也同样如此。

孟加拉国的交通运输以公路和内河航运为主，公路总长度约为103536公里，铁路总长度约为2834公里，内河航运总长度约为

---

① 云南省人民政府研究室课题组：《孟中印缅经济走廊互联互通建设中长期规划研究》，2015年9月，第64—65页。

24000公里。尽管公路起着非常重要的作用,但总体上,交通运输设施发展滞后,不能适应经济社会发展的要求。

印度全国道路里程数为330多万公里,其中高速和国道7.66万公里(高速公路总里程不超过950公里),65%的货物和80%的乘客运输依靠公路;铁路总长度63327公里,运营里程为2880公里;内河流域总长度14500公里,5条重要河流近4500公里列为国家级水运航道。随着经济社会的发展,印度对交通基础设施和服务的需求每年以10%左右的速度增长,而目前的基础设施状况根本无法满足这些需求。

缅甸交通非常落后,全国交通运输以公路和内河航运为主,交通网的规模总量小。公路总长度仅为27800公里,而且技术等级偏低,高等级公路占公路总规模比重较低;铁路网基本形成,密度约6.66米/平方公里,但近十几年没有太大变化,设备陈旧,技术落后,运输效率低下,机车运行速度很慢,铁路系统存在较多缺失路段,尚未与邻国相通;内河航道约10300公里,国内河流密布,但港口设施较为落后。

孟印缅三国通信基础设施也相对薄弱。从跨境陆地光缆建设的角度看,仅开通了中国—缅甸国际光缆,至今还没有中国直达印度、孟加拉国的国际光缆。其中,中—印光缆由于各种因素,已中断三年之久,两国在运营商层面上的问题很难解决,需提升到国家层面;中国电信正在建设中—尼—孟传输光缆,但遇到了长距离光缆线路施工困难问题。国际光缆建设的不足,将难以高效承接孟中印缅各国的国际通信业务。从中国拓展国际通信网络的角度看,目前中国在孟印缅三国尚未建立POP点,这大大制约了中国与孟印缅三国国际通信业务的开展和经贸的发展。

2. 互联互通建设资金不足

孟中印缅经济走廊互联互通工程浩大，投资数额巨大，而孟中印缅四国同属发展中国家，特别是孟加拉国和缅甸同属最不发达经济体，自身难以为大规模基础设施建设筹集必要资金。要想把孟中印缅各国间的陆路交通线路连接为通达的互联互通的区域性交通网络，必须新建和改建众多的断头路段以及提高原有交通网络的通行等级，然而，孟印缅三国财力有限，基本没有能力投入巨资用于建设交通基础设施。根据缅甸建设部公共工程局提供的数据，截至2013年3月，缅甸仍有52%的公路路面没有硬化，需要大量的资金、技术来支持交通基础设施的发展。据亚洲开发银行估计，从目前到2030年，缅甸要保持7.5%的经济增长率至少需要180亿美元的投资，特别是对交通和电力等基础设施建设的投资。

由于交通基础设施项目投资大、回收期长，且具有公共产品性质，收益前景不明确等，如果没有政府部门和多边国际机构的推动，仅依靠市场力量难以完成相关项目建设。因此，建设资金短缺和预期收益不被看好，可能是推进孟中印缅经济走廊互联互通面临的最大挑战。

3. 孟中印缅四国发展贸易不平衡

与中国相比，孟印缅三国经济社会发展相对滞后，贫困现象十分突出，其中缅甸和孟加拉国是世界上经济最不发达的国家之一。孟加拉国政局动荡、政策缺乏稳定性和延续性、政府办事程序复杂、效率低且腐败严重、劳动力素质较低、贫富分化严重、社会治安恶化；印缅两国储蓄率较低且吸引外商投资较少，基础设施薄弱、能源短缺，宗教民族矛盾多、贫富差距大等社会问题也较为严重。此外，在孟中印缅四国国内也存在区域发展不平衡的问题。云南省位于中国的西部地区，发展相对滞后，2018年人均GDP和农民人均纯收入在全国各省区中排名倒数第二。边疆民族地区贫困问题突出，是全国扶贫开发的主战场；缅甸除中南部平原地区外的边境地区发展水平滞后；印度东部地区，尤其是东北部地区与印度其他地区相比，发展也相对滞后。

孟中印缅地区贸易不平衡问题也很突出。孟印缅三国由于经济发展水平较低，特别是工业化发展滞后，与中国的发展差距日渐增大，中国与孟印缅三国的双边贸易均存在较大贸易逆差；同时，在贸易商品结构方面，中国向这三国出口的商品主要以工业制成品为主，而向三国进口的商品主要以原材料和农产品为主。在中孟双边贸易方面，2018年，中孟两国间进出口贸易总额达187.4亿美元，同比增长16.8%。其中，中国对孟加拉国出口177.5亿美元，从孟加拉国进口9.9亿美元。据中国海关统计，中国对孟加拉国出口的主要商品种类有车辆、钢铁制品、肥料、电机电气产品、机械器具及零件等，从孟加拉国进口的主要商品有服装和其他纺织制品、矿产品、塑料及制品、生皮及皮革制品等。在中印双边贸易方面，2018年，中印两国间进出口贸易总额达955.4亿美元，同比增长13.2%。其中，中国对印度出口767.1亿美元，从印度进口188.3亿美元。中国是印度第一大贸易伙伴，中国对印度出口的主要商品有电机电气产品、机械器具及零件、有机化学品、肥料、钢铁及钢铁制品、塑料及其制品等；中国从印度进口的主要商品有矿产品、化工产品、纺织品及原料、塑料橡胶、植物产品等。据中国商务部统计数据，2018年中缅双边贸易额达152.4亿美元，同比增长13.1%，中国对缅甸出口105.5亿美元，从缅甸进口46.9亿美元。中国对缅甸主要出口成套设备和机电产品、纺织品、摩托车配件和化工产品等，从缅甸主要进口原木、锯材、农产品和矿产品等。

4. 孟中印缅经济走廊相关各方利益协调难度大

孟中印缅区域各国虽有加强区域合作的意愿，但各国有不同的利益诉求，对互联互通优先项目的选择也有不同看法。区域内部分地区还存在武装冲突，边境地区非传统安全问题突出，对经济走廊建设形成较大障碍，加大了协调难度。

（1）孟中印缅区域各国的利益诉求不尽一致

孟中印缅地区各国有不同的利益诉求。例如，在交通基础设施建设的推进上，中国和孟加拉国的态度比较积极。缅甸政府对缅北地区有担心，由于"民地武"的问题，缅甸政府不能完全控制缅北地区。因此，对孟中印缅经济走廊北线不积极。另外，由于罗兴亚人所谓移民问题，缅甸也不热心与孟加拉国直接连接的南线。印度方面也表现得顾虑重重，进展缓慢。如能通过云南连通与孟加拉国的陆路交通，从吉大港进入孟加拉湾也可以成为中国印度洋出海口的一种方案。由于印度有安全层面的顾虑，加之投资力度不强致使这一地区交通基础设施建设进展缓慢。

从区域各国间关系来看，相关各国间也还存在一些敏感因素，对推进孟中印缅经济走廊建设形成一定阻碍。

在中缅关系方面，首先，近年来，缅甸政局出现了重大变化，国内一些相关主管部门由于缺乏深入研究，对于支持中缅合作的政策趋于谨慎。在来自美国、日本和印度的外部竞争加强的情况下，我方有可能丧失推进合作的时机，这非常不利于推进孟中印缅经济走廊和辐射中心建设。尽管缅甸政府表达了参与合作的政治意愿，但在缅甸担任2014年东盟主席国和面临2015年大选时，缅甸政府相关部门大力参与区域合作的能力受到一定限制。其次，缅甸刚步入对外开放的进程不久,在面临区域内诸多合作机制时,还需要时间来评估和适应。再次,从技术层面上来说,经济走廊的线路走向也是问题。缅甸对孟中印缅经济走廊中线较支持,对其他线路未予以明确支持。最后,中缅间还存在边境"民地武"问题以及缅北地区非法移民等问题,需要谨慎处理。这就要求中国积极面对缅甸出现的新情况,增强推进中缅双边合作的信心、耐心和技巧,坚持深化中缅合作的大方向不动摇,继续大力支持中缅合作;积极推动边境"民地武"组织参与和谈,融入缅甸主流政治进程;大力拓展新的合作领域,改变以资源开发为主的合作方式,多关注民生和环保问题,增强企业社会责任意识;大力加强民间交流和公共外交力度,加大对中缅合作的外宣力度。

在中印关系方面,中印间还存在边境划界纠纷,印度对其东北部面临的安全问题和非传统安全问题也十分关注,印度民众在媒体不负责任的倾向性宣传下对与中国合作存在疑虑和担心。另外,中印两国都非常重视印度洋的地缘战略意义,中印两国的"印度洋战略"可能会产生政治互信问题,从而成为中印两国之间合作的障碍。

在孟缅关系方面,两国间面临孟缅边境的罗兴迦问题。近年来,孟缅双方致力于改善关系,两国多次就难民问题进行磋商,但未取得实质性进展。在缅甸2015年大选之前,缅国内民粹主义势力有可能继续利用罗兴迦问题煽动族群和宗教冲突,激化矛盾,制造不稳定。罗兴迦问题的存在使得孟中印缅经济走廊南线建设面临较大干扰和困难。

在孟印关系方面,两国关系总体较好。孟加拉国现政权虽然赢得了2014年举行的大选,但大选的合法性在国内外受到广泛质疑,因此,印度的支持对于现政权十分重要。部分孟加拉国工商界和学界人士对印度过境孟加拉国通道问题持不信任态度,认为印度只是想以多边促双边，实现借道孟加拉国到达印度东北部的目的。从孟加拉国的角度来说，孟中印缅经济走廊中线和其他线路应一起推动，不能只是单方面为印度提供过境通道。

(2) 孟中印缅区域各国对确定互联互通优先项目存在分歧

各国出于对各自的发展目标考虑，在交通联通的重点地区和重点线路的认识方面有所不同。如印度提出不仅要加强互联互通建设，还希望加强电网互联建设。四国可以借鉴"东盟大电网"的经验，加强四国电网的互联互通，利用四国能源的互补性和一些能源供应季节性变化的特点，通过能源贸易改善四国间的能源短缺问题。中国则更希望沿中缅石油管线，尽快打通从昆明到印度洋沿岸皎漂港的交通。孟加拉国认为，可行的连通四国的交通通道有三条，分别是北线、中线和南线。北线虽然是从中国云南经缅甸、孟加拉国到达印度的最短线路，但是面临诸多问题；中线是孟中印缅汽车拉力赛采用的线路，也是目前各方共识度最高、最容易连通的一条线路；南线从昆明开始，经过曼德勒、马圭等城市最后到达吉大港，这条线路是四国连接深水海港最便捷的通道，所以长远来说也是最具有开发潜力的一条路线。这种认识上不统一，可能对互联互通项目的规划实施产生重大的不利影响。

(3) 孟中印缅区域安全和非传统安全问题突出

孟中印缅区域还存在着一些民族矛盾，国家政局不稳，局部冲突时有发生，一些国家法律不健全，贸易投资风险大。中缅边境存在打击毒品走私、地方武装、艾滋病、非法移民、反恐问题。例如，自2011年6月以来，缅甸政府军与克钦独立军、果敢同盟军等"民地武"组织的武装冲突；孟缅边境罗兴亚族冲突和领海争议问题；孟印边境严重的非法移民问题和水资源争端；印缅边境民族地方武装、毒品、移民问题；印度东北部种族和宗教冲突、分离主义、恐怖袭击等问题。此外，孟中印缅毗邻地区处于地质学上的南亚及东亚两大板块挤压的地带，生物多样性为世界之最，是多种濒临灭绝动植物的栖息之地，生态环境脆弱，走廊建设在环境保护和环境关系协调方面压力较大。

（4）域外势力介入形成严重干扰

近年来，美国重返亚太的步伐加快，与缅甸等周边国家就经济、军事等一揽子问题进行多轮磋商，综合渗透。日本等国介入这一地区事务，使问题复杂化。

美国等西方国家利用人权、环保、扶贫、宗教等非政府组织（NGO），向中国周边发展中国家输出其价值观，引导和塑造周边国家的社会舆论，培训西方利益代言人，将其地缘战略意图用"民意"进行包装，对所在国的政治、经济和社会的发展发挥了重大影响，使该地区成为世界上 NGO 组织最多、活跃程度较高的区域之一。以缅甸为例，近年来，西方支持的 NGO 在缅甸政治经济生活中扮演了重要的角色，对缅甸的政治局势和中缅合作产生了巨大影响。在缅甸 2007 年爆发的"袈裟革命"中，美国国家民主基金会培训并输送缅方 NGO 人员回国，对事件的演进发挥了推波助澜的作用。自 2011 年 3 月缅甸新政府执政以来，缅甸国内政治民主化迅速发展，各色党派、社会组织和媒体如雨后春笋一般纷纷出现，国外的各种势力蜂拥而至。在西方国家的推动下，缅甸国内的各种 NGO 组织活动空前活跃，针对中国在缅投资项目频频抛出各种难题。西方支持的 NGO 组织在台前和幕后积极活动，胁持民意，影响舆论，给中缅合作重大项目的实施造成严重障碍。日本大幅增加对缅援助力度，通过日本基金会（Nippon Foundation）等组织，以帮助缅甸经济发展、促进民族和解为名，积极介入缅甸内部事务，扩大政治影响。这些活动无疑对缅甸等周边国家未来的政治经济发展和区域合作产生难以估量的影响。

(四) 推动孟中印缅经济走廊互联互通建设的建议

1. 进一步提升经贸合作，增强互联互通需求

经贸合作对于国际合作具有先导和基础作用，最初国际合作基本都是从经贸合作开始的。古代丝绸之路首先就是一条通商合作之路，在当时交通极为不便的条件下，各国商人就开始开展贸易往来，形成商品贸易走廊。该通道上贸易往来的发展繁荣客观上要求加强互联互通，也为沿线国家道路联通、政策衔接、民心相通等提供了坚实的经济基础和支撑，从而推动形成了沿线国家目前宽领域、多层次、全方位的合作格局。在当今经济全球化和区域经济一体化深入发展背景下，经贸合作更成为彼此合作的先导和基础。

孟中印缅经济走廊互联互通建设要充分发挥经贸合作的先导作用，坚持经贸先行，通过加强经贸合作，提升孟中印缅四国互联互通的需求。当前，孟中印缅地区经贸发展水平仍然较低，与四国间资源、产品互补性及经济规模仍不相称。据统计，2018年，该地区对外贸易总额占GDP的比例仅为34.5%，与各个经济体相比还非常低。而云南生物、旅游、矿产和水能资源十分丰富，在烟草、机电、冶金、电力生产方面有较好的产品、技术和人才优势；印度在农业、食品加工业、制药、矿产品、制茶和园艺以及教育、信息技术和旅游等若干领域，具有良好的基础；缅甸在纺织品、木材、水产品、玉石等方面，孟加拉国在黄麻、皮革制品等方面优势明显。四方资源、产业、产品、市场、技术、人才等多个方面具有很强的互补性，目前各国都处于经济加速发展的阶段，经贸合作的潜力巨大。要充分发挥优

势，促进贸易便利化，从而促进孟中印缅经济走廊互联互通建设顺利进行。

2. 扩大旅游、文化交流促进人心相通

人文领域的交流与合作，与外交、科技、经贸领域合作相比，更具有民间色彩，也更容易促进民间的相互了解从而拉近民众间的距离，是增进信任的重要基础和途径。孟中印缅经济走廊互联互通建设是一个长期、复杂的系统工程，非一朝一夕能完成，在推进过程中将面临各种可预见的和难以预见的困难和障碍。加深人文领域的深入交流，能够促进孟中印缅四方人民的相互了解和信任，减少误解和敌意，增进友谊和世代友好，从而为孟中印缅次区域经贸、交通等领域的快速发展打牢基础。

孟中印缅甸经济走廊建设，必须把握策略，立足长远，以人文领域的合作交流打牢中长期合作的基础。政府和民间开展广泛的文化、旅游、教育等方面的交流与合作，能使四方更深入地相互了解，尤其是让印缅孟更全面准确地理解中国文化以及中国崇尚和平、平等、共同发展的理念。长期以来，中国采取了许多措施促进与印缅孟人文领域的交流合作，云南省也做了许多工作，在中国各省区中走在前列。此外，中国在文化交流方面应继续加大力度，进一步互派更多文化团体、多开展文化展演等丰富多彩的活动；在教育合作方面增加学生学者交流数量、加强人才培养和科研合作、扩大语言文化交流、深化青少年交流、开展联合办学；在旅游合作方面，开辟更多的旅游线路、互相吸引更多的旅游者等。通过人文领域的"文明对话"，促进释疑增信、相互借鉴，共同构建和谐的合作关系，打牢长期合作的稳固基础。

3. 以中方资金优势主导基础设施建设

一方面，孟中印缅经济走廊互联互通建设具有建设周期长、资金需求量巨大的特点,而孟中印缅四国同属发展中国家,尤其是孟加拉国和缅甸同属最不发达经济体,因此,资金短缺便成为互联互通建设面临的最大挑战。另一方面,由于各国出于各自战略目标考虑,对互联互通优先发展项目不可避免地存在分歧,互联互通建设面临诸多困难和障碍。在此背景下,中方应多渠道筹集资金,以资金优势来主导基础设施建设,推动互联互通顺利进行。事实上,在中国—东盟互联互通建设中,提供了可资借鉴的经验。

中国与东盟互联互通建设是以中国政府设立30亿元的中国—东盟海上合作基金、100亿美元的"中国—东盟投资合作基金"、250亿美元信贷支持为先导的,从而有力地推进了中国—东盟互联互通建设。孟中印缅经济走廊互联互通建设,也应该参照和借鉴这一做法。中国政府出资成立的丝路基金将为"一带一路"沿线国基础设施建设、资源开发、产业合作等提供融资支持。孟中印缅经济走廊作为"一带一路"的重要组成部分,应充分抓住机遇,争取丝路基金为早期收获项目提供启动资金和融资支持。同时,也可参照东盟互联互通建设中的做法,通过设立"孟中印缅互联互通合作基金"为先导,同时有效利用亚行、世界银行等国际发展机构的资金和技术,推动互联互通基础设施和重大项目的合作。

4. 机制化合作与非机制化合作共同促进互联互通建设

目前,孟中印缅四国间已形成了一些交流合作机制,如孟中印缅合作论坛、中国—南亚博览会、云南省与印度西孟加拉邦合作论坛、云南省与孟加拉国合作对话等,这些机制化的合作,对于凝聚四方共识、推动合作深入发展发挥了积极作用。但同时,孟中印缅四国间一些非机制化的民间交流与合作,对于促进相互了解、增进友谊也起到了重要推动作用,并为次区域合作奠定了良好的基础,成为机制化合作的有益补充，二者相得益彰，共同促进了次区域合作深入发展。

因此，孟中印缅经济走廊互联互通建设，要充分发挥机制化合作与非机制化合作相结合的优势，在进一步建立健全现有合作机制的同时，积极鼓励并开展各种非机制化的交流与合作，让共同存在于孟中印缅次区域内的各种机制化和非机制化合作在该地区重叠发展并相互支持、相互衔接、相互交融、共同发展。

5. 发挥孟中印缅合作论坛的平台作用，全面建立互联互通合作机制

在孟中印缅合作论坛机制推动下，孟中印缅四国相互间经济合作日益深化，交通、经贸、文化、教育、旅游等领域的合作取得了实质性进展，目前论坛已成为孟中印缅四国民间和政府共同参与的合作机制，论坛机制发展的共识不断增多。孟中印缅经济走廊，也是在孟中印缅合作论坛推动多年的基础上形成的成果并在四国间形成共识。

因此，孟中印缅经济走廊互联互通建设，要充分利用这一现有的合作平台，并根据互联互通建设需要，进一步深化互联互通合作机制，建立健全区域间的协调与沟通机制和决策机制，建立国家层面的协调机制、定期会晤机制、地区间协调机制、边境会晤机制等，形成政府间、部门间的多层次、宽领域的定期会晤机制，以便及时保持高层次定期沟通和协调，统筹解决孟中印缅经济走廊互联互通建设中的重大问题，促进互联互通建设的顺利进行。

建设孟中印缅经济走廊，重铸"南丝路"辉煌，对于深化中国与周边睦邻友好合作、维护边疆稳定和民族团结、实现共同繁荣具有重要意义。

习近平总书记在2015年初考察云南时指出：云南的优势在开放，出路也在开放。复兴"南丝路"，打造陆上丝绸之路经济带，为建设

"两亚"的辐射中心开道铺路，云南应当大有作为，云南也能够大有作为。适逢国家若干重大战略在云南叠加的历史性机遇，云南必将在中国—东盟自由贸易区、大湄公河次区域合作、孟中印缅经济走廊、中新经济走廊等开放战略和合作机制的强劲东风推动下，实施更加积极主动的开放战略，以更开阔的视野、更矫健的步伐，努力走出具有中国特色和云南特点的开放发展之路！

结　语

"南丝路"在中国古代经济文化发展史上占有重要的地位，自秦汉开启"南丝路"的序幕，历经魏晋南北朝的拓展，到唐宋至元时期已臻鼎盛，嘉道时期走向繁荣，及至晚清后期不可避免呈式微之势，到民国衰落。其整个发展历程和轨迹，虽变化多绪，但其所具有的经济文化价值和所反映的经济文化思想却历久弥新，可为当代社会借鉴。

在"南丝路"上，随着通道文化的开拓，栈道、索桥、溜索发展为典型的交通方式，马帮则成为独具西南特色而蕴含丰富文化色彩的运输工具，滇缅公路的修筑最终宣告了"南丝路"古典交通文化的终结和新兴交通文化的传承。商道的连通和延伸扩展，必然催生了商镇的新兴和崛起，以成都平原、昭通地区、洱海流域、永昌故郡、拓东新城为代表的商镇的繁荣，促成了秦汉以来的商贸发展。"南丝路"交通的贯通为商贸文化的繁荣，打通了地理上的障碍和地域间的封闭，使盐铁得以贩运，催发了贝币的形成和发展，促进了青铜文化和翡翠文化两座文化高峰的并世鼎立。

其间，"南丝路"所衍生的民族经济文化的交流，促生了白族、回族、纳西族等少数民族自有的商帮文化。与此同时，民族经济习俗不断相互渗透，在继承与发扬中形成了以傣族和彝族为代表的经济习俗文化。边地经济与内地经济的频繁互动，催生繁荣了边地经济文化走廊，使边民互市蔚为大观。川滇贸易的交流、巴蜀文化与滇文化的交融、茶马古道与汉藏文化交织，构筑了区域经济文化的辐射效应。异域经济文化则在中缅、中印、中泰的交融互通中，达到了兴盛发达的局面。"南丝路"经济文化的交融共生，反映的不仅是经济活动的形态，也折射出中国古代商人及商帮的经济理性和文化价值观、"义"与"利"的平衡、"待人"与"待物"的经商之道，同时也深刻体现了中国传统文化群体本位的价值观、团结和合的精神、包容和合的优良传统。

审视过去，"南丝路"的兴衰变化，是各方面发展变化的综合表现；展望未来，我们将构筑新的"南丝路"。当中国实现全方位对外开放时，复兴"南丝路"的辉煌便成了历史的必然。在"一带一路"背景下，协调推进亚洲命运共同体，着力交通基础设施的互联互通建设，促进贸易投资互利合作的融通发展，实施人民币的国际化发展路径，以云南为战略支点的辐射中心的构筑，将铸就"南丝路"复兴的新辉煌。

中国古代"南丝路"时间跨度之长，历时 2000 余年而影响至今，几与中国传统文化的发轫演变相始终，与中华文明的历程共辉映。如果说万里长城象征中华民族的精神，那么"南丝路"无疑代表了民族精神的经济文化理性，彰显出中国传统的经济文化，和平发展、和平开放理念。"南丝路"影响之久、影响之深是独一无二的，给我们诸多现实启示与借鉴。

第一，经济文化的相互借鉴是促进世界和谐的重要因素。中国传统理念讲求"和而不同"，"南丝路"上中国西南各民族和沿路国家各民族文化相互交流，形成文明的相互碰撞，促成彼此的了解和互信。当今世界还存在局部战争、地区冲突等不稳定、不和谐的因素，这其中一个肇因就是文化的冲突以及文化的不包容。不同国家、不同民族的文化只有通过交流、交融和互相借鉴，才能形成"大同世界"的理解基础，促进世界和谐才有扎实的根基。

第二，经济文化的交流是促进经济合作的关键因素。深入内里窥探，考察整个历程，从"南丝路"经济文化及多元文化的交融共生可以看出，"南丝路"实质是一次经济挂旗、文化挂帅的旅途。文化的交流是进行经济合作的一个前提，"南丝路"上虽然进行的是经贸的往来，但同时也是文化交流的往来，在这条路上通过民族文化走廊促生了经济走廊，促进了沿线国家经济的繁荣和发展。今天的"一带一路"是对"南丝路"的延续和复兴，其发展的思路就是以文化的交流和互信为基础，进而将经济合作作为重点内容来推进。因此，可以相信，"南丝路"经济文化的复兴必然到来。

第三，"南丝路"的历史和现实证明中国必将走出一条和平发展的道路。在"南丝路"上所开展的与缅甸、泰国、印度等东南亚、南亚国家所进行的友好通商往来和文化交流互融，促进了中国与周边国家的经济发展和文化繁荣，这充分显示出中国与西方国家对外扩张完全不同的发展思路，由此可以借历史和传统有力地证明，"南丝路"是对中国"和平崛起"的历史阐释，是对"中国威胁论"的有力回击。"南丝路"的历史事实无可辩驳地表明，中国自始至终没有扩张的野心，更没有侵略的基因，有的只是睦邻友好、爱好和平的"大同"观念，而一贯践行的也是"和而不同"和"有容乃大"的发展轨迹。复兴"南丝路"，构建新"南丝路"与亚洲命运共同体休戚相关，中国兴则亚洲兴。当今的中国，提出复兴"中国梦"，"中国梦"既是对中国传统的继承，也是"世界梦"的一部分，与"美国梦"以及其他民族和国家的梦想是兼容的，能相互促进，共同实现。

参考文献

一 档案资料

[1] 腾冲县档案馆档案：全宗号：1，目录号：6，卷号：146。

[2] 腾冲县档案馆档案：全宗号：1，目录号：6，卷号：135。

[3] 云南省档案馆档案：全宗号：106，目录号：4，卷号：2785。

[4] 中国第二历史档案馆：《中华民国档案资料汇编》第5辑第2编，江苏古籍出版社1997年版。

[5] 游时敏：《四川近代贸易史料》，四川大学出版社1990年版。

[6] 云南省编辑组：《白族社会历史调查：四》，云南人民出版社1991年版。

[7] 云南省编辑组：《云南少数民族社会历史调查资料汇编（一）》，云南人民出版社1986年版。

[8] 民国云南省通志馆编纂，云南省地方志编纂委员会办公室整理：《续云南通志长编》卷四十三，云南民族出版社1986年版。

[9] 云南省历史研究所：《〈清实录〉越南缅甸泰国老挝史料摘编》，云南人民出版社1986年版。

二　史籍类

[1]（西汉）司马迁：《史记》，中华书局1959年版。

[2]（东汉）班固：《汉书》，中华书局1965年版。

[3]（西晋）左思：《吴都赋》，载《昭明文选译注》，吉林文史出版社1987年版。

[4]（东晋）常璩：《华阳国志》，齐鲁书社2010年版。

[5]（北魏）郦道元：《水经注》，中华书局2013年版。

[6]（北魏）杨衒之：《洛阳伽蓝记》，中华书局1958年版。

[7]（梁）沈约：《宋书》，中华书局1974年版。

[8]（梁）萧子显：《南齐书》，中华书局1972年版。

[9]（南朝·宋）范晔：《后汉书》，中华书局2000年版。

[10]（唐）杜佑：《通典》，中华书局1984年版。

[11]（唐）樊绰：《蛮书校注》，中华书局1962年版。

[12]（唐）房玄龄：《晋书》，中华书局1974年版。

[13]（唐）李延寿：《南史》，中华书局1975年版。

[14]（唐）司马贞：《史记索隐》，中华书局1997年版。

[15]（唐）姚思廉：《陈书》，中华书局1982年版。

[16]（晋）皇甫谧：《逸周书》，辽宁教育出版社1997年版。

[17]（晋）刘昫等：《旧唐书》，中华书局2010年版。

[18]（宋）乐史：《太平寰宇记》，文海出版社1979年版。

[19]（宋）李昉等：《太平御览》，中华书局1960年版。

[20]（宋）欧阳修：《新唐书》，中华书局1915年版。

[21]（宋）司马光：《资治通鉴》，中华书局1999年版。

[22]（宋）杨佐：《云南买马记》，载方国瑜主编《云南史料丛刊》，云南大学出版社2001年版。

[23]（元）郭松年：《大理行记》，中华书局1985年版。

[24]（元）张道宗：《纪古滇说》，台北图书馆1981年版。

[25]（明）黄省曾：《西洋朝贡典录》，中华书局1991年版。

[26]（明）钱古训：《百夷传》，载方国瑜主编《云南史料丛刊》第2卷，云南大学出版社1998年版。

[27]（明）宋濂等：《元史》，中华书局1976年版。

[28]（明）徐弘祖：《徐霞客游记》，上海古籍出版社1993年版。

[29]（明）杨慎：《南诏野史》，载郑祖荣主编《南诏野史诠释》，远方出版社2004年版。

[30]（明）朱孟震：《西南夷风土记》，中华书局1985年版。

[31]（清）顾祖禹：《读史方舆纪要》，商务印书馆1937年版。

[32]（清）李心衡：《金川琐记》，商务印书馆1985年版。

[33]（清）刘毓珂等：《永昌府志》，台北成文出版社1967年版。

[34]（清）倪蜕：《滇云历年传》，云南大学出版社1992年版。

[35]（清）王昶：《征缅纪略》，载《永昌府文征》，云南美术出版社2001年版。

[36]（清）席裕福撰：《皇朝政典类纂》，台北成文出版社1969年版。

[37]（清）光绪《大清会典事例》，文海出版社1992年版。

[38]《清朝文献通考》第1册，商务印书馆1936年版。

[39]《清高宗实录》，中华书局1986年版。

[40]卢杰：《兴义县志》，贵州人民出版社1988年版。

[41]《大理县志稿》，凤凰出版社2009年版。

［42］云南省中甸县地方志编纂委员会：《中甸县志》，云南民族出版社1997年版。

［43］［法］沙畹：《西突厥史料》，冯承均译，中华书局2004年版。

［44］陈宗海、赵端礼：《腾越厅志》，台北成文出版社1967年版。

［45］谢肇淛：《滇略》，云南大学出版社2000年版，云南史料丛刊本。

三　专著类

［1］［法］伯希和：《交广印度两道考》，冯承钧译，中华书局1955年版。

［2］［缅］波巴信：《缅甸史》，陈炎译，商务印书馆1965年版。

［3］［瑞典］伯尔蒂尔·俄林：《地区间贸易和国际贸易》，王继祖等译校，商务印书馆1986年版。

［4］白寿彝：《中国交通史》第8卷，上海人民出版社1993年版。

［5］《辞海·历史分册·中国古代史》，上海辞书出版社2003年版。

［6］曹成章：《傣族社会研究》，云南人民出版社1988年版。

［7］陈炎：《海上丝绸之路与中外文化交流》，北京大学出版社1996年版。

［8］［英］亚当·斯密：《国民财富的性质和原因的研究》，郭大力、王亚南译，商务印书馆1997年版。

[9] 邓廷良：《西南丝路之谜》，日本出版。

[10]《西南丝绸之路考察札记》，成都出版社 1990 年版。

[11]《中国西南丝绸之路》，云南民族出版社 1992 年版。

[12] 董孟雄、郭亚非：《云南地区对外贸易史》，云南人民出版社 1998 年版。

[13] 段渝：《南方丝绸之路研究论文集》，四川出版集团、巴蜀书社 2008 年版。

[14]《马克思恩格斯选集》第 2 卷，人民出版社 1995 年版。

[15][德] 冯·杜能：《孤立国同农业和国民经济的关系》，谢钟准译，商务印书馆 1986 年版。

[16] 方国瑜：《中国西南历史地理考释》，中华书局 1987 年版。

[17] 方汉文：《比较文化学新编》，北京师范大学出版社 2011 年版。

[18]《费孝通文集》，群言出版社 1999 年版。

[19][英] G. E. 哈威：《缅甸史》，姚楠译，商务印书馆 1957 年版。

[20][英] 霍尔：《东南亚史》，中山大学东南亚历史研究所译，商务印书馆 1982 年版。

[21] 何新：《诸神的起源》，生活·读书·新知三联书店 1986 年版。

[22][英] 李约瑟：《中国科学技术史》第 1 卷总论，卢嘉锡译，科学出版社 1975 年版。

[23] 蓝勇：《南方丝绸之路》，重庆大学出版社 1992 年版。

[24] 李明富：《沧源佤族自治县志》，云南民族出版社 1998 年版。

［25］李寿、苏培明:《云南历史人文地理》,云南大学出版社1996年版。

［26］刘弘:《南方丝绸之路文化论》,云南民族出版社1991年版。

［27］刘永佶:《经济文化论》,中国经济出版社1998年版。

［28］陆韧:《云南对外交通史》,云南大学出版社2011年版。

［29］［德］马克斯·韦伯:《新教伦理与资本主义精神》,黄晓京等译,四川人民出版社1986年版。

［30］［德］马克斯·韦伯:《经济与社会》上卷,林荣远译,商务印书馆1998年版。

［31］马大正:《国民政府女密使赴藏纪实——原名〈康藏轺征〉》,民族出版社1998年版。

［32］《马可·波罗游记》,魏易译,北京正蒙印书局1913年版。

［33］马莉莉、任保平:《丝绸之路经济带发展报告2014》,中国经济出版社2014年版。

［34］《纳西族简史》编写组:《纳西族简史》,云南人民出版社1984年版。

［35］南方丝绸之路文化论编写组:《南方丝绸之路文化论》,云南民族出版社1991年版。

［36］钱穆:《中国历史研究法》,生活·读书·新知三联书店2013年版。

［37］［印］R. 塔帕尔:《印度古代文明》,林太译,浙江人民出版社1990年版。

［38］［德］斯宾格勒:《西方的没落》,张兰平译,陕西师范大学出版社2008年版。

[39] [美] 萨缪尔·亨廷顿:《文明的冲突与世界秩序的重建》,周琪等译,新华出版社 2010 年版。

[40] 申旭:《中国西南对外关系史研究——以西南丝绸之路为中心》,云南美术出版社 1994 年版。

[41] 苏秉琦:《中国文明起源新探》,生活·读书·新知三联书店 1999 年版。

[42] [英] 汤因比:《历史研究》,刘北成等译,上海人民出版社 2000 年版。

[43] 童恩正:《古代的巴蜀》,四川人民出版社 1979 年版。

[44] 王明达、张锡禄:《马帮文化》,云南人民出版社 1993 年版。

[45] 吴兴南:《云南对外贸易史》,云南大学出版社 2002 年版。

[46] 伍加伦、江玉祥:《古代西南丝绸之路研究》,四川大学出版社 1990 年版。

[47] 夏光南:《中印缅道交通史》,中华书局 1948 年版。

[48] 徐冶等:《南方陆上丝绸之路》,云南民族出版社 1987 年版。

[49] 许秋芳、李根源、刘楚湘:《腾冲县志稿》,云南美术出版社 2004 年版。

[50] 宣绍武:《茶马古道亲历记》,云南民族出版社 2001 年版。

[51] 杨学政:《云南宗教知识百问》,云南人民出版社 1994 年版。

[52] 杨毓才:《云南各民族经济发展史》,云南民族出版社 1989 年版。

[53] 杨兆均:《云南回族史》,云南民族出版社 1989 年版。

[54] 佚名:《中国印度见闻录》,穆根来译,中华书局 2001 年版。

[55] 赵松乔:《缅甸地理》,科学出版社 1957 年版。

[56] 中国公路交通史编审委员会:《中国公路史》第 1 册,人民交通出版社 1990 年版。

[57] 周智生:《商人与近代中国西南边疆社会——以滇西北为中心》,中国社会科学出版社 2006 年版。

[58] 朱天顺:《中国古代宗教初探》,上海人民出版社 1982 年版。

[59] 段渝:《南方丝绸之路研究论集》,四川出版集团、巴蜀书社 2008 年版。

四 期刊类

[1] 鲍晓蕾:《中国古代经济重心的南移》,《山西财经大学学报》2000 年第 12 期。

[2] 操晓理:《魏晋南北朝时期的粮食贸易》,《史学月刊》2008 年第 9 期。

[3] 苍铭:《西南边疆历史上人口迁移特点及成因分析》,《中央民族大学学报》2002 年第 5 期。

[4] 车辚:《晚清云南的商业经济地理结构》,《曲靖师范学院学报》2009 年第 1 期。

[5] 陈汎舟、陈一石:《滇藏贸易历史初探》,《西藏研究》1988 年第 4 期。

[6] 陈茜:《川滇缅印古道初考》,《中国社会科学》1981 年第

4 期。

［7］陈炎：《中国同缅甸历史上的文化交流》（中），《文献》1986 年第 12 期。

［8］戴裔煊：《中国铁器和冶金技术的西传》，《中山大学学报》1979 年第 3 期。

［9］杜鹃：《丽江纳西族马帮与商帮》，《四川大学学报》（哲学社会科学版）2004 年增刊。

［10］杜韵红：《南方丝绸之路的变迁与保护》，《文化遗产》2015 年第 2 期。

［11］段渝：《黄帝嫘祖与中国丝绸的起源时代》，《中华文化论坛》1996 年第 5 期。

［12］段渝：《论商代长江上游川西平原青铜文化与华北和世界古文明的关系》，《东南文化》1993 年第 5 期。

［13］段渝：《秦汉时代的四川开发与城市体系》，《社会科学研究》2000 年第 6 期。

［14］段渝：《五尺道的开通及其相关问题》，《四川师范大学学报》（社会科学版）2013 年第 4 期。

［15］段渝：《先秦两汉的新"南丝路"》，《文史知识》2009 年第 6 期。

［16］段渝：《中国西南早期对外交通——先秦两汉的南方丝绸之路》，《历史研究》2009 年第 1 期。

［17］范建华、齐骥：《论云南在国家向西开放战略中的地位与作用——开放大西南重振南丝路的战略构思》，《学术探索》2014 年第 4 期。

［18］范舟：《云南早期铜鼓起源新探》，《云南社会科学》2012

年第 1 期。

［19］方国瑜：《云南用贝作货币的历史及贝的来源》，《云南大学学报》1981 年第 1 期。

［20］方铁：《大理国时期云南地区经济文化的发展》，《云南民族学院学报》（哲学社会科学版）1997 年第 3 期。

［21］郭家骥：《地理环境与民族关系》，《贵州民族研究》2008 年第 2 期。

［22］何德章：《六朝南方开发的几个问题》，《学海》2005 年第 4 期。

［23］何平：《云南回族与滇缅贸易》，《思想战线》1992 年第 3 期。

［24］何银武：《推进南方丝绸之路旅游资源整体开发有利于促进西南山区经济建设快速发展》，《中华文化论坛》2008 年第 12 期。

［25］和文福：《丽江纳西人生活中的马帮文化》，《综合论坛》2013 年第 6 期。

［26］胡立嘉：《南方丝绸之路与"邛窑"的传播》，《中华文化论坛》2008 年第 12 期。

［27］胡余平、蓝文兴：《中国金融风险的现状及防范对策》，《经济研究导刊》2009 年第 30 期。

［28］黄宇：《西南丝绸之路文化影响域》，《昆明理工大学学报》2006 年第 3 期。

［29］贾国雄：《抗战时期滇缅公路的修建及运输述论》，《四川师范大学学报》2000 年第 3 期。

［30］贾祥春：《旅游文化的特点及其在旅游业中的地位和作用》，《复旦学报》（社会科学版）1997 年第 4 期。

［31］孔凡胜、萧安富：《"南丝路"商贸货币探讨》，《内蒙古金融研究》2003年第3期。

［32］孔远志：《中国与东南亚文化交流的特点》，《东南亚研究》1998年第4期。

［33］况腊生：《浅析宋代茶马商贸制度》，《兰州学刊》2008年第5期。

［34］蓝勇：《明清"南丝路"国际商贸研究》，《西南民族学院学报》1993年第6期。

［35］蓝勇：《明清时期云贵汉族移民的时间和地理特征》，《西南师范大学学报》（哲学社会科学版）2002年第5期。

［36］蓝勇：《明清时期西南地区城镇分布的地理演变》，《中国历史地理论丛》1995年第1期。

［37］蓝勇：《南方陆上丝绸之路研究现状的思考》，《中华文化论坛》2008年第2期。

［38］蓝勇：《南方丝绸之路的丝绸贸易研究》，《四川师范大学学报》（社会科学版）1993年第2期。

［39］蓝勇：《唐宋川滇、滇缅通道上的贸易》，《中国历史地理论丛》1990年第1期。

［40］蓝勇：《中国西南历史气候初步研究》，《中国历史地理论丛》1993年第2期。

［41］李克强：《共同开创亚洲发展新未来——在博鳌亚洲论坛2014年年会开幕式上的演讲》，《中外企业家》2014年第4期。

［42］李良品：《明清以来西南民族地区集市习俗及成因——以贵州省为例》，《中南民族大学学报》2011年第2期。

［43］李绍明：《弘扬嫘祖文化，重振南方丝路》，《中华文化论

坛》1998年第3期。

［44］李远国:《南方丝绸之路上的宗教文化交流》,《中华文化论坛》2008年第S2期。

［45］梁志明:《东南亚的青铜时代文化与古代铜鼓综述》,《南洋问题研究》2007年第4期。

［46］林文勋:《"南丝路"的历史特征和历史启示》,《社会主义论坛》2014年第11期。

［47］林文勋:《从历史发展看云南国际大市场的构建》,《云南社会科学》2001年第1期。

［48］林文勋:《南方丝绸之路的历史特征及其启示》,《社会主义论坛》2014年第11期。

［49］林文勋:《云南古代货币文化的发展特点》,《思想战线》1999年第10期。

［50］刘浩:《"南方丝绸之路"的古驿站——登相营》,《兰台世界》2009年第17期。

［51］刘弘:《巴蜀文化在西南地区的辐射与影响》,《中华文化论坛》2007年第4期。

［52］刘弘:《南方丝绸之路早期商品交换方式变更考——从滇人是否使用贝币谈起》,《中华文化论坛》2008年第12期。

［53］刘雪河:《论秦汉时期对云南地区的经济开发》,《广州大学学报》(社会科学版)2002年第2期。

［54］柳士军:《比较文明文化学的中国理论体系新建构——读方汉文教授新作〈比较文化学新编〉》,《重庆文理学院学报》(社会科学版)2012年第2期。

［55］龙建民、唐楚臣:《南方丝绸之路与西南文化》,《云南社

会科学》1988年第5期。

［56］罗二虎:《汉晋时期的中国"西南丝绸之路"》,《四川大学学报》2000年第1期。

［57］罗开玉:《汉武帝开发西南夷与"南丝路"》,《中华文化论坛》2008年第12期。

［58］吕晓青、艾虹:《雍正朝滇币壅滞问题探析》,《保定学院学报》2015年第1期。

［59］马维良:《云南傣族、藏族、白族和小凉山彝族地区的回族》,《宁夏社会科学》1986年第1期。

［60］敏塔敏吉:《茶马古道上的马帮文化》,《思茅师范高等专科学校学报》2008年第4期。

［61］邱宣充:《〈徐霞客游记〉与大理旅游》,《大理文化》2004年第1期。

［62］全洪涛:《南方丝绸之路的文化探析》,《思想战线》2012年第11期。

［63］饶华清:《〈徐霞客游记〉的旅游文化融合研究》,《沈阳师范大学学报》(社会科学版)2011年第2期。

［64］任佳、王清华、杨思灵:《构建新南方丝绸之路参与"一带一路"建设》,《云南社会科学》2014年第3期。

［65］任乃强:《中西陆上古商道——蜀布之路》(下),《文史杂志》1987年第5期。

［66］《上海市政府信息公开规定》,《新法规月刊》2004年第3期。

［67］申旭、林文勋、吕昭义、木霁弘、龙晓燕、任乃强:《古代南方对外通道研究笔谈》,《思想战线》2001年第5期。

[68] 沈谦:《遥远的铜运古道》,《理财》2012年第1期。

[69] 四川大学历史系考古学调研室:《广汉中兴公社古遗址调查简报》,《文物》1961年第11期。

[70] 孙太初:《在云南考古工作中得到的几点认识》,《文物》1957年第1期。

[71] 孙先知:《南方丝绸之路》,《四川蚕业》1999年第2期。

[72] 宋德星:《利用印度洋是21世纪中国实现战略拓展的重要选择》,《和平与发展》2014年第5期。

[73] [日]藤泽义美:《古代东南亚的文化交流——以滇缅为中心》,徐启恒译,中国社会科学院、北京大学南亚研究所合编:《南亚与东南亚资料》1982年第2期。

[74] 汤一介:《"文明的冲突"与"文明的共存"》,《青年作家》2007年第12期。

[75] 王大道:《云南出土货币初探》,《云南文物》1987年第3期。

[76] 王德刚:《试论旅游文化的概念与内涵》,《桂林旅游高等专科学校学报》1999年第4期。

[77] 王清华:《"南丝路"与中印文化交流》,《云南社会科学》2002年第2期。

[78] 王湘穗:《发展与安全:一带一路的两翼》,《中国投资》2015年第7期。

[79] 吴红:《三星堆文明和南方丝绸之路》,《西南民族大学学报》(人文社会科学版)2008年第3期。

[80] 吴建国:《以世界文化遗产的视角看南方丝绸之路——兼谈南方丝路申报世界文化线路遗产问题》,《中华文化论坛》2008年第

12 期。

［81］吴兴南：《历史上云南的对外商贸》，《云南社会科学》1998 年第 6 期。

［82］涂裕春：《古丝绸之路与各民族的融合》，《西南民族大学学报》（人文社会科学版）2004 年第 2 期。

［83］［日］新田荣治：《云南、北越、泰国发现的先黑格尔Ⅰ式铜鼓》，《东南亚》1986 年第 3 期。

［84］夏鼐：《我国古代蚕、桑、丝、绸的历史》，《考古》1972 年第 2 期。

［85］谢元鲁：《新南方丝绸之路：四川旅游的未来战略选择》，《中华文化论坛》2008 年第 12 期。

［86］徐时仪：《也说"身毒"的读音》，《辞书研究》2008 年第 6 期。

［87］杨帆：《"南方丝绸之路"形成的历史背景及其它相关问题》，《中华文化论坛》2008 年第 12 期。

［88］杨静：《学术整合与文化自觉——南方丝绸之路视野下的非物质文化遗产研究》，《中华文化论坛》2011 年第 4 期。

［89］姚芬：《晚清西南地区对外经济关系研究》，《广西师范大学学报》2002 年第 4 期。

［90］姚继德：《云南回族向东南亚的迁徙》，《回族研究》2003 年第 2 期。

［91］羽翔：《巧型翡翠缘何价值不菲——从翡翠市场现状到知名藏家的赏识情缘》，《艺术市场》2007 年第 9 期。

［92］曾传辉：《试论当代藏区政教关系的变迁》，《宗教与世界》2003 年第 5 期。

[93] 曾铮:《重启"南方丝绸之路"》,《世界知识》2010 年第 17 期。

[94] 张光忠:《中华民族商帮文化的全球意义——基于中国企业的国际化经营战略研究》,《中南财经政法大学学报》2008 年第 1 期。

[95] 张弘:《先秦时期古蜀与东南亚、南亚的经济文化交流》,《中华文化论坛》2009 年第 1 期。

[96] 周发春:《纳藏贸易概况》,《丽江志苑》1988 年第 2 期。

[97] 周龙弟、梁萍:《云南扩大对外开放的途径探析》,《南方经济》2005 年第 7 期。

[98] 周永卫:《西汉前期的蜀商在中外文化交流史上的贡献》,《史学月刊》2004 年第 9 期。

[99] 周智生:《历史上的滇藏民间商贸交流及其发展机制》,《中国边疆史地研究》2007 年第 3 期。

[100] 周智生:《云南商人与近代滇藏商贸交流》,《西藏研究》2003 年第 1 期。

[101] 朱昌利:《南方丝绸之路与中、印、缅经济文化交流》,《东南亚南亚研究》1991 年第 3 期。

[102] 朱和平:《魏晋南北朝长途贩运商贸试探》,《中国社会经济史研究》1999 年第 8 期。

[103] 朱惠荣:《徐霞客与明末鸡足山》,《学术探索》2001 年第 2 期。

[104] 邹怀强:《历史上腾冲与缅甸的翡翠开发与贸易关系》,《学术探索》2005 年第 6 期。

[105] 邹一清:《先秦巴蜀与南丝路研究述略》,《中华文化论坛》2006 年第 4 期。

[106] 钟长永:《盐与云南的民俗风情》,《盐业史研究》1997 年第 2 期。

五 论文类

[1] 陈连开:《中华民族的起源与中华民族的形成》,载《中国古代文化史》,北京大学出版社 1989 年版。

[2] 段渝:《古蜀瑟瑟探源》,载《三星堆文化》,四川人民出版社 1993 年版。

[3] 王滨蜀:《试论"菱形"网纹蜻蜓眼古代玻璃在四川地区存在的情况》,载干福熹主编《丝绸之路上的古代玻璃研究》,复旦大学出版社 2007 年版。

[4] [日] 冈崎敬:《民族文化和东西文化的交流——石寨山遗址和奥开奥遗址》,周红译,载中国古代铜鼓研究会《民族考古译文集》,云南省博物馆 1985 年版。

[5] [印] Haraprasad Rya:《从中国至印度的南方丝绸之路——一篇来自印度的探讨》,江玉祥译,载江玉祥主编《古代西南丝绸之路研究》第 2 辑,四川大学出版社 1995 年版。

[6] [印] S. L. Baruach:《关于南方丝绸之路的历史证据:阿豪马人迁居阿萨姆的路线》,江玉祥译,载江玉祥主编《古代西南丝绸之路研究》第 2 辑,四川大学出版社 1995 年版。

[7] 和汝恭:《丽江的商业》,载政协丽江市古城区委员会编《丽江文史资料全集》第 3 集,云南民族出版社 2012 年版。

[8] 江玉祥:《古代西南丝绸之路沿线出土的"摇钱树"探析》,载《西南丝绸之路研究》第 2 辑,四川大学出版社 1995 年版。

[9] 季羡林:《中国蚕丝输入印度问题的初步研究》,载《中印文化关系史论文集》,生活·读书·新知三联书店1982年版。

[10] 李俊:《西南丝绸之路上的早期铜鼓》,载南方丝绸之路文化论编写组《南方丝绸之路文化论》,云南民族出版社1991年版。

[11] 李淼:《南丝绸之路的开凿与形成》,载《南方丝绸之路文化论》,云南民族出版社1991年版。

[12] 李绍明:《论西南丝绸之路与民族走廊》,载《中国西南的古代交通与文化》,四川大学出版社1994年版。

[13] 梁州:《十多年来西南丝绸之路研究综述》,载江玉祥主编《古代西南丝绸之路研究》第2辑,四川大学出版社1995年版。

[14] 童恩正:《略谈秦汉时代成都地区的对外贸易》,载徐中舒主编《巴蜀考古论文集》,文物出版社1987年版。

[15] 吴钦承、孔凡胜、萧安富:《南方丝绸之路商贸货币探讨》,载段渝主编《南方丝绸之路研究论集》,四川出版集团、巴蜀书社2008年版。

[16] 许鸿宝:《丽江大研镇解放前的商业情况》,载《纳西族社会历史调查》,云南民族出版社1983年版。

[17] 颜思久:《云南小乘佛教考察报告》,载《宗教调查与研究》,云南省社会科学院宗教研究所1986年版。

[18] 杨毓才:《近代白、回、纳西族资本主义工商业的发展》,载云南省经济研究所编《云南近代经济史文集》,经济问题探索杂志社1998年版。

[19] 王晶:《从〈马可·波罗行记〉和〈徐霞客游记〉看元明时期云南的民俗文化》,硕士学位论文,云南大学,2007年。

[20] 段渝:《支那名称起源之再研究》,载《中国西南的古代交

通与文化》，四川大学出版社 1994 年版。

六　报纸类

［1］习近平：《联通引领发展　伙伴聚焦合作：在"加强互联互通伙伴关系"东道主伙伴对话会上的讲话》，《人民日报》2014 年 11 月 9 日第 2 版。

［2］习近平：《谋求持久发展　共筑亚太梦想：在亚太经合组织工商领导人峰会开幕式上的演讲》，《人民日报》2014 年 11 月 10 日第 2 版。

［3］习近平：《坚决打好扶贫开发攻坚战　加快民族地区经济社会发展：考察云南讲话》，《人民日报》2015 年 1 月 22 日第 1 版。

［4］陈文忠：《信息产业：云南经济"推进器"》，《云南日报》2009 年 5 月 19 日第 10 版。

［5］林文勋：《南方丝绸之路的历史特征及其启示》，《人民政协报》2014 年 10 月 13 日第 7 版。

［6］罗蓉婵、张若谷：《"新丝路"带来云南新思路》，《云南日报》2014 年 10 月 14 日第 9 版。

七　英文类

［1］Airey, D., & Shackley, M., "Tourism Development in Uzbekistan", *Tourism Management*, No. 18, 1997.

［2］Christopher I. Beckwith, "Empires of the Silk Road: A History of Central Eurasia from the Bronze Age to the Present", books. google.

com, 2011.

［3］David Comas, Francesc Calafell, Eva Mateu, Anna Pérez-Lezaun, Elena Bosch, Rosa Martínez-Arias, Jordi Clarimon, Fiorenzo Facchin, Giovanni Fior, Donata Luiselli, Davide Pettener, and Jaume Bertranpetit, "Sex-Specific Migration Patterns in Central Asian Populations, Revealed by Analysis of Y-Chromosome Short Tandem Repeats and mtDNA", *Am. J. Genet*, No. 65, 1999.

［4］James A. Anderson, "China's Southwestern Silk Road in World History", *History Cooperative*, No. 5, 2009.

［5］Lincoln Chen, "China-India: Reconnecting the Silk Road in Health", *The Lancet*, No. 10, 2008.

［6］Robert Gray, Leah Hoffman, "Tracking Coverage on the Silk Road Time to Turn Theory into Practice", *International Journal of Drug Policy*, No. 8, 2008.

八 内部资料

［1］《七世达赖喇嘛给土司松杰的执照》，载《中甸县藏文历史档案资料辑录译注》，中甸县志编纂办公室，1991年。

［2］云南省人民政府研究室课题组：《孟中印缅经济走廊互联互通建设中长期规划研究》，2015年。

九 文件类

［1］《中共中央关于全面深化改革若干重大问题的决定》，中国

共产党第十八届中央委员会第三次全体会议通过，2013 年 11 月 15 日。

［2］国家发展改革委、外交部、商务部：《推动共建丝绸之路经济带和 21 世纪海上丝绸之路的愿景与行动》，国务院授权发布，2015 年 3 月 28 日。

［3］中国人民银行、商务部等 11 个部门：《云南广西自治区建设沿边金融综合改革试验区总体方案》，国务院授权发布，2013 年 11 月 20 日。

［4］中共云南省委、云南省人民政府：《关于加快建设我国面向南亚东南亚辐射中心的实施意见》（云发〔2015〕21 号），2015 年 8 月 12 日。

后　记

本书是在我的博士学位论文基础上修改完成的，是我倾注心血最多的一部专著。本书的写作过程见证了我的学术探索和成长过程，可谓我学术生涯中的一个标志性事件。其间既经历了获得博士学位、发表重要学术论文和课题立项的兴奋与喜悦，也经历了许多学术、工作和生活中的挫折与忐忑。经过十余年的磨砺，我已从一个经济史学的门外汉、初学者开始向一个真正的研究者转变，从被迫痛苦和枯燥乏味地应付差事到真正享受经济史学的丰富多彩。2009年我有幸进入云南大学人文学院历史系攻读经济史专业博士研究生，不仅接受了系统的历史学理论的训练，也受到云南大学经济史学研究传统的熏陶，而云南大学图书馆丰富的藏书和快捷的电子期刊数据也使我能充分吸收前辈学者的养分。无疑，在云南大学几年的学习经历中，导师吴松教授为我创造了一个非常宽松自由的学习环境和丰富的学术研究交流机会，使我能够完全按照自己的兴趣进行选题和学位论文写作，黄海涛教授和王新教授也给予很多帮助和指导，使我受益颇深，借此机会表达我真诚的谢意，师恩难忘！本书的后续研究和大量修改工作是在云南财经大学工作期间完成的，感谢云南财经大学为我提供的良好环境和科研条件，感谢德宏州政府参事杨寿禄老师为该书出版提出的修改建议以及提供的宝贵资料。感谢中国社会科学出版社的马明编辑对本书的出版付出的辛勤工作，感谢我的各位师长、同事和朋友一直以来的关心与支持以及对学习研究提供的诸多便利，最后衷心地感谢我的家人对我工作的理解支持！

当然，由于研究水平所限，加之我对中国古代"南丝路"经济文化史的理解和领悟尚有差距，本书所呈现的内容定还存有不足和纰漏，敬请各位大雅宏达之士给予批评指正！

全洪涛
2020年4月